대한민국 주민자치 실전서

대한민국 주민자치 실전서

초판 1쇄 발행_ 2016년 4월 29일
초판 3쇄 발행_ 2018년 6월 25일

지은이_ 박경덕
펴낸이_ 이성수
주간_ 박상두
편집_ 황영선, 이홍우, 박현지
디자인_ 고희민
마케팅_ 이현숙, 이경은
제작_ 박홍준

펴낸곳_ 올림
주소_ 03186 서울시 종로구 새문안로 92 광화문오피시아 1810호
등록_ 2000년 3월 30일 제300-2000-192호(구:제20-183호)
전화_ 02-720-3131
팩스_ 02-6499-0898
이메일_ pom4u@naver.com
홈페이지_ http://cafe.naver.com/ollimbooks

값_ 18,000원
ISBN 978-89-93027-82-2 03350

대한민국
주민자치
실전서

박경덕 지음

기획에서 실행에 이르기까지
현직 공무원이 제시하는
자발적 주민자치의 길잡이

다년간 동 주민센터 행정팀장으로 근무해오면서 열정과 사랑으로 주민자치 업무에 매진, 경험하고 느꼈던 바를 토대로 《대한민국 주민자치 실전서》를 발간하게 됨을 진심으로 축하합니다.

박경덕 팀장은 남다른 노력과 열정을 쏟아 주민자치박람회에서 우수한 성적을 거두었고, 주민자치위원회와 소통과 협력을 도모하며 진정한 주민자치 정착에 힘쓰고 있습니다. 주민과의 최접점 행정기관인 주민센터의 바쁜 일상 속에서도 그간의 경험과 지식을 바탕으로 책을 발간한 그 열정에 박수를 보내며, 주민자치 활성화에 힘쓰고 있는 원미구의 행정수장으로서 감사의 마음을 전합니다.

잘 아시다시피 성숙한 지방자치의 구현을 위해서는 주민 참여가 필수적이며, 국가와 사회가 민주화되면서 주민이 지자체의 정책과정에 참여하는 기회가 점차 증대되고 있음에도, 현재의 주민자치는 대표성 부족, 실질적 권한 부재, 자치역량 부족 등의 이유로 대부분 관(官)에 의해 주도되고 있는 것이 현실입니다.

이러한 현실 속에서 주민자치위원회가 주민과 함께 자생력을 키우고 역할을 재정립하는 데 도움이 될 가이드라인을 제시해 주는 《대한민국 주민자치 실전서》의 발간은 실질적인 업무 추진에 길잡이가 됨은 물론, 주민자치 활성화를 위한 의식 개선에 많은 도움이 될 것으로 기대됩니다.

 이 책의 발간을 다시 한 번 축하하며, 모쪼록 전국의 모든 주민센터에 전파되어 주민자치 활성화에 크게 기여하기를 희망합니다.

경기도 부천시 원미구청장

김병전

그동안 주민자치의 발전에 대한 연구서나 미래의 비전 제시 등에 관한 자료는 많이 발간되었지만, 주민자치의 직접경험을 바탕으로 현장에서 바로 활용할 수 있게 만든 책은 찾기가 어려웠습니다. 그런 점에서 이 책의 발간을 진심으로 환영하고 축하드립니다.

이 책에는 우리나라의 주민자치위원회가 16년간 걸어온 발자취와 함께 그 과정에서 나타난 문제점들과 이슈들이 자세히 설명되어 있으며, 현재의 주민자치가 수동적인 단계에서 능동적인 단계로 전환하기 위해 생각하고 실천해야 할 내용들이 담겨 있습니다. 이 책의 발간이 스스로 변화하고 발전하는 주민자치의 계기가 되기를 바랍니다.

《대한민국 주민자치 실전서》는 공무원으로서 오랜 기간 주민자치 현장에서 헌신적인 노력을 해오신 분이 진정한 주민자치에 대한 염원을 담아 쓴 책입니다. 이 책을 보고 우리 자치위원님들 중에서도 자신의 생생한 체험과 육성을 담은 살아 있는 책을 집필하는 분이 나와 우리나라 주민자치의 역량을 더욱 높이는 데 기여할 수 있기를 희망합니다.

올바른 주민자치는 공무원에게 의지하거나 다른 누군가에게 책임을 전가하지 않습니다. 모든 것을 스스로 해내며 결과에서 배우고, 보다 전진하기 위해 끊임없이 노력합니다. 그것이 풀뿌리 민주주의를 실현하는 기초입니다. 이를 위해 전국의 주민자치위원님들은 지금 이 순간에도 많은 노력을 기울이고 있습니다. 그럼에도 불구하고 주민들 모두가 더불어 사는 사회 구현과 삶의 질 향상을 위해 참 봉사자로서 얼마나 최선을 다했는가를 돌이켜보면 아쉬움을 느끼실 위원님들도 있으실 거라고 생각합니다. 바라건대 이 책이 하나의 전기가 되어 전국의 모든 주민자치위원회가 보다 심기일전하여 큰 발전을 이룰 수 있기를 바라는 마음입니다.

가는 곳마다 주민자치 활성화를 위해 열과 성을 다해오신 박경덕 팀장님께 전국의 주민자치위원님들을 대신하여 깊은 감사의 마음을 전합니다. 더불어 오늘도 현장에서 자치위원의 자치역량 제고를 위해 애쓰고 있는 주민자치 담당 공무원 여러분에게도 감사의 말씀을 드립니다. 저희들도 새로운 각오로 힘을 합하여 꿈과 희망이 가득한 주민자치가 되도록 노력하겠습니다. 함께 열어가는 대한민국 주민자치의 미래는 밝습니다.

전 경기도 남양주시 호평동 주민자치위원회 위원장
안규영

이 책은 필자가 2011년부터 현재까지 동(洞) 사무장 또는 행정팀장으로서 주민자치업무를 담당하면서 체득한 나름의 노하우를 정리한 것이다.

처음 사무장으로 발령받으면서 주민자치 업무를 담당했는데, 이후 발령지마다 접하게 된 주민자치위원회 가운데 지역현안을 토의하고 안건을 마련하는 분과위를 개최하는 곳이 하나도 없었다. 발령받은 지 2개월 이내에 분과위를 활성화하곤 했는데, 그때마다 일부 자치위원들로부터 왜 안 하던 것을 하려고 하느냐는 원망을 듣던 차에 2014년에는 같은 입장에 있는 일부 동(洞) 행정팀장(예전의 사무장)들이 주민자치위원회는 자생단체인데 왜 자생력이 없는지 모르겠다며 푸념하면서 행정의 최소한의 지원이 아니라 아예 100% 지원에다가 그것도 모자라 상전으로 모셔야 할 정도라고 하소연하는 것을 듣게 되었다.

기왕에 주민자치 분야에 몸담은 지 수년이라, 학문적 이론서를 만들기에는 자신 없지만 실무에 대해서는 쓸 수 있겠다 싶었다. 그런 까닭에 만든 것이기에 자랑하기 위해서가 아니라 쓴맛과 단맛 그리고 암울했던 추억마저 고스란히 속살 그대로 노정되어 있다.

주민자치는 2가지 측면에서 살펴보는 것이 일반적이다. 그중 하나는 주민자치위원회(또는 주민자치회)를 바라보는 시각이 있어야 하겠고, 다른 하나는 동장이나 사무장(또는 동 행정팀장)에 대한 부분이 그것이다. 간단히 얘기하면 주민과 행정과의 역학관계라고 할 수 있다. 사실 2000년 행정개편으로 주민자치센터가 개설된 이후 주민자치위원회와 동장과 사무장으로 구분하는 상호관계가 각양각색이다. 행정과 주민자치위원회가 서로 주도권을 잡으려는 적극적인 자세에서부터, 서로 누가 주도권을 잡으면 어떠냐는 방임형 자세와, 이제는 행정이 지원해주고 주민자치위원회가 주도하는 자치형 자세, 그리고 행정이 앞서고 있음에도 불구하고 그냥 따라만 가는 모르쇠형까지 있다. 2017년부터는 결국 주민자치위원회가 간판을 내리고 주민자치회로 이름을 바꾸게 되겠지만, 내용면에서는 여전히 주민과 행정과의 역학관계는 지속되고 있기에 주민자치의 핵심인 풀뿌리 민주주의의 시작이자 주인공은 누가 뭐래도 지역 주민인 것은 틀림없다. 이러한 시대적 흐름에도 불구하고 아직도 행정에 의지하고 행정을 탓하는 주민자치는 설 땅이 없다.

한편 행정에서도 주민자치를 담당하는 공무원은 대략 50세 전후의 경력 20년 내외로, 서류작성과 기획에서부터 마을의제에 대한 토론진행, 그리고 각종 공모사업 응모 경험 등으로 내공이 상당한 경지에 있는 사람이다. 그러기에 자생단체이니까 자생력이 있어야 한다며 공무원이 내공을 전수하는 일을 소홀히 할 경우 올바른 주민자치 정착은 요원하다. 주민은 똑똑하지만 행정에 비해 주민자치 교육과 이론은 아직 부족하다는 점을 십분 이해해야 한다. 결국 자생력 있는 주민자치가 되기 위해서는 권한이양과 함께 내공전수가 필수라는 점을 간과하지 말아야 한다. 어느 가정이나 겪었던 육아과정을 떠올려보면 이해가 쉬우리라 본다. 처음 아가가 네발로 기다가 잠깐 섰다 다시 네발로 기고, 이런 과정을 거치면서 자연스럽게 걷게 되는 것을 본 적이 있을 것이다. 어차피 업무분장 사항에 주민자치가 들어가 있다면 업무를 수행해야 한다. 담당자가 주민자치에 대해서 아는 바가 적다면 이웃 동의 동료에게 자문을 구하면 자치위원의 자치역량 강화나 내공전수에는 큰 탈이 없다.

이제는 자생단체라고 해서 무조건 자생력이 있는 단체라고 생각하지 말자. 자생력이 필요한 단체를 자생단체라고 정의하면 어떨까 싶다. 당신이 공무원이라면 귀하의 업무분장표에 주민자치가 없어진다면 모르겠지만, 그렇지 않은 경우에는 귀하는 주민자치 업무를 수행해야 하는 사람이다.

아울러 주민자치를 결정하고 집행하며 책임져야 하는 주민자치위원은 더 이상 주민센터를 도와주는 것이라고 생각해서는 안 되겠다. 그것은 주민자치를 모르는 경우에는 가능한 답변이지만 회의에 두 번만 나오면 주민이 주인이라는 사실을 알게 되기 때문이다. 이제는 주민센터를 도와주는 것이 아니라 내가 내 동네 주인이기에 참여하는 것, 그것이 정답이다. 도와주는 것이라고 생각하는 사람은 미안하지만 모임에 나와서는 안 될 사람이다. 아직도 자기가 주인이라는 것을 모르니까 하는 말이다. 결국 주민이 주민자치에 참여하는 이유는 주민 중심의 생활자치를 실현하기 위해 지역공동체를 활성화하고 지역발전을 위해 스스로 봉사하겠다고 다짐한 것이기 때문이다. 행정이 가지고 있는 기획능력에서부터 회의 진행 방법과 여러 가지 스킬을 하루빨리 전수받아서 최소한의 행정지원에 만족하는 자치역량을 갖추게 되기를 바란다.

2016. 4

박경덕

1장

주민자치의 올바른 이해

4장

즐거운 프로그램 운영

5장

주민이 즐거워하는 공모사업

1
주민자치의 올바른 이해

나는 말 타기하면서 성장했다.
우리 자녀에게도 그런 환경을 물려주었으면 좋겠다.

1. 자생단체와 행정지원

자생단체(自生團體)란 무엇인가

자생단체(The native groups)를 한 마디로 정의하기에는 어렵지만 사전적인 의미로 보면 자생은 자기 자신의 힘으로 살아감을 의미하고, 단체는 같은 목적을 달성하기 위하여 모인 사람들의 일정한 조직체를 말한다. 결국 자생단체는 같은 목적을 달성하기 위하여 자기 자신의 힘으로 살아가려는 사람들의 조직체로 정의할 수 있을 것 같다. 이와는 별도로 사회단체는 지방재정법 제17조에 따르면 영리가 아닌 공익활동을 수행하는 것을 주목적으로 하는 법인 또는 단체를 말한다.

우리가 흔히 말하는 자생단체로는 주민자치와 관련해서 본다면 동(洞) 주민센터 내에 통장협의회, 바르게살기위원회, 자연보호위원회, 새마을부녀회, 주민자치위원회 등이 있다. 그런데 그'자생단체'라는 명칭으로 인하여 갈등을 빚는 경우가 자주 있다. 공무원이 주민자치위원회의 자치위원에게 자생단체이니까 자생력이 있어야 하는 게 아니냐며 행정지원일랑 꿈도 꾸지 말라고 쉽게 말하는 경우가 있다. 주민자치위원회는 자생단체 중의 하나이기에 자생력 즉 자치능력이 있어야 한다는 말은 맞지만 오늘 현재, 지금 이 시간에 자치능력이 있어야 한다는 것은 헌법부터 시작해

서 자치법규 어디에도 없다. 또한 자생단체라는 단어는 법률용어도 아니
며 오히려 위에서 살펴본 바와 같이 행정용어에 더 가깝다.

그렇기에 자생단체는 자생력을 추구해야 하므로 스스로 쌓을 수 있
으면 좋겠으나 현실적으로는 문서작성, 보도자료 작성, 자료관리 요령,
회의진행 방법부터 공무원에게 배움과 동시에 늘 공무원은 책과 신문
을 가까이 하여 비전을 제시하는 방안도 알려주고 참 봉사의 즐거움에
따른 열정마저 심어줘야 한다. 간단히 말하면 매번 회의서류를 작성해
주지 않는 대신에 회의서류를 어떻게 작성해야 하는지를 알려줘야 한다
는 얘기이다.

그리고 주민자치를 담당하는 공무원은 7급이거나 6급 팀장이 주로 담
당하는데, 7급인 경우에는 그래도 공직경력이 10년 이상이며, 팀장인 경
우에는 최소 15년 이상이다. 경력이 그만큼 있다면 나름대로 풍부한 능
력이 있다고 봐야 한다. 간혹 능력이 없는 팀장을 만나는 불운(不運)도
있지만 대다수의 주민자치담당은 문서 실무에서부터 보도자료 작성하
기, 각종 계획서 만들기 등에 익숙한 사람들이다. 그럼에도 불구하고 공
무원이 자치역량 강화에 비협조적인 가장 큰 이유는 한마디로 얘기해서
주민자치위원들이 갑질을 한다는 것이다. 그래서 싫다는 말인데, 예를
들면 지치역량 강화에는 관심 없이 본인이 자치위원이나 자치위원장이
라고 동장이나 팀장 알기를 우습게 여기는 경우가 있다. 심한 경우 동장
과 팀장을 바꿔달라는 요청도 불사하는 자치위원도 있다. 그러다보니 공
무원 입장에서는 특별한 마찰 없이 어느 정도의 근무기간만 채우고 나
면 상급기관으로 가면 된다는 계산이 있기 때문에 그냥 갑질을 외면하
는 게 낫다는 생각에 비협조라는 강수(?)를 구사하게 되는 경우도 있다.

자치위원 중에도 처음에는 '참 봉사'하러 왔다고 하면서 입회 후에는 완장 차고 거들먹거리는 이들을 자주 봐왔던 나쁜 기억이 많은 공무원의 경우에는 특히 더 비협조적인 경우가 많다. 그리고 공무원도 자생단체이니까 잘하든 못하든 주민자치위원회에서 알아서 하라고 방임하는 태도는 올바른 자세가 아니다. 굳이 증거를 대라고 말하는 공직(公職)도 있을 것 같아 지면을 빌려 말한다. 전국의 특별시이건 광역시이건 또는 일반시일지라도 주민자치 관련부서가 있다는 것이다. 일반시의 경우에는 시청에 주민자치팀이 있으며 구청에도 주민자치팀이 있다. 또한 동(洞) 주민센터의 업무분장표에도 주민자치 일반이건 주민자치 행정지원이건 간에 명시되어 있다. 관공서 업무에 주민자치가 엄연히 살아 있는데 왜 주민자치 업무를 모르는 척하는가. 공무원이라면 누구의 갑질에도 물러서지 않아야 한다. 그리고 갑질에 능숙한 자치위원이 아니라 참 봉사를 실천하는 자치위원도 공무원이 가지고 있는 여러 가지 노하우를 하나씩 익혀서 공무원에게 의지하던 관치(官治)의 습성에서 하루빨리 벗어나야 함은 물론이다.

행정지원은 어디까지 해야 하나

공무원과 주민자치위원 간의 불협화음은 어제오늘의 일이 아니다. 주민자치위원회의 전신인 동정자문위원회 또는 동발전위원회 시절을 되돌아보면 어느 정도 이해가 된다. 행정동마다 설치된 동정자문위원회는 동(洞) 행정을 원활하게 지원한다는 명목하에 지역 내에서 힘깨나 쓰는 유지라는 분들로 채워졌었다. 일 년에 몇 건 정도의 행사지원을 위한 아이디어나 재정지원을 수행했다. 요즘 말로 마을의제와는 동떨어진 형식적인 모임이었다.

이후 전국에서 선택이 아닌 일률적으로 어느 동이나 주민자치위원회 설치가 가능해지고 풀뿌리 민주주의라고 하는 주민자치의 광풍이 전국을 뒤덮었다. 덩달아 전국에서 너도 나도 주민자치 해보자고 주민자치위원회를 설립하여 '우리 동네는 우리가 가꾸자!'는 슬로건으로 뭉쳤다. 이렇게 해서 탄생한 것이 주민자치위원회이다. 이런 배경을 십분 이해하고 자치위원에게 다가가자.

사실 공무원은 전국에서 제일 잘 다듬어진 조직이 아닌가. 공직(公職)에 입문하면서부터 기본계획서와 실행계획서, 월간 및 연간 업무보고서 등 공문서작성과 회의진행 방법을 배우고 익힐 뿐만 아니라 무슨 사업을 진행하려면 누구와 협의를 해야 하는지 등을 꿰고 있지 않은가. 또한 다양한 교육에 참여하여 수시로 부족한 지식을 충전하고 있다. 각 동(洞)의 주민센터에서 주민자치업무를 담당하는 직원 또한 능력을 인정받은 공무원으로 배치하고 있다. 그런 공무원이 배우고 익힌 바를 주민인 자치위원에게 하나씩 전수해주면 더 이상의 불협화음은 없으리라고 본다.

다행스럽게 공무원에게 여러 가지 스킬을 하나씩 배우면서 관치를 주민자치로 바꾸는 곳도 생겼다. 잘나가는 주민자치위원회가 눈에 띄기도 한다. 단합이 잘 되고 사업성과가 가시적으로 보이는 곳이 많은 사람들의 입에 오르내리게 된 것이다. 그래도 아직은 대도시보다는 지방, 특히 농·특산품이나 관광지가 있는 곳이 대부분이다.

이에 관광지나 유명한 농·특산품도 없는 곳에서 우리도 한번 해보자며 주민이 단합하여 전국을 충격으로 몰아놓은 곳도 생겼다. 아무 것도 없는 함평에서 함평 나비축제를 탄생시켰다. 함평 나비축제의 탄생 과정을 그린 "나비의 꿈"을 읽어 보면 아마도 눈시울이 뜨거워질 것이다.

하나 제안을 한다. 설령 어느 동 자치위원장이 주민자치 담당 공무원이나 동장을 바꿔달라는 생떼를 쓰더라도 미워하지 말자. 결국에는 자치위원에게 내공을 제대로 전수했어야 할 내 선배 공무원들이 제대로 이행을 하지 않았기 때문이다. 동네 유지라고 거들먹거리는 자치위원을 쫓아내거나 흉금을 터놓고 대화로 설득하지 않았기 때문이다. 자치위원은 담당 공무원 알기를 이렇게 알자. 하나, 우리 일을 위해서 노력을 아끼지 않으니 고마운 존재다. 둘, 그러기에 우리가 늘 미안해해야 하는 존재다. 셋, 따라서 하루라도 빨리 공무원의 내공을 전수받아 자치역량을 강화하고 자생력 또한 갖추는 것이 공무원과 주민에게 보답하는 길이다. 그간 서로 등을 돌린 기간이 많더라도 손을 잡고 눈을 바라보면서 마음을 전달해보자. 겨울이라 할지라도 '봄눈 녹듯이'라는 말이 다가오지 않을까.

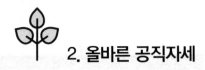

2. 올바른 공직자세

　주민자치의 최일선에서 가지고 있는 모든 역량을 자치위원에게 전수해 주고자 하는 공무원은 대체로 아래의 표에 있는 사항들을 실천한다. 본인 또한 공직에 첫발을 내딛으면서 가졌던 아픈 추억이 하나 있다. 근무를 시작하고 한 달 정도 지났을 무렵 동사무소의 사무장이 내게 "무슨 공무원이 아침 9시에 출근하고 저녁 6시에 칼처럼 퇴근하냐"는 말을 듣고는 공직이 그리 만만하지 않다는 것을 알게 되었다.

　그 이후 결재를 올리기 전에는 혹시 상급자가 결재하는 도중에 무엇인가 궁금한 사항에 대해 물어볼 경우를 염두에 두고 결재를 올리는 습관이 생겼다. 조금 더 성장한 후에는 현재의 부서에서 전혀 다른 부서로 인사발령 날 때마다 생기는 스트레스가 참으로 대단했다. 전임자에게 업무처리 절차나 업무지식을 절대적으로 의존해야 업무가 진행되니 자괴감마저 들었다. 서로 성장환경도 다르고 얼굴도 다른데, 왜 전임자에게 전적으로 의지해야 하나 하는 생각을 자주 하게 되었다. 그런 와중에 학생시절이 떠올랐다. 바로 교과서와 참고서를 생각하게 되었다. 그 이후에는 전임자에게는 그간의 진행사항과 지침서 비치 여부만 확인하고, 부족한 부분은 서점에 가서 업무와 관련된 책을 구입해 읽었다. 바로 그것이 내게는 참고서 역할을 했다. 참고서가 늘 옆에 있으니 든든했다. 결국 전임자에게 기대는 기간은 더욱 짧아졌다. 길어야 2개월이었다.

한번은 8급 시절 시청에서 노조업무를 보고 있을 때 얼른 큰 서점에 가서 노동조합에 관한 책을 구입하여 집에서 혼자 공부하다가 마침 활동하지 않는 노조인 휴면노조를 정리하겠다고 결재를 올렸다. 담당 팀장은 너무 일을 벌이는 것 아니냐며 긴장한 표정으로 전임자에게 전화를 걸어 상의했다. 전임자도 정리하려고 했었고, 휴면노조가 너무 많으니 정리하는 것이 맞다는 답변을 듣고 안심(?)하는 모습을 보였다. 이후 참고서의 효과를 톡톡히 보고는 마침 집에서 보는 신문으로 내 활동 범위를 넓혔다. 2000년 이전에는 인터넷에 그리 익숙하지 않은 시절이었다. 오히려 신문이 익숙한 때로, 신문을 펼치면 세상이 보여서 좋았다. 정치면, 경제면, 사회면에 이어 지방면까지 내 눈앞에 나타난다. 보수도 지급하지 않아도 되는 기자들에게 감사하면서 나중에 도움이 될 만한 기사들을 하나씩 하나씩 스크랩해 모아두었다. 그렇게 신문과 친하게 지내면서 친구가 하나 더 늘어났다. 바로 책이었다. 사회공부는 신문으로 하고, 모자라는 소양은 책으로 충전시켰다. 마침 7급으로 승진하니 월급도 조금씩 올라갔다. 아는 동료들의 영전이나 승진 때에는 화분 대신 책을 보내기로 했다. 덤으로 내가 보고 싶은 책도 구입하게 되었다. 그렇게 해서 내 방에는 300명이 넘는 친구가 있다. 우리나라와 세계 여러 나라의 석학들을 친구로 모시고 살고 있는 것이다. 2000년 이후 인터넷 사용 인구의 증가 대열에 나도 합류하게 되었다. '정보의 바다'라는 인터넷 항해에 합류하니 누군가 알려주었다. 컴퓨터에 즐겨찾기를 해놓으면 더 편리하다고. 요즘에는 근무지가 바뀔 때마다 컴퓨터에 즐겨찾기를 해두지만,

불편하고 성가시다는 생각이 들지는 않는다. 한 번만 만들어두면 계속 써먹을 수 있으니까 말이다. 몇 번의 시행착오 끝에 공직을 마무리할 때까지 사용할 수 있는 내 나름의 틀을 만드니 자꾸 자료가 업데이트된다.

이런 자료 관리를 바탕으로 시 단위 제안이나 공모 사업에 눈길이 자주 가게 되었다. 간혹 응모하여 채택이 되지 않으면 괜히 시간만 낭비하는 것 아니냐고 말하는 사람이 있다. 내 경험으로는, 일단 하면 즐겁다. 즐거운 이유는, 우선 제안이나 공모에 참여하려면 정보(자료)가 있어야 하니 내공을 쌓아야 한다. 자치위원은 물론이고 직장 상사나 동료도 내공을 쌓은 공무원을 싫어할 리가 없다. 오히려 반긴다. 대단한 사람을 몰라 봐서 미안하다는 말까지 듣는다.

다음으로는 글을 다듬게 되어 논리가 정연해진다. 어디 이뿐이랴. 업무와 관련한 보도자료도 만만해진다. 결국 글 쓰느라 머리에 쥐난다고 말할 필요가 없어지는 것이다. 그러니 제안이나 공모 사업에 채택이 안 되었다고 불평하지 말자. 투자한 시간만큼 성장하는 것이다. 제안은 대개는 개인의 몫으로 끝나지만, 결국 내공 증진이라는 보상이 돌아온다. 공모사업의 경우에는 해당 지역 주민에게 혜택이 돌아가지만, 그 혜택의 숨은 공로자로 기록되는 것이니 가치 없다고 말하는 것은 공직의 올바른 자세는 아닐 것이다. 아래의 표에 있는 내용은 일정 부분 이상 공직의 역할에 충실한 공무원이 행하고 있는 것으로, 스스로 비교하고 가감하여 나만의 공직 체크리스트로 만들어 사용한다면 유익한 자료가 되리라 본다.

【실천하고 있는 과제명】

구 분	수행 과제명	세부 실천사항	실천방법 또는 활용	비 고
기초 자세	신문구독	인터넷 지방지(무료) : 부천신문, 부천매일, 더부천, 경인일보	공모나 제안 활용 출근 후 업무 전	시사 또는 최근지식(정보) 습득
		중앙 일간지(유료)	자택에서	
	PC 즐겨찾기 구축 (홈페이지)	중앙기관 : 법제처, 행정안전부, 국민신문고, 문화체육관광부, 고용노동부 등	각종 공모나 제안응모 : 상금 등	최근지식(정보) 습득 글쓰기 실력 증강
		부천시, 경기도		
		기타분야 : 취미 등		
자료 관리 (외장 메모리 활용)	업무 (행정)	분야별 관리(관심분야) : 문화, 사회, 지방자치 등	공람문서, 업무보고, 신문기사 등	타 업무 배정시 활용
		클릭하기 : 행사, 업무보고, 경조사 등	새올행정시스템	내공증진 (부천시공무원)
		참여하기 : 제안, 지식등록, 창의행정, 종합관찰제 등	새올행정시스템	실적가점 반영 (내 노력 인정받기)
	비업무	생활법률, 국격, 해외사례, 상식, 노후(취미) 등	신문기사 등	노후대비
대인 관리	업무분야	명함 건네고 받기		
		자기 동료 알기 : 주소, 이메일(주소록 관리)	근무한 동료 (과·동장 등)	연하장 보낼 때 활용
		이메일 확보 및 관리		
		연하장 보내기	지인	
		타 지역 공무원 알기	공문서 발신기관 등 활용	동아리 활동 병행
		책 읽기	공직 또는 생활활용	창의행정 참여
		경사는 책 보내기로 : 승진 등	신문 광고난 활용	
		조사는 현금으로	경조사 클릭하기	
	비업무 분야	명함 건네고 받기		
		이메일 확보 및 관리		
		자생단체와 교류하기		
		감사의 마음은 적은 비용 (3만원 이내)으로	우체국 지역 특산품 보내기로	정 나누기
취미 생활	관심분야	해외여행(가족) 등		
	노후분야	토지, 나무, 바둑, 등산 등 ※ 대한공제회비 가입하기(필수)		돈 있는 노인 되기

3. 주민자치에 대한 이해

　공직에 있다 보니 인사발령을 받고 근무지에 가면 간혹 주민자치가 활성화되어 있지 않은 주민자치위원회를 만나는 경우가 제법 있다. 실례로 자치위원 스스로 안건처리하면서 안건 만드는 것은 공무원의 머리를 빌리려고 하는 경우가 그것이다. 심하면 우리가 주민센터 입장을 생각해줘서(?) 주민자치위원회를 만들었으니 각종 안건이나 계획서는 공무원이 만들어야 하며 안건을 마련하는 분과위원회도 서류상으로만 있으면 되고 나머지는 다 공무원이 해야 한다는 말을 들을 때는 "이거 괜히 왔나 보다"가 아니라 슬슬 투지가 저 어딘가 깊숙한 곳에서 올라오는 것을 느끼곤 한다. 한술 더 떠 국가에서 국가사무 집행하고 있고 지자체에서도 고유기능에 맞춰 일을 하고 있는데 자치위원인 우리가 월례회의에서 안건처리만 해주면 할 일은 다하는 것이라고 못을 박는 대목에서는 진짜 할 일이 많다는 것을 직감으로 느끼고 있다.

　진짜 중앙부처에서 국가사무를, 지자체에서 지방사무를 수행하면 자생단체인 주민자치위원회에서는 안건처리만 해야 할까. 학술적인 얘기는 차치하고 가장 최근의 역사인 조선시대의 주민자치만 보면 마을에 두레, 품앗이, 계가 있어 마을의 역할을 수행하여 왔으며 현재에까지 그 정신은 이어지고 있음을 알 수 있다. 두레는 마을 전체가 개인이익보다는 전체이익을 위해서 노동력을 매개로 단합과 협동 그리고 공동체 정신을 발휘했으며, 품앗이는 마을 일부가 자율적으로 공동이익과 개인이익을 고려하여 호혜성의 원칙으로 운영했고 계는 개인이익을 우선하여 자율적으로 운영해오면서 마을의 기능을 유지하여 현재까지 이어지는 전통이다. 이러한 마을의 기능은 마을에서 주도적으로 행하여 왔으며 앞으로도 마을 문제는 마을에서 해결해야 할 과제이다.

국가는 거대한 공룡이기에 국가사무라는 큰 책무를 수행하지만 구석구석을 살피며 제때 움직이는 순발력에는 한계가 있다. 국가와 지자체가 움직일 때까지 기다리기에는 시간의 한계성이 있으며 사업 우선순위라는 장치가 작동되어 특정 마을의 숙제에 대한 지원은 불확실성이라는 한계도 있기 때문이다. 더구나 주민자치제가 도입된 마당에는 마을숙제는 마을 사람에 의해 해결되어야 한다. 간디가 "마을이 세계를 구한다."고 말한 이유라고 본다.

마을의 숙제라고 표현되는 마을의제는 보통 마을 만들기나 지역공동체 활성화라는 과제로 자치위원들이 그 사무를 담당한다. 자치위원들도 처음에 지역발전을 위해서 봉사하겠노라고 입회한 초심으로 돌아가야 한다. 마을에서 거들먹거리라고 자치위원이라는 직함을 준 것이 아니기 때문이다. 주민자치위원은 그 지역에 사는 주민들이 동네 발전을 통하여 주민의 삶의 질을 높이는 데 일익을 담당하겠다고 입회했으며 이후 각종 주민자치 관련 교육을 이수함과 아울러 제각기 가지고 있는 소질을 높여 안건마련과 안건처리 등의 문서화과정을 거쳐서 주민의 삶의 질을 향상시키는 것에 모든 에너지를 모아야 한다.

그러려면 공무원을 동(洞)에 왔다가 가는 나그네로만 보지 말고 동네 주인인 자치위원들이 내공전수라고 일컬어지는 자치능력 향상이라는 흔적을 남기고 떠나라고 요구해야 한다. 더 이상 공무원을 나그네로 비하시켜서는 안 된다. 오히려 공무원은 배움의 대상이고 지원받을 대상이라 보물처럼 소중히 대해야 한다. 그러기 위해서는 자치위원 스스로 마음을 비운 학생의 자세로 돌아가야 한다. 상대방을 존중할 때 나도 존중받는다는 것은 언제나 진리다.

4. 주민자치위원회 안내

자치위원이 되려고 하는 주민에게 주민자치위원회는 봉사활동을 통해서 주민의 삶의 질 향상에 기여하려는 뜻이 있는 사람만 참여해야 한다는 사실을 알리고 다짐을 받고자 A4용지 한 장에 요약해서 제공하는 양식이나, 기왕에 자치위원회에서 활동하고 있는 사람이라도 초심을 확인하고자 하는 의미에서 한번 읽어보기를 권한다. 주민자치위원회는 마을에서 해결하거나 다루어야 할 의제를 논의하고 추진하는 역할을 수행한다. 아울러 마을 만들기와 지역공동체의 목표, 즉 주민의 삶의 질 향상을 추구하므로 참 봉사의 자세가 아니면 아예 입회 신청을 해서는 안 되며, 자치위원회에서도 신청을 불허해야 한다.

주민자치위원회의 위상을 보면 각 동에 통장협의회, 자연보호위원회, 새마을협의회, 새마을부녀회, 자율방범순찰대, 바르게살기위원회, 방위협의회, 주민자치위원회 등의 자생단체가 있으나 각 단체장이 주민자치위원회에 입회한 경우가 대부분이므로 동(洞)에서 가장 큰 단체라고 할 수 있다. 동 단위 자생단체의 맏형 격으로 보는 것이 일반적이다. 다른 단체들은 한두가지의 고유 활동영역이 있으나 주민자치위원회는 주민의 삶의 질 향상이라는 목표 자체가 광범위하여 여러 분야의 사업을 추진할 수 있다.

주민자치위원회의 구성은 일반적으로 임원과 일반위원으로 구분할 수 있다. 자치위원장, 부위원장, 감사, 간사(또는 사무국장), 회계(없는 동도 있음)로 구성된 임원, 그리고 분과가 설치된 경우 각 분과장 및 일반위원이 있다.

회의 형태로는 보통 3단계가 있다. 먼저 각 분과위원회를 개최하고, 소위원회(또는 임원회의)에서 분과위원회 안건을 심의하고, 월례회의에서 전체 의견으로 안건을 결정하는 것이 올바른 회의의 3단계 진행 방식이다. 정상적인 주민자치위원회라면 매월 분과위원회 회의를 소집하여 자치위원 스스로 안건을 만들어야 한다. 이 안건은 분과장과 임원이 참석하는 소위원회에 제출하고, 소위원회에서는 시기 미도래 또는 안건 미성숙 등의 사유로 보류 내지는 부결을 결정하기도 하고, 안건이 적합하여 전체 의견을 들을 필요가 있다고 판단될 경우 월례회의 안건으로 상정해야 한다. 결국 월례회의에서 전체 위원의 의견으로 가부간의 결정이 이루어진다. 특히 회의의 3단계 진행에 따라 참석자의 범위도 정해지는데, 대체로 자치위원이 25명 내외이므로 3~4개의 분과위원회가 적합하며 자치위원장, 부위원장, 감사, 간사, 회계 등의 임원 또한 주민자치에 대해서 어느 정도의 안목과 식견을 갖추고 있으므로 분과위원회의 위원으로 참석하는 것이 더욱 좋다. 임원이라 해서 뒤에서 뒷짐 지고 있을 필요는 없다. 하지만 자치위원장과 간사는 주민자치위원회의 중심축이므로 같은 분과위에 배정하는 것이 바람직하며, 이왕이면 주민자치위원회의 핵심 역할을 수행하는 분과위에 배정해야 더욱 능률적인 분과위원회가 될 수 있다. 분과 임원 선출은 분과장과 분과총무를 뽑으면 되는데, 특히 분과장의 경우 동네 유지라고 해서 무턱대고 뽑는 것이 아니라 해당 분과의 업무를 제대로 수행할 수 있는 능력이 있는 사람이 뽑혀야 함은 물론이다. 간혹 아직도 관치(官治) 시절에 젖어 나는 폼만 잡을 테니 공무원이 알아서 서류를 해달라는 분과장이 있다면 이제는 스스로 물러나야 한다. 누구 한 사람의 자리를 위한 분과장이 아니기 때문이다. 본인은 다소 서운하다고 말할지 모르겠으나 마을과제를 수행하는 중요한 자리이기에 더욱 그렇다. 분과총무는 분과회의 소집을 분과원에게 알리고 분과 회의록 작성과 분과장 부재 시 분과장 역할을 대신하면 된다.

소위원회는 임원과 분과장만 참석하며, 월례회의에서는 전체 위원이 참석한다. 회의와 관련해서 벌금제를 적용하는 곳과 그렇지 않은 곳이 있는데, 개인적으로는 벌금제 적용이 옳다고 본다. 지방과는 달리 대도시에서는 생업에 종사하는 자치위원이 많아 무조건 회의에 나오기가 힘들다고 말하는 경우가 자주 있다. 그러므로 회의는 3가지 종류가 있으나 일반위원을 기준으로 볼 때 일반위원이 참석하는 회의는 분과위와 월례회의이므로 분과위는 매번 참석하기는 현실적으로 어려움을 인정하여 벌금제를 적용하지 않되 월례회의는 전체위원이 참석해야 하므로 벌금제를 적용해서 출석률을 높여야 단합과 공동체 정신을 구현할 수 있다. 나중에 자치위원회가 정상적으로 잘 진행이 된다면 그때 가서 벌금제는 폐지해도 무방하다.

그리고 동(洞) 운영세칙이나 운영회칙을 가지고 있는 경우에는 회원 내지는 자치위원의 자격을 따로 두는 경우가 있다. 연령이나 컴퓨터 활용 능력에 따라 제한하는 경우도 있는데, 법률 해석과는 상관없이 상당히 합리적인 이유가 있어 수용하는 것이 일반적이다. 예를 들면 대도시에서

70세 이상자의 입회를 제한하거나 이메일 또는 간단한 문서작성을 못하는 경우에 한해서 입회를 불허하는 경우가 해당된다고 하겠다. 물론 법의 심판의 대상이 되는 경우에는 패소할 소지가 다분히 있으나 입회제한 자체까지는 막을 수 없어 소송 제기에 따른 실익 또한 없기에 소송을 제기하는 사례는 없을 것으로 본다. 다만 지역 여건에 따라 연령 등의 제한 사유가 존재한다면 그에 걸맞은 사유가 있어야 할 것이다.

이렇게 회의가 진행하게 되면 주민자치위원의 활동사항이 있어야 하는데, 주민자치 관련해서는 대개 3가지이다. 앞에서 언급한 회의와 교육, 그리고 행사를 말한다. 어느 모임이나 단체든 형식과 절차가 있기 마련인데, 그중에 회비 문제는 여간 곤혹스러운 게 아니다. 지역마다 다르겠으나 주민자치위원회의 회의 후에는 회의 참석수당을 예산으로 뒷받침해주는 지자체가 대부분이다. 대략 지자체에서 예산으로 지원하는 참석수당은 3만원 이내이며 자치위원이 회비로 내는 금액은 5만원 정도이다. 그러니까 매월 회비를 5만원 내고 회의 참석 후에는 3만원 안팎의 참석수당을 받아 결국 매월 2만원 정도의 적자를 보는 직업(?)이 주민자치위원이라고 보면 된다. 그러니 참 봉사에 적합하지 않은 사람은 하루빨리 손을 떼는 것이 적자를 면하는 올바른 방편이라고 하겠다. 아울러 자치위원들이 내는 회비를 사업예산에 충당할 것인가가 한 번은 짚고 넘어가야 할 사항이다. 사업이라고 하면 사업예산으로 집행하는 것이 순리이고 회비는 모임에 쓰이는 경비이기 때문이다. 매년 사업에 필요한 경비를 반복해서 사용하는 경우에는 어찌 되었든 예산으로 편성해서 사용해야 하지만 주민자치위원회의 수입목록을 보면 그리 간단한 문제는 아니다. 주민자치위원회의 수입항목으로는 공모사업 선정으로 받아오는 보조금과 주민자치센터 프로그램을 운영하여 받는 수강료가 있으며 지역에 따라 프로그램 운영에 따른 적자분을 보존해주는 강사수당(강사수당이 없는 지역도 있음)이 전부이고 마지막 보루가 회비이다. 그래서 아무리 공모사업에 선정되어도 최소한 사업비의 10% 이상의 자부담을 요구하고 있어 아주 알뜰히 돈을 관리해야 하는 곳이 대부분이기 때문이다. 그런 이유로 일부에서는 모아놓은 회비로 자체사업을 하거나 선정된 공모사업의 자부담 금액으로 충당하고 있는 실정이다. 결국 회비로 사업예산을 충당해야 하느냐 마느냐 하는 것은 지역 여건에 따라 정하는 것이 현실적이나 예산은 예산대로 사용하고 회비는 모임 성격에 맞게 사용하는 것이 원칙이라는 점은 알고 있어야 한다.

아래의 내용은 주민자치위원회에 대한 간략한 내용을 A4 용지 1장으로 정리한 것으로 신규 위원의 이해를 돕고자 만든 것이니 가감하여 사용하면 좋을 것이다. 주민자치위원 『마일리지제』 적용에 대해서는 뒤에 설명이 있으니 참고하기 바란다.

〈주민자치위원회 안내〉

○ **주민자치위원의 역할**
  - 마을의제(마을숙제 내지는 마을에서 해결할 사항) 추진
  - 마을 만들기와 지역공동체 관련사항 추진

○ **주민자치위원회의 위상**
  - 우리 동에는 주민자치위원회를 포함하여 7개 단체가 있으며
  - 6개 단체의 장(長)이 주민자치위원회 위원으로 구성되어 있음

○ **주민자치위원회의 구성**
  - 직   제 : 위원장 〉 부위원장 〉 감사 〉 간사, 회계 〉 위원
  - 회의종류 : 분과위(3개) 〉 소위원회(임원+분과장 참석) 〉 월례회의(전체 참석)
  - 회의참석
    - 일반위원인 경우 : 분과위와 월례회의
    - 임원(분과장 포함)인 경우 : 분과위와 소위원회 그리고 월례회의

○ **자   격**
  - 우리 동에 주민등록이 되어 있으면서 실제 거주하는 사람
  - 우리 동에 살지는 않지만 사업장이 우리 동에 있는 사람
  - 컴퓨터 활용 가능한 사람 : 이메일, 간단한 문서작성

○ **주민자치위원 활동**
  - 일반위원 : 최소 매월 2회 회의 참석(임원 및 분과장은 3회 참석)
  - 주민자치위원 교육 및 주민자치위원회 주관행사 참여

정례회의	매월 첫주(목) 18:00	전체 주민자치위원
소위원회	매월 첫주(화) 11:00	임원 및 분과장
자치운영 분과위	마지막 주(화) 11:00	해당 분과원
문화교육 분과위	마지막 주(수) 10:00	해당 분과원
환경복지 분과위	마지막 주(금) 17:00	해당 분과원

○ **주민자치위원회 회비**
  - 매월 6만원 납부하며
  - 그중 1만원은 장학회비로 적립하여 매년 2월에 장학금 지급함
  - 나머지 5만원은 주민자치위원회 회비로 사용함
  ※ 월례회의 불참 시 벌금제 적용함

○ **주민자치위원 「마일리지제」 적용**
  - 적용대상 : 4가지(분과위, 월례회의 참석 여부, 교육 및 행사 참여 여부)
  - 적용내용 : 참석 2점, 일부 참석 1점, 불참 0점

5. 중복 단체원에 대하여

한 지역에 거주하면서 2개 이상의 단체에 가입하여 활동하는 경우에는 어떻게 하는 것이 좋을지 고민하는 경우가 있다. 중복가입의 형태를 보면 일반 단체원으로 중복인 경우가 있고, 특정 단체의 장으로서 다른 단체의 장을 겸하는 경우와 특정 단체의 장이면서 다른 조직의 단체원인 경우가 있다.

대체로 일반 단체원으로 중복 가입한 경우에는 원래 한 단체를 그만두었어야 하는데 각종 평가나 처음에 가입한 단체와의 인연 때문에 그만두지 못하는 경우가 있다. 처음 가입한 단체에서도 사람(회원)을 구하기도 힘들어서 탈퇴를 적극적으로 권장하지 못하기 때문이다.

그리고 특정 단체의 장이면서 다른 단체의 장인 경우에는 대체로 조례나 시행규칙에 제한이 없거나 욕심이 많은 경우에 해당된다 하겠다. 마지막으로 한 단체의 장이면서 다른 단체의 구성원인 경우에는 조례나 시행규칙과의 관계에 따라 발생하는 것이 대체적이다. 실례를 들면 예전의 주민자치센터 설치 및 운영조례에서는 각 자생단체장의 주민자치위원회 가입을 의무화하여서 가입한 경우이며, 최근에는 조례가 변하여 각 자생단체장의 의무가입을 배제했으나 희망가입까지는 제한을 안 하기에 발생하는 사례이다.

한 지역에서 2개 이상의 단체에 가입하는 것은 슈퍼맨처럼 특별한 능력을 가지고 있다면 모르겠으나 그리 권장할 사항은 아니다. 우리가 흔히 하는 말이 있다. "집에서 새는 바가지 밖에서도 샌다"는 말이 그것이다. 여기에서 '집'을 어느 한 단체로 대체하면 "한 단체에서 새는 바가지(단체원)는 다른 단체에서도 샌다"로 바꿀 수 있다 하겠다. 어느 한 단체에서 능력 이상의 일을 하고 있으면서 남는 여력이 있어서 다른 단체에서도 적극적으로 활동할 수 있는 사람이라면 할 말이 없다. 그러나 과연 그런 사람이 얼마나 있으며, 있다 한들 얼마나 지속적으로 활동할 수 있겠는가를 생각해보면 자명한 일이다.

친목단체라면 모르겠으나 자생단체는 각 단체마다 고유사업이나 활동사항이 있어 연중 지속적으로 추진해서 최종적으로는 지역 내 주민의 삶의 질을 향상시켜야 하는 과제를 가지고 있다. 단순한 의사결정의 거수기가 아니라 단체의 존립에 대한 성찰과 목표 달성 및 실천과제 수립에 이어 익년도 사업계획 작성 등 자생단체는 할 일이 많다. 또한 실천과제를 위한 각종 안건제안만 해도 단순히 머리에 있는 아이디어 수준의 생각만으로는 안 된다. 안건을 제안해본 이는 안다. 안건 하나를 제안하려면 많은 과정을 거쳐서 장애물이 있는지 없는지를 따지고 장애물이 있으면 어떻게 제거하면 되는지, 그리고 누구와 협의를 거쳐야 남들도 동의할 수 있는 성숙한 안건이 되는지를 말이다.

그러기 위해서는 신문과 책을 항상 가까이 해야 하며, 때로는 교육도 받으면서 아이디어를 제안으로 성숙시킬 때를 기다릴 줄도 알아야 하기 때문이다. 과연 2개 이상의 단체에서 활동한다는 것이 가능할까. 결론은 의문이다. 이제 욕심을 버리자. 밖에서 새기 전에 집에서 막자. 주민의 삶의 질 향상을 위해서 자생단체에 가입했다면 하나의 단체만으로 족하다. 물론 어쩔 수 없이 중복 가입해야 하는 경우는 예외로 할 수 있다.

6. 봉사활동의 3가지 방법

봉사활동을 어떻게 해야 할까? 이 말을 이렇게 바꾸면 공감하리라 본다. "나는 왜 봉사활동을 하는가"로 말이다. 어떤 이는 이렇게 말한다. "누가 나에게 봉사활동을 해달라고 해서"라고. 이것이 올바른 대답은 아니다. 누가 나를 도와달라고 하면 무조건 도와줄까. 당신이라면 그렇게 하겠는가. 보나마나 아니라고 말하지 않겠는가. 그렇다. 봉사활동을 쉽게 생각하지는 말자. 사람은 사회적 동물이라 누군가와 관계를 맺으면서 살아갈 수밖에 없어서 어느 울타리이건 같이 모여서 활동하며 소속감을 느끼려는 속성이 있다. 그런데 조직이나 단체에 가입하려고 할 때에는 상대방이 기대하는 점이 있다는 것을 알면 좋겠다. 그냥 무조건 들어오라는 얘기가 아니기 때문이다. 상대방이 원하는 것은 무엇일까? 대략 짐작하는 바와 같다. 동네 발전을 도모하는 단체가 원하는 것은 대략 3가지가 있다. 돈이나 참여(행동) 또는 지혜 중에 하나는 있어야 한다. 이 가운데 한 가지만 잘해도 어느 단체나 조직에서 크게 흠 잡힐 일이 없다.

우선 돈은 이따금 쓸 줄 알아야 한다. 우선 회비는 당연히 꼬박꼬박 내야 할뿐만 아니라 소모임에서도 이따금 써야 돈의 효용을 높일 수 있다. 남들은 내는데 나만 안 내겠다고 버티는 것은 구성원으로서 자격미

달이다. 회비는 밀리지 말자.

다음으로는 참여(행동)의 문제다. 일단 모임에 가입하면 정기모임에는 특별한 약속이 있지 않는 한 무조건 참석해야 한다. 불참하는 경우에는 사전에 양해를 구하는 것이 사회예절이다. 역지사지(易地思之)라는 말 그대로다. 회의 참석에 대한 안내문자를 보냈는데도 무단불참하는 것은 심하게 이야기하면 '갑질'하는 경우에 해당한다. 에티켓은 지킬수록 좋다.

다음은 지혜인데, 모임에서는 늘 안건에 대한 토의와 결정을 해야 한다. 이때 돈이나 참여는 다소 빈약하지만 매번 괜찮은 아이디어를 제공한다면 남들에게 많은 도움이 되고 그 모임에 꼭 필요한 인재로까지 인정받을 수 있다. 셋 가운데 2가지 이상을 갖춘 경우는 환영의 대상이다. 당신 어디에 있다가 이제야 우리 앞에 나타났냐는 말을 듣게 된다. 그런데 문제는 이 3가지 중에 어느 한 가지도 시원치 않은 경우이다. 냉대를 받고 다음으로는 따돌림의 대상으로 부상한다. 지금 당신의 위치는 어디인가.

7. 상품과 인재의 구분

　우리가 물건을 구입할 때 흔히 하는 말이 있다. 좋은 거다, 보통이다, 조금 싸구려네 하는 말이 그것이다. 다른 말로 바꾸면 상품(上品)과 중품(中品) 그리고 하품(下品)이다. 상품은 남에게 선물하거나 부모님께 효도할 때 제격인 물품이고, 중품은 일반적으로 사용하는 것, 하품은 말그대로 하품 나올 정도의 물품으로 통상 일회용이거나 아주 아쉬울 때만 사용하는 물건이다. 그러기에 보통은 중품을 사용한다.

　사회생활에서 우리가 자주 대면하는 사람들의 경우에는 참으로 난감하다. 상품으로 칠 때 중품 이상의 인격이나 능력을 가진 분을 만나는 경우에는 무난하지만, 그렇지 않은 분과 같이 해야만 하는 경우에는 더욱 그렇다. 같은 사무실에 있거나 업무수행을 위해서 만나야 하는 분들 중에서 그런 경우가 있을 때에는 서로 곤란하다. 남이 그런 경우에도 난감하지만 역지사지해서 내가 그 주인공인 때에는 또 어찌해야 하나. 그렇기에 내가 부족한 부문이 있다면 하루속히 보완을 해야 할 것이다. 결국에는 내가 그런 주인공이 되는 경우는 없도록 해야 한다.

　내 경우에는 배우는 속도가 다소 더디기에 노력을 많이 한다. 신문과 책을 가까이 하고 메모를 잘 활용하며 자료관리도 잘하는 편이다. 이렇게 하려면 남보다 더 많은 시간을 투자해야 한다. 천재는 1시간이면 될 때 나는 최소 2시간 이상을 투자해야 하니 당연한 결과이다. 그래서 자료관리를 잘하니까 나중에는 시간이 단축되는 것을 느끼고 있는데, 내 나름으로는 다행이라고 생각한다. 결국 상품과 인재를 논할 때 좀 더 자신에게 솔직해져서 있는 그대로의 본인 견적서를 뽑아야 한다. 아주 냉정하게. 그래야 내가 부족한 부분이 보이고 그에 따른 처방전도 나온다. 물론 처방전에 따른 실천사항은 꾸준히 지켜나가야 한다. 또한 어느 특정 분야에서 다소 부족한 사람을 만나고 같이 생활할 수밖에 없는 경우에는 그 사람에 대한 배려 방안도 마련하는 것이 좋다. 같이 있는 동안에 얼굴 붉히면서 지낼 수는 없기 때문이다. 내 경우 어느 동에 근무할 때 이메일 사용을 못하는 단체원을 만났을 때에는 마침 주민자치센터에서 컴퓨터교실을 운영하고 있어서 자생단체원만 따로 반을 만들어 2개월간 운영한 적이 있다. 당초 1개월만 하려고 했는데 수강생들이 1개월 연장을 요구하자 강사에게 요청하여 성사가 되었다. 단체원들이 컴퓨터를 배우는 과정에 자주 낯선 이메일이 오곤 해서 의아해했는데, 나중에 알고 보니 자기네들이 배운 것을 시험해볼 상대가 없어서 배운 것을 실험해보느라 나를 선택했다는 말을 듣고는 서로 웃은 적이 있다. 이처럼 자기만의 방법으로 누군가에게 도움을 줄 때는 무언지 모를 뿌듯함을 맛볼 수 있다. 결국 대하기 나름이고 마음 열기 나름이다.

외부고객에게는 이렇게 시간과 정성을 들일 수밖에 없으나 나 역시 내부고객에게는 그리 살갑지 못하다. 근무지를 바꿀 때마다 직원들에게 하는 말이 있다. "여러분과 나는 오늘 처음 만나서 반갑지만, 같이 근무하는 동안에는 조금씩 싫어지는 경우도 있다. 그리고 같이 근무하다가 상급기관에 영전되었을 때 나는 무조건 축하방문을 하지 않는다. 같이 근무할 때 열심히 근무한 직원에 한해서만 인사차 우리 직원 일 좋아하고 많이 했는데 잘 좀 부탁한다며 축하방문하지, 그렇지 않은 경우에는 내가 못 가니까 그때 서운해하지 마시라"고 미리 밝히곤 한다. 물론 열심히 안 하는 직원에게는 일하는 요령이나 나만의 노하우도 알려주지만 실천하지 않는 직원에게는 효과도 없다. 그런 직원이기에 축하방문을 안 하는 것이니 서운해한들 나로서도 도리는 없다.

8. 비난과 칭찬에 대하여

　사람관계는 어렵다. 누구나 좋은 것은 내가 갖고 나쁜 것은 나에게 해당되지 않았으면 한다. 결국 나는, 아니 나만은 좋은 사람으로 평가받고 싶은 욕망이 있기 때문이다. 어떻게 행동했고 어떤 노력을 했는지는 생각하지도 않는다. 이런 까닭에 사람관계에서는 말도 많고 탈도 많다. 비난은 듣는 순간 감정이 상하지만 잘 다스리면 오히려 내 발전에 도움이 된다. 그러기에 비난받을 때는 진정 내가 잘못한 것에 대하여는 반성하여 다시는 지적받는 일이 없도록 노력해야 하지만 칭찬은 경계의 대상이다. 칭찬에 우쭐대는 순간 불행한 미래가 다가온다. 물론 칭찬하는 쪽에서 보면 잘했다 또는 어려운 여건에서도 굴하지 않고 좋은 성과를 냈다는 덕담이겠으나, 받는 쪽에서는 인정받아서 고맙다는 정도로 그쳐야 한다. 자만해서는 안 된다는 얘기이다.

　내 경우에는 비난받는 경우가 간혹 있다. 주민자치 업무를 수행하다 보니 주민자치위원회의 진행사항이나 행사 등을 많이 다루게 되는데, 자치위원들이 회의를 하는 것을 싫어하는 경향이 있어서 제대로 하자는 내 말에 서로 동의가 원활하지 않아서 생기는 경우가 대부분이다.

　주민자치위원회에서 다루는 안건은 대개는 3단계로 나누는 것이 일반적이다. 분과위에서 토의를 거쳐 안건을 마련하여 소위원회에 안건을 이송하고. 임원과 분과장이 포함된 소위원회 회의에서는 분과위 안건을 조정과 이해를 바탕으로 월례회의에 상정해야 한다. 월례회의에서는 분과위에서 올라온 안건을 심도 있게 심의하여 확정한다. 이런 3단계를 거쳐야 제대로 된 회의체라 할 수 있으며 주민자치의 모범사례가 되는 것이다.

물론 임원이나 분과장이 아닌 일반 자치위원은 소위원회에 참석할 수 없으므로 분과위와 월례회의에만 참석할 수 있다. 결국 월례회의에서 다루는 안건은 분과위에서 제일 먼저 생성되어야 한다. 이상하게도 발령받는 주민센터마다 분과위가 서류상으로만 있지 실제로 활동하는 경우가 없었다. 이를 해결하기 위하여 가는 곳마다 분과위를 활성화시키곤 하는데, 매번 반발과 저항이 나를 반겼다. 왜 쓸데없이 안 하던 것을 하느냐, 나중에 하자, 우리 동에는 분과위가 필요 없다, 사무장(또는 행정팀장)이 여태껏 다 했는데 왜 우리가 하느냐고 말하는 자치위원들을 많이도 만났다. 그런 자치위원들은 주민센터에 오는 경우에도 나하고 이야기하는 것보다는 동장하고 이야기 나누는 것을 더 선호했다. 다행히 동장이 어느 정도 마인드가 있는 분인 경우에는 이러저러해서 왔는데 그냥 신경 쓰지 말고 사무장이 하려던 방향대로 잘 진행하라는 말을 듣곤 했으나, 그렇지 않은 경우에는 동장이 자치위원들의 위세에 굴하여 내게 좀 더 천천히 진행하자, 아니면 다들 싫어하는데 왜 사무장만 분과위를 고집하느냐는 말도 들었다.

원칙이 있으면 흔들리지 않는다. 주민자치라면 자치위원들의 머리에서 아이디어가 나오고 안건이 나와야지, 언제까지나 사무장이 안건도 만들고 서류도 작성할 수는 없는 것 아닌가. 결국 내 경우에는 3개 주민센터에서 근무하면서 무사히 분과위를 활성화시켰다. 나중에 들어보니 어느 주민센터는 내가 떠나면서 슬슬 분과위를 없앴는데, 어느 주민센터는 지금도 분과위가 정착되어 있어 고맙기도 하고 자부심도 느끼고 있다.

정말 잘못해서 비난을 받는 경우도 있지만, 당장 하기 싫은데 당신 때문에 번거롭게 되었다는 푸념도 있으니 비난을 받는다고 해서 다 잘못된 것은 아니다. 그래도 비난에는 여전히 귀를 기울여야 하는 것은 유효하다. 내 경우 칭찬에는 아주 둔감하다. 누가 나를 칭찬하는 경우 그냥 "그래요!" 하고 만다. 싱거운 대답 한 번 하고는 끝이다. 공직에 입문 후 처음 칭찬을 들었을 때에는 기분도 좋고 인정도 받은 것 같아 모든 것이 낭만적으로 보였다. 하지만 어디 칭찬받기가 그리 쉬운가. 오늘 한 번 받았다고 해서 1년 365일 칭찬받으라는 법 없다. 내 기억으로는 칭찬도 받고 비난도 받다 보니 자연스레 칭찬은 그냥 일회성으로 끝나는데 그것을 오래 마음에 두고 있으면 들뜨기 쉽고 심하면 자만으로까지 이어지는 것을 겪었기 때문에 체화된 것 같다.

어차피 일을 추진하는 것이 목적이지 칭찬받는 것이 목적은 아니지 않는가. 비난과 칭찬, 사람이 사회생활을 하는 데 줄곧 따라다니는 괴물이다. 괴물을 기회로 만들 것이냐 장애물로 삼을 것이냐는 오롯이 당신 몫이다.

9. 우리는 그를 '리더'라 부른다

　우리는 누군가를 리더라고 말하기도 하고 "아니야, 저 사람은 리더가 아니야"라고 말하기도 한다. 과연 누가 리더이고 누구는 아닌가. 리더(Leader)를 사전에서 찾아보았다. 조직이나 단체 등에서 전체를 이끌어가는 위치에 있는 사람을 말하며, 때에 따라서는 '지도자'로 불리기도 한다고 기록되어 있다. 그런 연유로 흔히들 사회적으로 직급이 높거나 특정 분야의 전문가를 리더라고 말하기도 한다. 아직 안목이 높지 않은 때에는 선배나 높은 사람을 리더라고 생각하기도 했을 것이다.

　점차 나이가 들고 안목이 생기면 리더가 달리 보인다. 그냥 직급만 높은 사람이지 진정한 리더는 아니라고 말이다. '진정한'을 주목하자. 예전에는 사회생활을 하면서 높은 사람이 지시하는 것이라면 무조건 따랐고 그가 리더인 줄로 알았다. 양방통행은 없었고 오직 일방통행만이 있던 시절에는 지시자가 리더였지만, 이제는 다양성이라는 시대에 살고 있어서 일방통행식 행동이나 주장은 그리 설득력이 없다. 다시 말하면 배려 없는 지시에서 배려 있는 지시로 바뀌어야 행동이 따르게 되었다는 말이다. 여기에 공감까지 있어야 한다. 예전의 지시자라면 이렇게 바뀐 시대에 "차라리 내가 졸병하고 말지"라고 말할지 모른다. 하지만 진짜로 졸병까지 할 각오가 되어 있어야 리더가 될 수 있다.

하나의 예를 들면, 군대에서는 '경계근무에 실패하면 용서가 되지만 전략에서 실패하는 경우에는 용서가 되지 않는다'는 말이 있다. 좀 더 풀어서 이야기하면 보초를 서고 있는 군인이 졸아서 아군의 물질적 피해가 발생되었다면 지휘관은 문책을 받아야 한다. 이때 받는 문책은 대체로 가볍다. 이와 달리 지상군을 투입하면 될 것을 공중폭격을 주장하여 아군의 인명피해가 발생했다면 지휘관은 지휘관직에서 물러나야 한다. 결국 경계 실패는 그나마 가벼운 것이라 용서될 수 있지만, 대규모 인명피해는 중대한 사항이라 이것을 오판한 지휘관은 용서의 대상도 안 되고 지휘관이라고 할 수도 없다는 말이다. 결국 리더에게는 지혜와 배려 그리고 공감과 비전이 있어야 하며 이 모든 것을 종합하여 결정까지 해야 한다.

지혜는 학습으로 배우고 연륜으로 익히면 된다고 말하지만, 말이 그렇지 결코 쉬운 과정은 아니다. 한 번은 들었으리라 본다. 어느 갤러리에서 한 풋내기 작가가 말했다. "내 것은 몇 개월을 거쳐서 만든 작품인데 10만원이고 저분 것은 며칠 만에 만든 작품인데도 왜 수백만원이냐?" 이 말을 들은 갤러리 주인이 한마디 했다. "분명 당신이 만든 작품이 더 많은 시간을 들였지만, 저분은 그 작품을 만들기 위해서 20년 이상을 투자한 사람이다."

리더 역시 마찬가지이다. 상당 기간의 학습화 과정을 견디면서 상호 공감을 위해 상대방을 이해하는 배려마저 체화시켜야 한다. 그러면서 더나은 방향을 제시하는 비전이 있어야 사람들이 따라온다. 당신을 리더라고 부르면서.

리더와 동행하는 덕목이 있다. 바로 권위(權威)이다. 그 사람은 권위가 있다고 말할 때의 권위는 일정한 분야에서 사회적으로 인정을 받고 영향력을 끼칠 수 있는 사람의 덕목으로, 리더가 갖추어야 할 필수사항이다. 그럼에도 불구하고 리더이지만 권위는 없다고 말하는 경우를 볼 수 있는데, 이는 말로만 리더일 뿐 진정한 리더로서 갖춰야 할 지혜와 상대방을 편안하게 해주는 배려는 물론이고 같이 감정을 공유하는 공감과 조직의 앞날을 제시하는 비전 및 가장 필요한 결정능력(또는 실행력)은 부족한 경우라고 할 수 있다. 무릇 리더와 권위는 누군가에게 요구하는 것이 아니고 상대방이 인정하는 것이다. 리더로 인정해달라거나 권위를 인정해달라고 말할 수는 없다. 부단히 노력하여 얻는 방법 외에는 없음을 알아야 한다.

리더에게 요구되는 마지막 항목은 열정(熱情)이다. 아무리 지혜가 많고, 비전이 있으면 뭐하겠는가. 그러한 것은 리더가 아니어도 가질 수 있다. 참모도, 직원도, 일반 자치위원도 가질 수 있다. 하지만 변함없이 지속적으로 집중하며 모든 열과 성을 쏟는 마음인 열정은 다르다. 오롯이 리더만이 가지고 있는 덕목인 것이다. 열정 있는 리더의 곁에 가면 겨울에도 온기를 느끼며 여름에도 시원함을 느낀다. 열정 있는 리더에게 지혜와 배려가 없는 경우를 보았는가? 공감과 비전이 없는 리더를 만난 적이 있는가? 결정능력(실행력)과 권위가 없는 리더를 아는가? 열정 있는 리더는 이 모든 것을 갖추고 있다.

우리 주민자치 분야도 다르지 않다. 공무원에게 의지하지도, 공무원을 탓하지도 않아야 진정한 주민자치라고 말할 수 있다. 그렇기에 '진짜' 주민자치위원은 봉사할 시간이 없다고 말하지 않으며, 말보다 실천이 앞서는 사람이다. 이런 열정을 가진 참 봉사자라야 '리더'라고 할 수 있다. 귀하의 실천이 첫걸음이다.

2

기본이 바로 선 주민자치위원회

기본을 바로 세워서
저 다리를 손잡고 함께 건너고 싶다.

1. 주민자치 4대 법전 마련

우리 주민자치위원회는 관례라고 하면서 임원들만 알고 있는 사항들이 많은데, 일반위원은 그냥 관례에 따라 동의만 해주어야 하는지 궁금합니다.

주민자치 4대 법전이라고 말하는 것은 법률이나 법령에 근거한 것이 아니다. 또한 학문적인 분류도 아니며, 주민자치 분야에서 알기 쉽게 표현하고자 법전이라는 용어를 과감히 빌려서 사용하는 것이니 착오 없기를 바란다. 주민자치에서는 국가의 헌법이나 법률과 같은 자치법규의 틀이 있다. 크게 보면 시에서 만드는 것과 동(洞)에서 만드는 것으로 대별할 수 있는데, 시에서 만드는 것은 주민자치센터 설치 및 운영조례와 주민자치센터 설치 및 운영조례 시행규칙 2가지가 있다. 동에는 운영세칙과 회칙이 있는데, 정식으로 표현하면 주민자치센터 설치 및 운영조례에 근거한 하위개념인 주민자치센터 운영세칙이고, 그 아래 단계로 주민자치센터 운영회칙이 있다. 이 4가지를 주민자치 4대 법전으로 보자는 얘기이다. 이렇게 거창한 표현을 쓰는 이유는 구구절절이 표현하기보다 알기 쉽게 하기 위함이다. 동에서 주민자치와 관련해서는 법령 외에 이렇게 4

가지만 필요해서 4대 법전이라고 표현하자는 것이다. 그리고 대부분의 주민자치센터에 운영조례와 시행규칙 그리고 운영세칙까지는 있으나 운영회칙의 경우 있는 주민자치위원회와 그렇지 않은 곳이 혼재하여 가급적이면 있는 것이 좋겠다고 여겨서이다. 다시 말해서 운영회칙을 강조한다는 의미로 해석할 수 있다. 물론 운영회칙은 운영세칙에 근거하여 마련해야 하며 운영세칙을 초월하는 내용을 만들어서는 안 된다.

운영세칙만으로 행동이나 의사표현이 가능하다면 좋겠으나 일을 하다 보면 운영세칙만으로는 한계가 있다. 예를 들어 운영세칙에 입회(회원)규정을 넣을 경우 일반적인 문구만 들어갈 수밖에 없지만, 운영회칙에서는 정상적인 활동을 하기에 다소 무리가 있는 업종을 제한할 수 있으며, 또한 컴퓨터 사용이 어려운 경우나 연령을 제한할 수 있다. 물론 헌법이나 관련 법률에 위배의 소지가 있는 경우 법원의 심판 대상이 될 수도 있으나, 나름의 원칙만 확고히 정한다면 소의 제기 없이 운영회칙을 제정, 운용할 수 있다. 아울러 각종 지출을 임원회의에서 정해야 하는 경우에도 임원들만 알고 다른 일반위원들은 모르게 되어 위화감 조성 내지 마찰의 소지가 있는데, 운영회칙으로 세세한 사항까지 정해두면 투명성이 강화되어 임원들이 마음대로 한다는 소리를 사전에 차단할 수 있는 이점이 있다. 그럼에도 불구하고 너무 세세한 사항까지 규정하게 되면 번문욕례(繁文縟禮) 내지 또 다른 탁상행정 아니냐는 얘기가 나올 수 있다. 임원회의에서 처리해도 별 탈이 없으며, 운영세칙만으로도 충분한 것 아니냐는 반문이 제기될지 모른다. 결국 선택의 문제이다. 투명성을 위주로 할 것이냐, 아니면 임원회의를 존중할 것이냐 하는 문제인데, 이는 현재 본인들이 속해 있는 주민자치위원회의 의사결정 과정과 참여의 정도를 기준으로 하여 임원회의 중심의 단합을 중시할 것인지 또는 합리성을 수반하는 투명성을 중시할 것인지를 선택해야 할 것이다.

2. 문서등록대장 등 관리

주민자치위원회에서 꼭 문서등록대장이나 시행문 또는 보도자료
등을 작성하고 관리해야 하나요? 문서작성이 익숙하지 않아 어렵기
도 하고 예전에는 공무원들이 다 해줬다고 하는데요.

이 질문은 관치(官治)에서 주민자치(住民自治)로의 전환에 따라 자생
력을 습득하는 과정에서 나온 것으로 보인다. 그냥 예전이 더 편했다는
얘기이기도 하다. 사실 예전에는 공무원이 서류에서부터 의전은 물론이
고 행사도 알아서 다 해결해줬다. 그런데 전국주민자치박람회 등을 통
해 소위 잘나가는 주민자치위원회를 견학가거나 문의를 하면 "이제는 우
리 스스로 합니다"라는 말을 듣는다. 그럴 때면 부러워하면서 우리도 우
리 힘으로 한번 해보자고 작심하지만 그것이 하루아침에 되는 것이 아
니라는 것을 알게 된다.

요즘 전국의 내로라하는 주민자치위원회에 가보면 기안문이나 계획서
등을 작성한 후에 문서를 등록시키는 문서등록대장을 비치하고 있다. 각
종 문서를 공무원이 아닌 누군가가 하고 있다는 얘기이다. 그럼 누가 하
고 있을까? 보통의 경우에는 상근하는 유급간사가 하고 있는데, 본인이

직접 각종 회의에 참석하여 요지를 뽑아내서 문서화를 하거나 아니면 문서화하기 전에 누군가의 도움을 받는다. 자치위원인 분과장이나 간사 아니면 자치위원장의 도움을 받는 것이다. 그들은 상당한 내공을 소유하고 있는데, 혼자서 쌓은 것은 아니다. 대부분 초창기에 행정팀장이라는 공무원의 도움을 받고 이후 수차례의 자문을 거친 후 어엿이 독립하여 나름의 일가견을 가지고 유급간사에게 도움을 주기도 하고 지시하기도 하는 것이다. 때로는 알고 있는 공무원에게 수시로 자료를 요청하여 현재의 지식을 업그레이드하기도 한다. 그런 노력이 있었기에 오늘날 주민자치위원회에서 막강한 영향력을 행사하는 것이다.

문서에 대해 기피하거나 어려워하지 말고 처음에는 공무원에게 도움을 받자. 문서작성의 실무라고 표현하는 문서 공부를 하자. 낯선 분야라서 익숙하지도 않고 한두 번에 배울 수도 없겠지만 몇 번 검토를 받으면 문서에 자신감이 생긴다. 익숙해지는 순간 문서에 대한 공포감이 사라진다. 그리고 문서에 자신감이 붙어 간단한 기안문을 거친 후에는 내가 작성한 문서를 외부로 보내는 문서인 시행문도 만만해진다. 좀 더 재미를 붙이면 여러 가지 기획을 하게 되면서 각종 비용을 다루는 예산과 지출 그리고 산출기초 등을 접한다. 이 또한 거침없이 지나간다. 그동안 어렵다고 말했으면서도 그 어려운 과정을 통과한 것과 마찬가지로 말이다. 다만 자주 안 해봤을 뿐이라는 사실을 알고는 씩 웃게도 될 것이다. "별것도 아닌 게" 하면서. 사실 별것도 아닌데 너무 어렵게 생각한 것이니 계속 만만하게 보자.

문서작성과 더불어 주민자치위원회에 꼭 필요한 것이 하나 더 있다. 바로 '안건처리대장'이다. 매월 주민자치위원회 월례회의에서 처리하는 안건을 그냥 회의록만 작성하는 것으로 끝을 맺으면 안 된다. 안건을 처리한 일시부터 시작해서 안건제목과 간략한 내용을 적은 후에 부결 또는 보류 등의 처리결과를 적어서 관리하자. 귀 위원회의 기초가 하나둘 쌓이는 것을 피부로 느끼게 된다. 이처럼 문서등록대장과 안건처리대장을 잘 관리하면 매년 연말에 주민자치센터 운영평가 자료를 제출할 때나 전국주민자치박람회에 서류를 제출할 때 당황하지 않고 빠짐없는 충실한 자료를 만들 수 있다. 이것이 기초체력이다.

다음은 문서등록대장과 안건처리대장의 예시이므로 가감하여 사용하면 좋을 것이다. 부록(7장)에 있는 '문서의 작성 및 시행방법' 자료는 행정자치부의 전신인 행정안전부에서 제공한 자료이지만 지금도 유효한 내용으로 문서작성의 기초에 해당되니 익혀서 실전에 사용하기 바란다.

[문서등록대장 '예시']

등록번호	결재일자	제 목	수 신 처	비고 (분과)
2014-1	2014.08.22	재능나눔 자원봉사 협약식 개최(안)	내부결재	
2014-2	2014.09.29	「동전의 경제교실」 운영계획(안)	〃	
2014-3	2014.09.29	「느린 우체통」 운영계획(안)	〃	
2014-4	2014.10.01	2015년 마을의제 발굴을 위한 워크숍 계획(안)	〃	
2014-5	2014.10.06	2015년 마을의제 발굴을 위한 워크숍 개최결과	〃	
2014-6	2014.11.05	2014년 「주민자율문고 독후감」 공모전 개최(안)	〃	
2014-7	2014.11.25	「기타교실 작품발표회」 개최(안)	〃	
2014-8	2014.11.25	「서예교실 작품전시회」 개최(안)	〃	
2014-9	2014.12.01	2014년 「주민자율문고 독후감」 공모전 개최결과	〃	
2014-10	2014.12.26	제11대 주민자치위원장 이·취임식	〃	
		이 하 빈 칸		

[안건처리대장 '예시']

연번	일 시	안 건 명	결과	내 용	비고
85	2015.09.05	2016년 분과별 사업계획(안)	가결	대 상 : 3개 분과사업 및 예산안 소요예산 : 70,162천원 예산과목 : 국/도/시비, 수강료, 자체회비	
86		2015년 분과별 사업계획(안)	가결	대 상 : 3개 분과사업 및 예산안 소요예산 : 92,262천원 예산과목 : 국/도/시비, 수강료, 자체회비	
87	2015.10.01	프로그램 활성화 유공자, 감사패 전달(안)	가결	대 상 : 2명(강사, 수강생) 소요예산 : 20만원 예산과목 : 프로그램비	
88		자치위원 마일리지제 정착을 위한 회비인상(안)	보류	내 용 : 회비 1만원 인상으로 우수 마일리지 위원 해외연수 지원 보류사유 : 일부만 혜택 보니 다른 방안 마련	
89		전국주민자치박람회 부스운영 분담(안)	가결	분담방안 : 소위원회 멤버만 부담하는 대신 전체 위원이 분담함 분담비용 : 80만원 이내(회비)	

3. 보도자료 작성하기

　보도자료를 제출하는 것은 공무원이 하면 안 되나요? 자주 공무원들이 보도자료를 작성해서 제출하던데, 꼭 자치위원이 작성해야 하나요?

　공직에 있어서 잘 알지만, 보도자료 작성은 조금은 짜증나는 일이다. 업무의 끝은 보도자료 쓰는 것이라고 반복해서 말하지만 쉽게 받아들이는 분위기가 아니다. 가만히 있다가도 보도자료 얘기만 나오면 "아, 머리가 아파요!" 한다. 공무원도 그런데 민간인인 주민자치위원이 보도자료 쓰는 것을 기피하는 심정은 충분히 이해된다. 하지만 업무를 추진할 때는 기본적인 프로세스가 있다. 먼저 기획서(기안)를 작성하고, 중간보고를 하고, 최종 결과보고를 한다. 이런 프로세스가 일반적이지만 이렇게 해서 업무를 종결하는 사람에게는 큰 기대를 안 한다. 뭔가 빠진 것이 있기 때문이다. 짐작하는 바대로 보도자료 배포가 그것이다.

　어떤 행사를 추진하는데 그냥 하면 밋밋하다. 행사의 기본계획을 만들었으면 그것을 보도자료로 신문사에 알려야 한다. 중간보고할 때도 가급적이면 보도자료를 뿌려야 한다. 설령 기자들이 같은 행사라며 쳐다

보지 않는다고 해도 말이다. 그리고 마지막에도 결과보고와 함께 보도 자료를 뿌려야 한다.

예를 들어 어느 주민자치위원회에서 안 쓰는 동전 모으기를 추진하기로 했다고 가정해보자. 1탄으로는 '안 쓰는 동전 모으기 추진'을 제목으로 하고, 2탄으로는 동전 모으기에 여러 단체와 어린이 그리고 주민들이 참여했다는 사실에 초점을 맞춰 '안 쓰는 동전 모으기, 참여 잇달아'의 제목으로 왜 많은 사람들이 참여하는지를 소개해야 한다. 그래야 분위기가 확산되고 참여의 자긍심도 심어준다. 3탄으로는 '안 쓰는 동전 모아 장학금 전달'이라는 제목으로 참여해준 사람들에 대한 감사와 작은 정성으로도 좋은 일을 할 수 있다는 점을 사회 저변에 확산시켜야 한다. 이것이 올바른 보도자료 사용법이라고 할 수 있다.

사실 보도자료는 쓰기가 성가셔서 그렇지 비용도 들지 않고 쓰고 나면 열매가 되어 돌아온다. 기사 내줬다고 기자에게 밥을 살 필요도 없고, 기자에게 급여가 나가는 것도 아니다. 더욱 좋은 점은 연말 평가나 전국 주민자치박람회 신청서류 제출 시에 여러 가지 증빙서류 속에 첨부된 기사가 심사자의 마음까지도 움직인다는 것이다. 그럼에도 불구하고 보도자료를 안 쓴다면? 그 결과는 예상을 초월한다. 그러니 보도자료 쓰기를 습관화하자. 아니 배우자. 조금만 익히면 능숙하게 쓸 수 있다. 전문기자가 아닌 이상 내 업무에 한정해서 쓰고자 한다면 짧은 기간이라도 충분히 가능하다.

보도자료 작성은 요령이다. 먼저 보도자료의 작성사례를 소개한다.

○ 기본정보
 - 제공일
 - 수신처
 - 담당자 및 문의처

○ 제　　목 : 핵심문장에서 뽑기

○ 부 제 목

○ 보도내용 : 리드와 본문으로 구성
 • 리　　드 : 핵심문장
 • 본　　문 : 전달하려는 내용

※ 첨부물 : 관련 사진이나 근거자료

　위 서식은 보도자료의 기본사항이다. 제목은 내용의 핵심을 뽑아 붙여야 한다. 보도자료는 기자에게 이 기사는 꼭 써야겠다는 마음을 불러일으켜야 한다. 당신이 기자라면 어떤 제목에 눈길을 주겠는가. 기자 입장에서 보면 1년 내내 행사하는 날이다. 기자를 홀리는 제목을 뽑아야 한다. 가령 '기타교실 작품발표회'라는 제목이 있다고 하자. 너무 식상해서 흥미를 끌지 못한다. 바꾸자. 마침 기타교실 작품발표회 날에 눈이 왔다면 '기타교실 작품발표회, 첫눈도 반겨'라는 제목으로 바꾸면 어떨까? 눈에 확 들어오지 않겠는가. 밋밋한 제목은 기자 눈에도 들어오지 않는다. 공감하게 만들고 설득력이 있어야 한다. 설득력은 누가 주는 것이 아니라 스스로 키워야 한다. 평소에 글을 가까이 하면 된다. 책 읽기를 자주 하고 신문을 매일 보면서 제목을 확인하는 습관을 들여야 한다. 글쓰기는 물론 어느 분야건 어느 날 갑자기 풀리는 경우는 없다. 노력을 들여야 한다.

아울러 보도자료는 남에게 읽어보라는 글이므로 남을 중심으로 해야 한다. 자기 자신에 취해서 본인 위주로 작성하면 틀린 보도자료이다. 내가 아닌 상대방, 즉 독자의 궁금증을 해결해줘야 한다. 읽으니까 더 짜증난다는 말을 들어서는 절대 안 된다. 가장 먼저 육하원칙(5W1H)을 기억하자. 언제, 어디서, 누가, 무엇을, 어떻게, 왜. 이 여섯 가지가 기사 내용에 녹아 있으면 훌륭한 보도자료가 된다. 한 가지 팁을 더 제공한다면, 알기 쉽게 쓰고 간단명료하게 작성하자. 감상이 필요한 경우도 있을 수 있으나 그런 경우는 드물다.

다음의 예는 모범적이라고 할 수는 없지만 실전에서 통하는 경우다. 제목으로 충분하면 부제목은 없는 것이 좋다. 사족에 해당되니 특별한 경우가 아니면 부제목은 사용하지 않는 것이 좋다.

부제목 다음으로 보도내용을 작성하면 된다. 보도내용은 리드(lead)와 본문으로 연결해서 쓴다. 리드는 기사의 첫부분으로 전체 내용이 요약되어 있으면서 독자의 관심을 끄는 역할을 한다. 핵심문장이라고도 하고 중심문장이라고도 한다. 제목도 이 핵심문장에서 나오는 것이 보통이며, 전체 내용에서 제목을 뽑는 경우는 예외에 해당한다. 처음에는 보도내용을 쓰기가 어렵다. 잘 쓰려고 하는데 글을 간략히 써본 경험이 적어서 더욱 그렇다. 그래도 몇 번 쓰다 보면 조금씩 나아지는 것을 느끼게 되고 글쓰기의 고통에서 벗어날 수 있다.

신문을 보면 기사만 있는 경우와 기사와 관련사진까지 같이 있는 경우가 있다. 기사만 있는 경우보다 사진까지 있는 경우가 더 좋다는 것은 누구나 공감하리라 본다. 물론 사진도 전경사진이 필요한 경우가 있고 행사의 특성을 잘 살린 부분사진이 더 효과가 있는 경우도 있다. 이를 분별할 수 있어야 한다. 사진촬영 방법까지 알고 있다면 더욱 좋겠지만 우선은 전경사진과 부분사진의 적합 여부만이라도 판단할 줄 알고, 사진촬영 방법은 나중에 따로 익혀도 좋겠다.

개인적 경험을 얘기하면, 신문을 구독하여 제목을 눈여겨보았다는 것이다. 그리고 일반적인 기사와 약간은 감정이 있는 기사, 특정 기자의 기사 내용을 비교 관찰했는데, 특히 문학기자의 기사와 사회부 기자의 기사 등을 비교하면 확실히 차이가 있었다. 책으로는 출판사 루비박스에서 출간한 이경희 기자의 《기사되는 보도자료 만들기》가 많은 도움이 되었다. 회원으로 가입한 '뉴스와이어(newsletter@newswire.co.kr)'에서 간혹 보도자료 관련자료를 이메일로 보내주는 경우가 있었는데, 이 또한 많은 공부가 되었다. 다시 기억하자. 업무의 끝은 결과보고가 아니라 보도자료 제출이라는 것을.

보 도 자 료

제 공 일	2015.12.11
담당부서	원미구 상2동주민센터
행정팀장	
연 락 처	

이 자료는 즉시 배포 가능합니다.

사진 2매 있음 ■   사진없음 ☐

외국동전으로 빈민국 어린이에게 온정 건네
부천 상2동 주민자치위, 외국동전과 지폐를 유니세프 전달

부천시 상2동 주민자치위원회(위원장 방연순)는 지난 11일 1년간 모은 외국동전 487개와 지폐 30장을 유니세프 한국위원회에 전달했다.

이날 기증한 외국동전은 국민소득 3만불 시대를 마자 아직도 해외여행 후 잠자는 외국동전이 많아 작년부터 계속 추진하고 있다. 쓸 수는 없고 버리긴 아까우며 보관하기에도 귀찮은 외국동전을 모으는 데 참여한 주민은 91명이나 된다. 단체원들도 있으나 대부분 5개 이내의 동전을 기증한 주민들이다.

상2동은 작년 10월부터『동전의 경제교실』이라 하여 안 쓰는 동전(10원/50원/100원)과 잠자는 외국동전 모으기를 추진하고 있다. 우리나라 동전 중에서 10원짜리는 회수율이 저조하여 한국은행에서 1개당 제조비용으로 40원이 들어 회수율이 저조한 경우에는 결국 국고손실로 돌아온다. 주민자치센터에서 씨앗이 되어 전국으로 번지면 그만큼 국고손실을 줄일 수 있게 된다는 것에 착안하여 추진하고 있다. 환전한 금액은 통장에 입금되어 다음 해 장학금 지급에 보태게 된다. 알 먹고 꿩 먹는 격이다. 외국동전으로 빈민국 어린이를 도울 수 있는 것도 많은 이들이 알게 되었으면 하는 바람을 가지고 있는 방연순 자치위원장은 "사업이라 해서 꼭 거창할 필요는 없다고 본다. 생활주변에서 하나씩 실천하고 주민들이 참여하여 보람과 즐거움을 느낀다면 결국 삶의 질 또한 향상된다. 바로 이것이 주민자치의 본 모습일 것"이라고 말했다.

한편 안 쓰는 동전(10원/ 50원/ 100원)이나 외국동전 기증에 대한 문의는 유니세프 한국위원회나 상2동 주민센터 ☎(032)625-5961로 하면 된다.

4. 센터 상근자가 알아야 할 내용

　주민자치위원은 생업에 종사하는 사람들이 참 봉사를 위해 자기 시간을 할애해서 지역발전에 힘을 기울이는 사람이다. 공무원처럼 무한봉사를 할 수 있는 사람이 아니기 때문에 주민자치센터에 상근자를 두기도 한다. 자치위원은 안건을 제안하고 처리하며 때에 따라서는 직접 행사를 진행하기도 하므로, 간단한 문서작성이라면 몰라도 회의록 작성이나 계획서를 마련하는 것에는 한계가 있다. 그래서 프로그램 수강료 관리 등의 지출과 문서작성을 전담하는 사람을 두게 되는데, 이를 상근자라고 한다. 상근자는 주민자치위원회의 내근업무를 수행하며, 업무내용은 크게 업무환경 파악하기, 지출관계 기록, 그리고 문서작성 등 3가지이다.

　첫째, 업무환경 파악하기로는 동 경계를 포함한 관내도를 숙지해야 하며, 팩스와 전화기 사용법은 물론이고 각종 비품창고에 대해서도 알고 있어야 한다. 아울러 주민자치 관련 업무관계자를 파악해야 하는데, 동장과 행정팀장(사무장) 그리고 총무담당과 회계담당 등이다. 특히 총무담당은 주민센터에 속하지 않는 업무와 여러 단체를 관리하고 있어 동 행정에 대한 자문을 수시로 구할 수 있는 관계자이다. 그리고 회계담당은 주민자치센터에서 각종 회계업무를 처리할 때 도움을 받을 수 있다.

회계담당은 주민자치위원회가 자생력이 향상되어 독자적으로 활동하기 전까지는 상근자와 떼려야 뗄 수 없는 존재다.

또한 주민자치센터는 위원장을 비롯한 임원과 각 분과장을 알고 있어야 하며, 단체장과 단체의 총무(간사로 불리기도 함)도 미리 알고 있어야 활동에 도움이 된다. 특히 주민자치위원회의 간사(사무국장이라고도 함)는 자치위원회의 살림꾼으로 업무를 가장 많이 알고 있으며 내공 또한 뛰어나다. 자치위원장이 주민자치위원회의 대표권을 행사하는 존재라면 간사는 실무를 꿰고 있는 실력자이다. 각종 행사를 총괄하거나 사회를 보기도 하는 등 팔방미인인 경우가 많다.

주민자치 관련법규로는 주민자치센터 설치 및 운영조례를 비롯하여 주민자치센터 설치 및 운영조례 시행규칙과 주민자치센터 설치 및 운영세칙 그리고 주민자치센터 설치 및 운영회칙 등 4가지가 있다. 이 가운데 운영조례와 시행규칙은 시에서 관장하고, 운영세칙과 운영회칙은 동의 주민자치위원회가 만든다. 주의할 것은 순서인데, 조례가 가장 상위법이고 그다음이 시행규칙, 운영세칙 그리고 운영회칙이다. 순서가 중요하다고 하는 것은 하위법은 상위법의 틀 안에서 운용되어야 하기 때문이다. 그렇기에 하위법은 상위법의 내용을 초월하는 규정을 만들면 안 된다. 바꾸어 말하면 상위법에서 하위법으로 내려갈수록 세세한 규정이 있다는 것이다. 그렇다고 해서 꼭 4대 법규를 명시해야 하는 것은 아니고 여건에 따라 오해와 마찰의 소지가 없도록 해당 법규를 적용하면 된다.

둘째, 지출관계 기록이다. 정확성과 투명성이 생명이다. 상근자가 주로 담당하며, 일일 수입과 지출을 기재하는 현금출납부와 프로그램별로 수입과 지출을 구분하여 기재하는 총계정원장이 기본이다. 그 외 물품구입에 따른 물품대장과 프로그램 운영에 따른 프로그램별 운영일지와 출석부를 구비해야 한다. 참고로 프로그램별 운영일지와 출석부는 합철해서 사용하는 것이 능률적이다. 특히 운영일지는 강사수당 지급원인행위에 속하므로 강사가 이를 작성하지 않는 경우에는 강사수당이 지급될 수 없다는 점에 유의할 필요가 있다. 오해나 마찰을 피하기 위해 강사채용계약서에 운영일지를 작성해야 하고 이를 이행하지 않는 경우에는 강사수당이 지급되지 않는다는 사항을 기재하는 것도 한 가지 방법이다. 이와 같은 기본적인 대장이나 일지 외에 수입결의서와 지출결의서도 구비해야 한다. 간혹 상근자가 수강료 수입 발생 시 하루 이상 처리를 지연시키는 경우가 있는데, 이는 잘못된 처리방식으로 수강료는 늦어도 그다음 날까지는 통장에 입금되어야 한다. 이를 지키지 않는 경우에는 지침 위반으로 지적을 받게 된다.

각종 회계서류에 날인하는 도장에는 직인(職印)과 사인(私印)이 있는데, 직인은 직무와 관련이 있을 때 찍는 도장이고, 사인은 사적인 용도로 사용되는 것이 보통이다. 사인은 흔히 개인도장이라고도 한다. 그래서 '자치위원장'이라고 명시된 도장은 대외적으로 증명하고자 할 때 사용되며, '자치위원장'이라는 말이 없이 자치위원장의 성명만 있는 개인도장은 주로 내부 회계서류에 찍는다.

수강생모집단위는 여건에 따라 다르겠으나 가급적 3개월 단위로 하는 것이 좋다. 또한 수강생 등록을 받을 때에는 개인정보 제공동의서도 같이 받아야 한다. 해당 프로그램의 강사나 회장 또는 반장 등 프로그램 관계자에게 성명과 연락처를 제공하는 경우를 대비해야 하기 때문이다.

셋째, 문서 실무이다. 상근자가 가장 싫어하는 부분일 수도 있다. 상황에 따라 굵직한 계획은 간사나 해당 분과장이 세우는 경우도 있으나, 여기서는 상근자가 하는 경우로 한정해서 말하겠다. 문서작성 및 시행방법에 대해 이해하고 있더라도 막상 작성하기란 용이하지가 않다. 그것은 형식과 절차에 익숙하지 않기 때문이다. 가령 유치원에 다니는 어린이를 생각해보자. 말은 잘하는데 글로 표현해보라고 하면 아직 멀었다는 생각이 든다. 그런 어린이가 초등학교를 거쳐 중학교에 다닐 때쯤에는 제법 자기 생각을 글로 쓰는 것에 지장이 없게 된다. 이렇게 잘하는데 왜 예전에는 그러지 못했을까? 학습이 되지 않았기 때문이다. 잘하려면 계속해서 학습해야 한다. 무작정 "아, 문서작성은 어려워!"라는 말이 나오려고 할 때 어린이의 학습과정을 떠올리기 바란다.

상근자가 다루는 문서로는 기안문과 시행문, 각종 회의자료와 회의록 작성, 행사결과보고서를 포함한 행사계획서와 업무보고서, 각종 관리자료 등이 있다. 다음의 예시문서는 기안문이다. 문서작성 및 시행방법은 뒤에서 자세히 소개했으니 주민자치위원회에서의 실제 용례로 활용하면 좋겠다.

상2동 주민자치위원회

우14589 경기도 부천시 원미구 조마루로95(상동) /전화 (032) 625-5961 /전송
(032) 625-5969
상2동 주민자치위원회   위원장 방OO   간사 김OO

문서번호 상2동 주민자치 2015-

시행일자 2015. 12. 3.

경유

수신   내부결재

참조

보존기간		위 원 장	
공개여부			
			/
간사			
			협조
심사자		심 사 일	

제목 **주민자치센터 기타교실 작품발표회 격려금 지출**

　　　2015년 주민자치센터 기타교실 작품발표회 회원들의 참가격려금을 아래와 같이 지출하고자 합니다.
가. 지 출 액 : 100,000원(금일십만원정)
나. 지급내역 : 주민자치센터 기타교실 작품전시회 격려금
다. 지출대상 : 작품전시회 참가기타교실 회원일동(회장 이OO 외)
라. 지출방법 : 현금지급
마. 지출과목 : 주민자치센터 기금

붙임 1. 작품발표회 팜플렛
　　　2. 현금지급 집행내역서. 끝.

상2동 주민자치위원회위원장

다음으로 각종 회의자료 작성의 예로 일반적인 월례회의 회의자료를 소개한다. 10월 정례회의 내용이다. 보통 행정기관에서는 10월이 되면 내년도 예산편성과 관련하여 주요 업무계획을 세우고 시장 또는 군수가 참석하는 주요 업무보고회를 가진다. 이후 보고서를 토대로 내년도 예산(안)을 확정해서 의회에 제출하게 된다. 마찬가지로 주민자치위원회도 각 분과별 사업을 확정해서 예산(안)을 마련해야 올바른 주민자치위원회라고 할 수 있다. 물론 공무원의 도움을 받지 않아야 한다.

　가급적이면 회의자료에 분과위를 거쳤으나 소위원회 안건으로 채택되지 못한 내용을 언급하는 것이 좋다. 그리고 자치위원에 대한 마일리지를 채택하고 있는 경우에는 매월 회의자료에 그 실적을 공표해서 투명하게 운영해야 한다. 그래야 설득력이 생긴다. 마일리지를 공표하면 소득도 있다.

　짐작하겠지만 참여 실적이 적은 자치위원에게서 간혹 전화가 온다. 요즘 바빠서 자치위원 역할을 소홀히 했는데 이참에 그만두어야겠다고. 이때가 중요한데 감정에 치우쳐서는 안 된다. 딱 한마디만 하라. "그동안 수고 많으셨습니다." 더 이상의 사족은 달지 말자. 아는 바와 같이 대도시의 경우 지역발전을 위해 봉사활동을 하고 싶어 주민자치위원회에 입회한다고 말한 후에 참여 횟수가 줄어들 뿐만 아니라 참 봉사를 멀리하는 이도 있기 때문이다. 위촉(委囑)은 쉽지만 해촉(解囑)은 정말 어렵다. 심한 경우 관공서를 상대로 온갖 민원을 넣는 이도 있다. 그뿐인가. 동장을 찾아와 온갖 억지를 부리는 경우도 있다. 따뜻한 말 한마디가 빚을 갚는다고 하지만, 순간의 방심이나 감정 때문에 낭패를 보게 된다. 꼭 기억하자. "그동안 수고 많으셨습니다."

회의자료에는 '주민자치 관련 연간행사 일정'을 꼭 넣자. 다음 장에서 분과위와 관련한 내용을 다루겠지만, 연간행사 일정을 잘 정리해서 활용하면 분과위 활성화에 큰 도움이 된다. 여기서 적지 않은 분량의 회의자료를 굳이 소개하는 이유는 10월은 관공서이건 자치위원회이건 중요한 시기여서 몇 건의 심의안건이 의미하는 바가 크기 때문이다.

부천시

2015. 10월 주민자치위원회 정례회의

회의자료

상2동 주민자치위원회

심의안건

□ 심의안건 현황

연번	분과명	안건명	제안사유	주요내용	비고
1	3개 분과	2016년 분과별 사업계획(안)	2016년 분과별 사업계획 승인 건의 (자치운영, 문화교육, 환경복지)	회의서류 참조	
2	자치 운영	프로그램 활성화 유공자 감사패 전달	프로그램 활성화 유공자(강사, 회장 등)에 대한 감사패 전달로 자긍심 고취 : 프로그램비(3명 이내, 연 1회)	〃	
3		마일리지제 정착을 위한 회비 인상	마일리지제 우수자(위원장, 간사 제외)에 대한 해외연수 기회제공 − 인상금액 : 10,000원 − 연 1회 4명, 1인당 50만원 한도	〃	
4		전국주민자치박람회 부스운영에 따른 분담안	우리 동이 전국주민자치박람회 진출로 부스운영에 따른 부족비용에 대한 대책이 필요함	〃	

□ 회의시간 준수 등

○ 각종 회의는 정시(定時)에 시작하며, 회의 시작 10분 전까지 참석한다.

□ 분과장, 분과총무의 역할

○ 분과장은 분과회의에 참석하여 분과회의를 주재해야 한다.

○ 분과총무는 분과원에게 회의소집을 통보해야 하며, 분과회의에 분과장이 참석하지 못한 경우에 분과장을 대신하여 회의를 주재해야 하며, 분과회의록을 작성해서 소위원회에 제출해야 한다.

□ 분과위 등 정례회의 일시

분과위명	일 시	장 소	분과장	분과총무	분 과 원(직 생략)
자치운영	매월 마지막 주 (화) 11:00		이○○	이○○	정경환, 박인태, 홍종군, 서양희 방연순(위), 김용주(간사)
환경복지	매월 마지막 주 (금) 17:00	주 민 자치실	곽○○	한○○	김종수, 이창운, 마규완, 최연옥, 김기봉(고문), 조규옥(회계)
교 육	매월 마지막 주 (수) 10:00		신○○	윤○○	남영희, 정승재, 박영하, 한은영 이기복(부), 이석주(감사)

※ 소위원회 : 매월 첫 주 (화) 17:00 / 추후 분과위 재배정 예정임

　• 임원 : 위원장, 부위원장, 감사, 간사, 회계　　• 분과장 : 3명

의안번호 2015 – 33

의결일자 2015. 10. 1

1. 2016년 분과별 사업계획(안)

○ 제안사유
- 2016년 3개 분과(자치운영, 문화교육, 환경복지)의 사업계획 마련으로 2016년 분과별 예산(안)을 확정지으려고 함

○ 소위원회 의견
- 소위원회에서는 논의 결과 현재 제출된 분과의 안을 존중하여 확정하되 추후변경사항 발생 시 보충하여 진행함이 타당하다고 의견을 모았으니 원안통과를 요청함

○ 결정(안)
- 1안 : 현재 제출된 분과의 안을 확정하되 추후 변경사항 발생 시 보충하여 진행함
- 2안 : 현재 제출된 안을 확정지으며 추후 변동 없음을 결정함

○ 결정사항 : 1안

2016년 분과별 사업예산(총괄)

(단위 : 천원)

분과별	예 산 액					
	계	국비	도비	시비	수강료	회비
계	92,262	4,000	0	57,900	21,162	9,200
자치운영	57,520	0	0	37,600	13,320	6,600
문화교육	31,842	4,000		20,300	5,542	2,000
환경복지	2,900	0	0	0	2,300	600

○ 2016년 분과별 사업계획안(총괄)

연번	분과명	사 업 명	사 업 내 용	비 고
1	자치운영	자치위원장 이·취임식	예산 : 1,000천원(회비)	
2		태극기 달기 추진	태극기 구입예산 : 420천원(프로그램비)	
3		원미구 행복한마을 만들기 공모사업	제4회 생태하천 학습문화 한마당 - 예산 : 5,500천원(구예산 5,000)	
4		시 행복한 마을 만들기 공모사업	사랑의 엽서 보내기 - 예산 : 3,300천원(시예산 3,000)	원도심과
5		시 주민자치센터 전략특화 프로그램 공모사업	마을지도 만들기 - 예산 : 3,300천원(시예산 3,000)	참여소통과
6		부천시 평생학습센터 시민제안 프로그램 공모	글쓰기교실 활용 : 편지 보내기 등 - 예산 : 2,000천원	
7		원미구 한마음 체육대회	예산 : 3,600천원(예산)	
8		경로위안잔치	예산 : 1,500천원(예산)	
9		전국주민자치박람회 참가	예산 : 500천원(프로그램비/제본비)	
10		자매도시 성주면 답방	시기 : 상반기(5/20 : 주민자치위원회 개설일) 예산 : 300천원	
11		자원봉사 인건비	예산 : 8,400천원	
12		마을신문 발간	예산 : 10,000천원 / 자부담 : 2,000천원	
13		신문기자 격려	예산 : 500천원(연 1회)	
14		상·하반기 워크숍	예산 : 1,400천원(연 2회)	
15		소위원회 운영(식비)	예산 : 1,200천원(월 1회)	
16		월례회의 운영(식비)	예산 : 3,600천원(월 1회)	
17		월례회의 참석수당(예산)	예산 : 9,000천원(연간)	
18	문화교육	아동·청소년 프로그램 운영	운영과목 : 만화, 치어리딩, 초등발리 - 예산 : 1,300천원(구예산, 프로그램비)	
19		강사수당(예산배정)	예산 : 12,500천원	
20		자체 작품전시회	상반기 자체 작품전시회 - 예산 : 1,100천원(프로그램비) - 참여 : 서예, 사군자, 글쓰기, 캘리그라피, 사진	
21		야외 영화상영 및 문화예술공연	우리 동 프로그램 참여 - 예산 : 1,000천원(구 500 / 프로그램비 500)	
22		교육부 행복학습센터 지속운영	대상과목 : 글쓰기, 사군자, 캘리그라피 - 예산 : 10,000천원(국 4,000 / 지 6,000)	2015. 6월부터 3년간
23		주민자율문고 독후감 공모전	예산 : 590천원(프로그램비)	
24		도서구입(자율문고)	예산 : 300천원(프로그램비)	
25		장학금 전달	예산 : 2,000천원(회비)	
26		정수기 렌탈비	예산 : 1,260천원(프로그램비)	
27		카드단말기 임차수수료	예산 : 96천원(프로그램비)	
28		인터넷 사용료	예산 : 396천원	
29	환경복지	채송화 화분 나눠주기	인원 : 200명 / 예산 : 200천원(회비)	
30		재능나눔공연단 간담회 개최 및 격려금전달	대상 : 4개 파트 - 작은나눔 앙상블, 민요, 기타, 차설이공연단 - 예산 : 70만원(프로그램비)	
31		자율방재단 격려	예산 : 10만원(회비)	
32		시민의 강 갈대 정리	예산 : 20만원(회비), 식비	
33		자치위원 자율방범 체험의 날 운영(격려)	시기 : 분기별, 환경복지분과원 예산 : 10만원(회비)	
34		장수사진 제공	시기 : 반기별 / 대상 : 65세 이상자(소외계층) 인원 : 반기별 5명 / 예산 : 1,000천원 이내	
35		쓰레기봉투 구입	예산 : 60만원(연간)	

○ 2016년 분과별 사업예산안(총괄)

(단위 : 천원)

연번	분과명	사업 명	계	국비	도비	시비	수강료	회비	비고
			92,262	4,000	0	57,900	21,162	9,200	
1	자치 운영	자치위원장 이·취임식	1,000					1,000	
2		태극기 구입	420					420	
3		원미구 행복한마을 공모	5,500			5,000	500		
4		부천시 행복한마을 공모	3,300			3,000	300		
5		부천시 전략특화 공모	3,300			3,000	300		
6		시 시민제안 프로그램 공모	2,000			2,000			
7		원미구 한마음 체육대회	3,600			3,600			
8		경로위안잔치	1,500			1,500			
9		주민자치박람회 제본비	500				500		
10		자매도시 성주면 답방	300					300	
11		자원봉사자 인건비	8,400				8,400		
12		마을신문 발간	12,000			10,000	2,000		
13		신문기자 격려	500				500		연1회
14		상·하반기 워크숍	1,400			500	400	500	
15		소위원회 운영(식비)	1,200					1,200	
16		월례회의 운영(식비)	3,600					3,600	
17		월례회의 참석수당(예산)	9,000			9,000			
18	문화 교육	아동·청소년 프로그램 운영	2,600			1,300	1,300		
19		강사수당(예산배정)	12,500			12,500			
20		자체 작품전시회	1,100			1,100			
21		야외 영화상영 및 문화예술공연	1,000			500	500		
22		교육부 행복학습센터 지속운영	10,000	4,000		6,000			
23		주민자율문고 독후감 공모전	590				590		
24		도서구입(자율문고)	300				300		
25		장학금 전달	2,000					2,000	
26		정수기 렌탈비	1,260				1,260		
27		카드단말기 임차수수료	96				96		
28		인터넷 사용료	396				396		
29	환경 복지	채송화 화분 나눠주기	200					200	
30		재능나눔공연단 간담회 및 격려금 전달	700				700		
31		자율방재단 격려	100					100	
32		시민의 강 갈대정리	200					200	연2회
33		자치위원 자율방범 체험의 날 운영(격려)	100					100	연1회
34		장수사진 제공	1,000				1,000		연2회
35		쓰레기봉투 구입	600				600		

의안번호 2015 – 35

의결일자 2015. 10. 1

3. 자치위원 마일리지제 정착을 위한 회비인상(안)

○ 제안사유
- 작년 10월부터 마일리지제를 적용해오고 있으나 자치위원 사기진작과 충분한 연계가 되지 못하고 있어
- 회비를 1만원 인상하여 마일리지 우수 자치위원 4명에 대하여 연말에 1인당 50만원 한도로 지원하여 해외연수 기회를 제공하고자 함
- 단, 자치위원장은 대상에서 제외함

○ 소위원회 의견
- 소위원회에서는 논의 결과 마일리지제 정착과 자치위원 사기진작을 위하여 필요하다고 의견을 모았으니 원안통과를 요청함

○ 결정(안)
- 1안 : 원안 채택하되 다음 달인 11월부터 회비를 인상함
- 2안 : 시기상조로 보류함

○ 결정사항 : 2안

의안번호 2015 – 36

의결일자 2015. 10. 1

4. 전국주민자치박람회 부스운영에 따른 분담(안)

○ 제안사유
- 우리 위원회가 처음으로 전국주민자치박람회에 진출하여 부스를 운영
  하게 되었으나 운영비가 2백만원 내외 부족하여 대책이 필요함
  - ⇨ 부족금액 : 164 ~ 214만원 / 부스제작비 200만원 ~ 250만원 소요
- 이에 회비에서 80만원(숙박비와 식비)을, 프로그램비에서 나머지 금액
  을 부담하는 것이 좋겠음

○ 소위원회 의견
- 소위원회에서는 논의 결과 회비 부담금액인 80만원은 소위원회 멤버
  8명이 각 10만원씩 부담하기로 결정했으며, 그 외 부족분은 프로그
  램비에서 충당함이 타당하다고 의견을 모았으니 원안통과를 요청함

○ 결정(안)
- 1안 : 원안 채택
- 2안 : 소위원회에서 80만원을 부담하는 것보다는 각 위원이 회비 외에
  1인당 4만원씩 추가 납부함

○ 결정사항 : 2안

※ 부스운영에 따른 제반비용 기초자료

□ 전국주민자치박람회 전시참여

○ 전시기간 : 2015. 10. 29(목) ~ 11. 1(일)【4일간】
○ 참여기간 : 2015. 10. 28(수) ~ 11. 1(일)【5일간】
○ 전시장소 : 세종특별자치시 지정장소
○ 최종심사 : 10/29(목) 오후 1시 이후, 박람회 전시관에서 실시

※ 우리 동 조치할 사항
• 행사 전일(10/28 : 화) 부스설치(유포지 등) 및 행사물품 이송 : 관용차
• 근무조 편성
  − 자치위원 : 위원장 등 별도 편성 − 공 무 원 : 행정팀장(4박 5일)
• 행사격려단 : 동장, 행정7급 최근혜, 자치위원 등
  (구청 견학차량 이용 : 1박 2일 또는 2박 3일)
• 각종 제작(안) 및 발표자료(PT) 작성 : 자치위원 중 지원자 접수받음

□ 소요예산 ※ 전시설명회(10/6) 이후 확정

(단위 : 만원)

필요예산	확보예산	지출예산	부 족 분
700 ~ 1,000	550	714 ~ 764	164 ~ 214

○ 확보예산 : 550만원
  − 시 출품지원비 400만원, 시 출품위원 여비 50만원(2명)
  − 구청 지원비 100만원
○ 지출예산(안) : 714만원 ~ 764만원 ※ 교통비 제외함(미지급)
  − 부스제작비 : 200만원 ~ 250만원
  − 리플렛제작 : 100만원/ 1,000원 × 1,000부
  − 수첩제작비 : 150만원/ 1,500원 × 1,000권
  − 쇼핑백제작 : 80만원/ 800원 × 1,000매
  − 볼펜제작비 : 50만원/ 500원 × 1,000개
  − 숙 박 비 : 56만원/ 70,000원×2실(남/녀)×4일
  − 식   비 : 48만원/ 10,000원×3식×4명×4일
  − 생 수 등 : 10만원/ 20,000원×5일
  − 현지교통비 : 20만원/ 40,000원×5일

□ 소위원회 논의사항 : 안건 미채택된 내용

1. 한국어 어휘 사용과정 신설 : 문화교육분과

○ 제안사유

- 한국어에 대한 기초교육 부실로 은어와 외계어(?)가 초등학생 생활에서 빈번해 이를 시정하기 위한 한국어 어휘 사용과정에 대한 프로그램이 필요함

○ 소위원회 결정사항

- 매년 청소년 프로그램이 4월부터 11월까지 운영되기에 내년에 청소년 프로그램 개설 시 반영을 재검토함

2. 환경공모전 개최 : 환경복지분과

○ 제안사유

- 우리 동 광택업체에서 소음과 분진이 발생하여 도시환경을 저해하고 있어 시민의 강 등을 활용한 환경의 중요성을 알리고자 환경공모전을 개최코자 함

○ 소위원회 결정사항

- 내년도 공모사업에 반영키로 함

□ 주민자치위원회 공지사항 : 간사 설명

1. 2015년 주민자치위원 『마일리지』 현황

구분		계	방	김	이	이	김	조	신	정	윤	정	남	김	이	박	곽	홍	이	한	마	최	서	박	한	비고
계		745	60	30	60	32	46	56	46	22	36	43	22	6	52	18	56	10	40	50	16	4	22	16	2	
1월	월례	30	2	2	2	2	2	2	2	2	2	2	2	2	2	2	2									
	분과	16	2		2		2		2	2					2	2	2									
	교육	0																								
	행사	30	2	2	2	2	2	2	2	2	2	2	2	2	2	2	2									취임식
2월	월례	28	2		2	2	2	2	2	2	2	2	2		2	2	2		2							
	분과	26	2	2	2		2	2	2		2	2			2	2	2		2	2						
	교육	6	2												2		2									1. 회계
	행사	0																								
3월	월례	32	2	2	2	2	2	2	2	2	2	2	2		2	2	2		2	2						
	분과	22	2		2	2	2	2				2			2		2		2	2						
	교육	2	2																							구 벤치
	행사	8		2	2			2											2							대청소
	행사	6						2									2									따복설명
4월	월례	32	2	2	2	2	2	2	2	2	2	2			2	2	2		2							
	분과	20	2			2	2	2		2					2		2		2							
	교육	0																								
	행사	28	2	2	2	2	2	2	2	2	2				2		2		2							생태하천
5월	월례	20	2	2	2			2	2			2			2		2		2	2						
	분과	18		2			2	2	2		2	2			2		2		2							
	교육	19	2	2	2			2	2			1			2		2		2	2						구 워크숍
	행사	20	2		2		2	2	2		2	2	2				2		2							작품전시
	행사	6	2		2												2									성주면
6월	월례	32	2	2	2	2		2	2	2	2	2			2		2	2	2	2	2					
	분과	24	2		2	2	2	2				2			2		2		2	2	2					
	교육	0																								
	행사	14	2		2			2	2						2	2	2									태극기
7월	월례	40	2	2	2	2	2	2	2	2	2	2			2	2	2	2	2	2			2	2		
	월례	38	2	2	2	2	2	2	2	2	2	2			2	2	2		2	2	2		2	2		임시회의
	분과	28	2	2	2	2			2	2			2	2			2		2		2		2	2		
	교육	0																								
	행사	16	2		2			2							2		2	2					2			채송화
8월	월례	40	2	2	2	2	2	2	2	2	2	2			2		2	2	2	2		2	2	2		
	분과	26		2	2			2	2	2		2	2		2		2				2	2		2	2		
	교육	0																								
	행사	6						2													2	2				자율방법
9월	월례	30	2		2	2	2	2			2	2			2	2	2		2	2			2	2		워크숍
	분과	30	2	2	2	2	2	2	2		2	2			2		2			2	2	2	2			
	교육	0																								
	행사	24	2		2			2	2			2	2		2				2	2	2	2	2			생태하천
	행사	12	2		2										2		2			2			2			상동역
	행사	16	2		2			2	2						2		2			2			2			작품전시

2. 우리 동 주민자치위원회 카페(상2동 상상마을) 가입현황

○ 개 설 일 : 2015. 6. 8.

○ 가입인원 : 95명

○ 기 준 일 : 2015. 9. 30. 현재

3. 각종 공모사업 등 추진결과

○ 2015년 각종 공모사업 추진현황

(단위 : 천원)

연번	사 업 명	운영시기	내 용	예산액	비 고
				29,339	
1	원미구 행복한마을 만들기	7월~10월	마을신문 발간	5,200	신문발간비
2	부천시 평생학습센터 시민제안 프로그램	4/2~6/4 매주(목) 18:00~20:00 10회	작품 속에서 나를 찾는 인문학 ※작품: 책, 영화, 드라마	2,100	강사비
3	부천시 평생학습축제 마을축제 한마당 프로그램	10/15(목) 17:00~18:30	나도 마을신문 시니어기자	150	강사비
4	원미구 아동·청소년 프로그램 운영	4월~12월(예정)	만화교실, 초등밸리, 연극교실	1,350	강사비 등 지원
5	부천시(원도심지원과) 행복한마을 만들기	9/12(토) 11:00~17:00	생태하천 학습문화 한마당	3,100	
6	교육부 행복학습센터선정 (지역 평생교육 활성화 지원사업)	6월~12월 ※선정기간: 3년	캘리그라피, 사군자, 글쓰기 중점운영	6,000	2015년도분
7	경기도 따복공동체 (공간활동지원)	8/4~9/25	상2동 주민대학 운영 사진/캘리그라피/ 요가	2,780	
		7/21~10월(예정)	캘리그라피/ 꽃꽂이	4,250	백송마을 부녀회
		7/22~10월(예정)	생활영어/ 바리스타	4,409	하얀마을 부녀회

○ 2015년 비공모사업 추진현황

(단위 : 천원)

연번	사 업 명	운영시기	내 용	예산액	비 고
				1,500	
1	부천시 평생학습센터 무료배달학습제 '학습똑'	5월~7월	살아있는 한국사 이야기	500	5월 초 확정
2	부천문화재단 아파트 아트밸리	4/17~6월 매주(금) 10:00~12:00	손으로 그린 문자 캘리그라피(10강)	500	백송마을 부녀회
		4월~6월 매주(수) 14:00~15:30	달콤한 바느질 '퀼트'(10강)	500	하얀마을 부녀회

4. 원미구 2015년 주민자치센터 운영일정(월별)

월별	사 업 명	비 고
1월	행복한 마을 만들기 사업공모 추진	
1월 ~ 2월	주민자치위원 임원 및 담당공무원 회계실무교육	
3월	우수 주민자치센터 벤치마킹	
3월 ~ 11월	주민역량육성 프로그램 참가(평생학습)	
5월	주민자치위원 합동워크숍 개최	
6월 ~ 7월	주민자치센터 운영상황 지도점검	
7월 ~ 8월	전국주민자치박람회 응모	
9월	주민자치센터 프로그램 경연대회	
9월 ~ 10월	행복한 마을 만들기 사례발표 및 작품전시	
10월	전국주민자치박람회 견학	
9월 ~ 10월	전국주민자치박람회 참가동 지원	
11월	2015년 주민자치센터 운영평가	

5. 우리 동 주민자치 관련일정

연번	일 시	행사명	내 용	비 고
1	10. 3(토) 14:00 ~ 19:30	시민 어울림 한마당	3개 프로그램 참가 : 민요, 기타, 풍물교실	시청 앞
2	10. 6(화) 14:00 ~ 16:00	전국주민자치박람회 전시 설명회 참여	참석 : 2명 (행정팀장 외 1명)	세종시
3	10. 6(화) 17:30 ~ 19:30	에세이집 합동 출판 기념식	제목 : 글 바람난 여자들! 출판사 : 시간의 물레 참여 : 상2동 9명, 　　　원미2동 8명 발행부수 : 500부(200부) 정가 : 13,000원	원미구청 4층 복숭아홀
4	10.15(목) 17:00 ~ 18:30	인문학 특강 (평생학습축제, 마을축제 한마당 프로그램 공모사업)	제목 : 나도 마을신문 　　　시니어 기자 참가인원 : 10명 이상	2층 회의실
5	10.16(금)	주민자율문고 독후감 공모결과 발표	시상 : 11월 월례회의	
6	10.21(수) 14:00 ~ 15:00	열린 시장실 견학	하얀마을, 백송마을 부녀회	
7	10.20(화) ~ 10.23(금)	원미구 행복한 마을 만들기 작품전시회	참가 : 서예교실	
8	10.23(금) 14:00 ~	원미구 행복한 마을 만들기 사례발표	우리 동 포함 7개 동	
9	10.27(화) 10:00	우리 동 견학	성남시 분당구 백현동 주민자치위원회 : 30명	

6. 주민자치 관련 연간행사 일정(2015년)

월별	행 사 내 용	비고
1월	- 동 주민자치위원장 이·취임식 : 1/6(화), 웅진플래너 - 원미구 주민자치센터 자율운영 워크숍 : 1/22(목), 행정팀장, 회계담당 - 원미구 행복한 마을 만들기 공모신청 : 마을신문「상상마을(가칭)」발간	
2월	- 분과위원회 재구성 및 분과장, 분과총무 선출 : 1개 분과 - 원미구 주민자치센터 운영 활성화교육 : 2/26(목) 16:00~19:00, 구청 4층 복숭아홀 •5명 : 위원장, 0000분과장, 000 위원, 자원봉사자, 행정팀장 - 상2동 사랑나눔회 장학금 지급 : 2. 5(목) 18:00 / 고교생 6명 1인당 30만원 - 자원봉사단(재능나눔공연단) 발대식 : 2/26(목) 15:00, 동 회의실	
3월	- 상2동 재능나눔 공연단 운영 : 2015. 3月 ~ 11월(연 25회/4개팀 49명) - 프로그램 관계자 간담회 개최 : 회장단(3/13), 강사(3/16) - 우수 주민자치센터 벤치마킹(구청) : 3/25(수) 08:30 구청 앞 집결/위원장, 행정팀장	
4월	- 청소년 프로그램 운영 : 2015. 4월 ~ 11월 - 주민과 함께하는 생태하천 학습문화 한마당 개최 : 4/11(토) 11:00~17:00 •성주면 농·특산품 판매전, 공방 참여, ADRF 지구촌 「희망 책」보내기 등	
5월	- 주민자치위원 합동워크숍(구청) : 5/27(수) ~ 5/28(목), 변산 예정 - 동 주민자치센터 작품전시회 : 5/12(월) 13:00 ~ 17:00	
6월	- 동(洞) 주민자치센터 우수동아리 선발대회 참가 : 불참	
7월	- 마을신문「상상마을(가칭)」창간호 발간 : 7/22 (원미구 행복한 마을 만들기 사업)	
8월	- 전국주민자치박람회 응모 : 평생학습분야 - 채송화 나눠주기 : 8/4(화) 16:00 / 화분 200개	

9월	- 원미구 주민자치센터 프로그램 경연대회 : 9/3(목) 14:00
	  ※ 우리 동 기타교실 참여(우수)
	- 주민자율문고 독후감 공모전 개최(일반부, 학생부) : 9/14~9/30(17일간)
	- 하반기 워크숍 및 특강 : 9/5(토)
	- 제3회 생태하천 학습문화 한마당 개최 : 9/12(토)
	- 상동역 문화예술공연(자체 프로그램) : 9/19(토) 18:00 ~ 20:00, 상동역(지하)
	- 따복과 함께하는 행복학습센터 작품전시회
	  : 9/20(일) 13:00 ~ 9/22(화) 17:00, 복사골문화센터 2층 전시장	

10월	- 원미구 주민자치위원 합동 워크숍 - 원미구 행복한 마을 만들기 사례발표 및 작품전시회 참여 : 10/23(목) 14:00 - 원미구 한마음 체육대회 : 10/3(토), 최우수 - 제10회 시민 어울림 한마당 : 10/3(토) 14:00 ~ 20:00, 풍물, 민요, 기타교실 참가 •풍물 : 최우수 - 경로잔치 : 10/20(화) 11:30 ~ 13:30 - 전국주민자치박람회 견학 : 10/29 ~ 10/30 - 박람회 부스운영 : 10/28 ~ 10/31	
11월	- 원미구 및 시 주민자치센터 운영평가자료 제출 :	
12월	- 자치위원장 등 임원선출 : - 기타교실 작품발표회 :　　　 - 풍물교실 작품발표회 : - 서예교실 작품전시회 :　　　 - 유니세프 한국위원회 외국동전 전달 :	
기타 행사	- 춘의동 원미산 진달래축제 : 4/11(토) ~ 4/12(일) ※ 개막식 4/11(토) 14:00 - 도당산 벚꽃축제 : 4/11(토) ~ 4/12(일) ※ 개막식 4/11(토) 19:00 - 역곡1동 춘덕산 복숭아꽃축제 : 4/19(일) 10:00 ~ 17:00 ※ 개회식 11:30 - 중4동 별·산 한마당 축제 : 5/16(토) 13:00 ~ 18:00 / 부흥초등학교 운동장 - 복사골예술제 - 부천국제판타스틱영화제(BiFan) : 7/16(목) ~ 7/26 - 부천국제만화축제(Bicof) : 8/12 ~ 8/16 - 부천국제학생애니메이션페스티벌(BISAF) : 10/23 ~ 10/27	

이제 본격적인 문서작성이다. 기획 또는 계획서 작성이라고도 하는데, 어려운 이유는 처음 접하기 때문이다. 상근자는 보통은 가정에 있다가 주민자치센터와 인연이 닿아 근무하는 경우가 대부분이다. 센터 입장에서는 상근자로 경력단절 여성을 선호한다. 어느 정도 문서를 작성한 경험이 있기 때문이고 문서작성을 못해도 컴퓨터는 할 줄 알아서이다.

지금은 1인 1PC 시대이지만 과거에는 그렇지 않았다. 각종 계획서를 볼펜으로 직접 써야 했는데, 상급자가 수정을 하면 다시 시간을 들여 써야 해서 문서를 작성할 때 신중을 기해야 했다. 처음에는 상급자의 계획서를 참고하여 모방하다가 차츰 자기 스타일에 맞는 내용을 만들게 되었다. 서점에 가서 기획에 관한 책을 구입하기도 했는데, 당시만 해도 요즘처럼 다양하고 좋은 내용의 책이 드물었다.

여기에 사례로 제시한 것은 일반적으로 통용되는 형식이다. 사실 기획에 대한 정답은 없다. 문서 또는 기획의 기본적인 틀을 익혀서 본인 스스로 조금씩 터득하여 개선해나가면 된다. 기획과 문화행사 추진계획과 관련하여 참고할 만한 책으로 《대통령 보고서》와 《컬덕시대의 문화마케팅》이 있다. 《대통령 보고서》는 다양한 문서의 틀과 보고서의 유형에 대해 알려줄 뿐만 아니라 공직자의 애환이 고스란히 녹아 있어 좋다. 《컬덕시대의 문화마케팅》은 각종 문화행사를 기획할 때 보면 유익하다. 특히 문화마케팅의 개념을 잡을 수 있고, 전시와 공연에 대한 마케팅은 물론이고 기업의 문화마케팅이 왜 필요한지도 알 수 있으며, 문화예술교육에 대한 전반적인 이해도 얻을 수 있다.

계획서에는 여러 가지 형식이 있으므로 여건에 따라 적절히 사용하는 것이 좋다. 하지만 통용되는 기본서식이 있다. A4용지를 기준으로 한다.

편지여백은 위·아래 15㎜, 좌·우 20㎜, 머리말과 꼬리말 10㎜가 보기에 좋다. 줄 간격은 160%를 기준으로 가감할 수 있으나 너무 간격이 벌어지면 모양이 사납다. 글자체는 휴먼명조 15P를 기준으로 하되, 다양한 글자체를 인정하며 글자 크기도 경우에 따라 달라질 수 있다. 예를 들어 제목은 15P(P는 포인트의 약자임)로는 적합하지 않아 24P 이상을 사용하며, 내용 가운데 중요한 부분은 진하게 하거나 파랑색으로 표시하기도 한다. 따라서 스스로 기준안을 만들어 적용해나가면 되리라 본다. 숫자나 일시를 표시하는 방법에도 기준이 있다. 먼저 숫자는 아라비아 숫자로 쓰는 것을 원칙으로 하며, 연도는 서기연호를 사용하고, 연월일의 경우에는 연월일의 글자는 생략하고 생략한 그 자리에 온점을 찍는다. 시간 표시도 24시를 기준으로 하며, 시와 분의 글자는 생략하고 그 사이에 쌍점을 찍어 구분하면 된다.

- (예시) 2016. 4. 29
- (예시) 오후 5시 50분 ⇒ 17:50

이제 다양한 기획(안)을 만나러 가자.

2015년 쾌적한 마을환경 만들기(1안)

> 취지 및 배경을 기재하는 난

□개 요

ㅇ일   시 :

ㅇ장   소 :

ㅇ추진내용 :

ㅇ추진방법 :

ㅇ소요예산 :

ㅇ예산과목 :

□ 세부 추진계획 : 추진할 항목을 크게 분류해서 세부적인 사항을 기재함

ㅇ

ㅇ

ㅇ

□ 기대효과 : 작은 것부터 큰 것 순서로 기재함

ㅇ

ㅇ

ㅇ

□ 행정사항 : 행정지원이 필요한 사항을 기재함

ㅇ

ㅇ

2015년 쾌적한 마을환경 만들기(2안)

취지 및 배경을 기재하는 난

□ 개   요

  ㅇ 일   시 :

  ㅇ 장   소 :

  ㅇ 추진내용 :

  ㅇ 추진방법 :

  ㅇ 소요예산 :

  ㅇ 예산과목 :

□ 현   황 : 현재의 인적·물적 여건(현황) 등을 적음

  ㅇ

□ 문제점 및 대책 : 추진 시 어려움과 해결방안을 기재함

  ㅇ 문제점 1

    ⇨ 대책 1

  ㅇ 문제점 2

    ⇨ 대책 2

□ 세부 추진계획 : 추진할 항목을 크게 분류해서 세부적인 사항을 기재함

  ㅇ

□ 기대효과 : 작은 것부터 큰 것 순서로 기재함

  ㅇ

□ 행정사항 : 행정지원이 필요한 사항을 기재함

  ㅇ

2015년 쾌적한 마을환경 만들기(3안)

> 취지 및 배경을 기재하는 난

□ 개   요
　　○
　　○

□ 추진일정 : 먼저 발생한(할) 사실 순서로 적음
　　○
　　○

□ 세부 추진계획 : 추진할 항목을 크게 분류해서 세부적인 사항을 기재함
　　○
　　○
　　○

□ 기대효과 : 작은 것부터 큰 것 순서로 기재함
　　○
　　○
　　○

□ 행정사항 : 행정지원이 필요한 사항을 기재함
　　○
　　○

위의 예시는 앞서 밝힌 바와 같이 꼭 지켜야 할 법률 같은 규범은 아니다. 참고해서 어느 형식을 택할 것인가를 먼저 고민하고 다른 방법을 찾아서 '나만의 상표'를 만들어야 한다. 그것이 작품이고 기획이다.

다음은 위의 예시를 활용한 여러 기획(안)이다.

문서번호	상2동 -		결	간사	부위원장	위원장
보고일자	2014. 9. 29.		재			
공개여부	대국민공개		협조	동 장 :		

『느린 우체통』 운영계획(안)

상2동 주민자치위원회

『느린 우체통』 운영계획(안)

> '빨리 빨리'와 같이 빠른 것만을 추구하는 자세에서 같이 동행(同行)
> 하고 1년 후 받아보는 여유를 담은 느린 우체통을 운영하여
> ○ 청소년에게는 인격을 담은 자녀교육의 장(場)을 제공하며
> ○ 주민에게는 느림의 미학(美學)으로 성찰(省察)의 기회를 제공코자 함

□ 운영개요

○ 추진기간 : 2014. 10월 ~ 지속

○ 추진대상

• 동 자생단체 및 참여 희망하는 주민

• 동 직원, 사회복무요원

○ 추진내용

• 우표 붙인 편지를 접수 후 1년 지나서 수취인에게 월별 발송

• 반송우편요금은 주민자치 프로그램비에서 충당

• 반송우편은 3개월간 보관 후 자동폐기

□ 세부 추진계획

○ 추진기간 : 10月 ~ 지속 ※ 매년 1년 단위로 실시함

○ 참여대상 : 단체원, 주민 및 주민센터 근무자

○ 소요예산 : 미산정

○ 예산과목 : 프로그램비

○ 추진방법

• 편지를 월별 보관 후 1년 지나서 월별 발송

• 편지함 제작

– 재능기부자 참여 : 제작비 없음

- 재능기부 : DIY목공강사 이유미(원미2동 강사)
- 재   질 : 목재
○ 추진단체 : 주민자치위원회
○ 홍보활동 전개
  • 홍보기간 : 2014. 10월 ~ 지속
  • 홍보방법
  • 안내문 배부
    - 안내문구(안) : 별첨 참조
    - 배부장소 : 관내 아파트 관리사무소
  • 기회교육 활용 : 자생단체별 월례회의 시 공지사항 소개(단체담당)

□ 관련사진

□ 기대효과

○ 글쓰기와 기록문화의 생활화 기여
○ 목표 달성보다는 추진과정을 중시하는 사회 분위기 확산
○ '빠른 문화'에서 '느린 문화'와의 병행으로 주민 삶의 질 개선
○ 학교성적 위주의 자녀교육에서 정서 위주의 자녀교육으로의 전환

별첨 1

『느린 우체통』 운영안내

상2동 주민자치위원회에서는 자녀교육과 주민의 정서함양을 위하여
아래와 같이 **느린 우체통**을 운영합니다. 많은 이용을 부탁합니다.

느린 우체통은
우표를 붙인 편지봉투를 접수 후 1년이 지나서 수취인에게 배달됩
니다.

1년 후 받는 분에게는 보내는 이의 마음까지 느끼게 되어
귀하에게 더욱 따뜻한 마음을 느낄 것입니다.

반송우편은 3개월간 보관 후 자동 폐기되오니 받는 분의
정확한 주소를 기재하여 사용하시기 바랍니다.

2014. 9.

원미구 상2동 주민자치위원회

별첨 2

□ 『느린 우체통 운영』 홍보물 게첨(배부) 장소

구 분	배부장소	안내문	비 고
총 계	관내 전지역	261	
행복한마을	금호	12	
	서해	15	
	한양	14	
푸른마을	창보	14	
	한라	15	
하얀마을	현대	17	
	주공	15	
	경남	11	
백송마을	상동자이	14	
	GS, SK	16	
	동남	17	
	풍림	21	
벚꽃마을	세종	30	
목련마을	공무원임대	32	
주상복합	코오롱 이데아폴리스	11	
자생단체 홍보	단체별 월례회의 시 공지사항 소개	7	단체담당

※ 안내문에 기재된 숫자는 아파트의 라인별 게시판 수량을 나타낸 것임

별첨 3

□ 느린 우체통 접수·발송 대장

연번	접수월	접 수 자		수 취 자		발송일	비 고 (반송일)
		성 명	주 소	성 명	주 소		

문서번호	상2동 -		결	간사	부위원장	위원장
보고일자	2015. 6. 30.		재			
공개여부	대국민공개		협조	동 장 :		

1년 후 받아보는 『느린 우체통』 운영결과

상2동 주민자치위원회

1년 후 받아보는 『느린 우체통』 운영결과

'빨리 빨리'와 같이 빠른 것만을 추구하는 자세에서 같이 동행(同行)
하고 1년 후 받아보는 여유를 담은 느린 우체통을 운영하여
○ 청소년에게는 인격을 담은 자녀교육의 장(場)을 제공하며
○ 주민에게는 느림의 미학(美學)으로 성찰(省察)의 기회를 제공코자 함

□ 운영실적

계	주민(단체원 포함)	공무원	비고
8	4	4	

□ 운영개요

○ 추진기간 : 2014. 10월 ~ 지속
○ 추진대상
• 동 자생단체 및 참여 희망하는 주민
• 동 직원, 사회복무요원
○ 추진내용
• 우표 붙인 편지를 접수 후 1년 지나서 수취인에게 월별 발송
• 반송우편요금은 주민자치 프로그램비에서 충당
• 반송우편은 3개월간 보관 후 자동폐기

□ 향후 추진계획

○ 추진기간 : 2014. 10月 ~ 지속 ※ 매년 1년 단위로 실시함
○ 참여대상 : 단체원, 주민 및 주민센터 근무자
○ 소요예산 : 미산정

○ 예산과목 : 프로그램비

○ 추진방법 : 편지를 월별 보관 후 1년 지나서 월별 발송

○ 추진단체 : 주민자치위원회

○ 홍보활동 전개

• 홍보기간 : 2014. 10월 ~ 지속

• 홍보방법

– 안내문 배부

– 안내문구(안) : 별첨 참조

– 배부장소 : 관내 아파트 관리사무소

• 기회교육 활용 : 자생단체별 월례회의 시 공지사항 소개(단체담당)

□ 관련사진

□ 기대효과

○ 글쓰기와 기록문화의 생활화 기여

○ 목표 달성보다는 추진과정을 중시하는 사회 분위기 확산

○ '빠른 문화'에서 '느린 문화'와의 병행으로 주민 삶의 질 개선

○ 학교성적 위주의 자녀교육에서 정서 위주의 자녀교육으로의 전환

□ 느린 우체통 접수·발송 대장

연번	접수월	접 수 자		수 취 자		발송일	비 고 (반송일)
		성 명	주 소	성 명	주 소		
1	'14.10	임OO	중1동	임OO	원미구 조마루로 134,	2015.06.29	
2	'14.11	박OO	중동	박OO	원미구 중동로 107	〃	
3	'14.11	양OO	원미1동	양OO	원미구 조종로 19번길	〃	
4	'14.12	신OO	상1동	신OO	원미구 장말로 71,	〃	
5	'15.01	이OO	상2동	김OO	소사구 경인로 527	〃	
6	'15.02	남OO	상2동	김OO	부산시 사상구 학감대로 OOO번길	〃	
7	'15.03	남OO	상2동	전OO	울산광역시 울주군 언양읍 언동3길	〃	
8	'15.03	남OO	상2동	이OO	부천시 원미구 신상로	〃	
					이하빈칸		

느린 우체통의 예시에서는 기본적인 문서의 틀에 대해서만 이해하면 된다. 조금 특이한 점은 배경에 나와 있듯이 아날로그에서 디지털 시대로 바뀌었음에도 불구하고 우리가 감성을 잃어버리고 있다는 점에 착안하여 사업으로 추진한 것이다. 왜 바쁘게 사는데도 마음은 늘 허전한 것일까? 그 허전함을 채워줄 것은 또 무엇일까? 이렇게 자꾸 자신에게 물어보는 습관이 있어야 아이디어가 나온다. 옆에 늘 수첩과 펜이 있어야 하는 것은 당연하다.

결재란에 주민자치위원회 관계자만 있는 것이 아니라 동장의 협조를 받는 이유는 주민자치센터라는 별도의 공간이 없어서 동장의 협조가 있어야 주민센터 민원실에 우편함을 비치할 수 있기 때문이다. 주민자치위원회에서 알아서 할 수 있다면 굳이 동장의 협조를 받을 필요는 없을 것이다.

이제 이 글을 읽은 자치위원회 임원이나 상근자는 계획서 작성이나 기획에 대해 조금은 안도하지 않을까 싶다. 그리 어렵게 느껴지지 않을 것이기 때문이다. 결국 안 해서 그렇지 하면 할수록 쉽다. 아울러 자꾸만 기획하고 싶은 욕심도 나지 않을까? 자치위원은 생업에 종사하는 사람이라 기획이나 계획서 작성이 무리일지 모른다. 자치위원장이나 자치위원회 임원이 작성하면 되지만 아주 잘나가는 자치위원회가 아닌 이상 대부분 상근자가 수행하고 있다. 이제 한 단계 더 나아가자.

문서번호	상2동 -		결	간사	부위원장	위원장
보고일자	2014. 9. 29.		재			
공개여부	대국민공개		협조	동 장 :		

『동전의 경제교실』 운영계획(안)

상2동 주민자치위원회

『동전의 경제교실』 운영계획(안)

우리나라 동전 10원/50원짜리는 가정에서 사용하지 않고 있는 경우가
많으며, 외국동전은 수집가도 아니면서 환전도 못하는데도 불구하고
단순 소지한 경우가 대부분으로 잠자는 동전 모으기를 통해

○ 안 쓰는 10원/50원 동전은 내년 2월에 장학금 지급 시 활용하며

○ 외국동전은 빈민국 어린이 돕기를 위해 유니세프에 기증코자 함

※ 한국은행에서 10원 동전 1개 제조비용은 40원이 소요됨

□ 운영개요

○ 추진기간 : 2014. 9월 ~ 지속

○ 대상동전 : 2종(10원, 50원)

○ 추진대상

• 동 자생단체 및 참여 희망하는 주민

• 관내 마트 또는 소규모 슈퍼

• 동 직원, 사회복무요원

○ 추진내용

• 자발적인 기부자 접수 및 홍보

• 기부동전 이웃돕기 실시

• 동전교환 희망업체 발굴

• 관리단체 선정으로 공정한 관리

□ 세부 추진계획

○ 추진기간 : 9月 ~ 지속 ※ 매년 1년 단위로 실시함

○ 참여대상 : 동전(10원, 50원)을 교환·기부하고자 하는 단체 또는
　　　　　　주민

○ 추진내용

• 10원짜리 동전을 모아서

• 동전 적시 교환으로 동전 품귀현상 해소 및 원활한 경제활동 지원

• 잔여 동전은 어려운 이웃돕기 사용으로 "이웃사랑" 실천

○ 사용용도

• 교　환　용 : 유통업체 및 이용고객

• 기　부　용 : 동 주민센터 자생단체 및 동전 무상기부를 희망하
　　　　　　　는 주민

• 이웃돕기용 : 기부동전 장학금 지급 활용

○ 관리단체 : 주민자치위원회

○ 동전함 비치

• 형　　태 : 아크릴 제작

• 관 · 리 : 행정팀장

• 방　　법 : 동전교환일지 작성 및 통장 개설

○ 소요예산 : 100,000원

○ 예산과목 : 주민자치위원회 회비

○ 추진방법

• 동전 접수

－ 정　기 : 매월 통장 월례회의 개최 전 통장이 동 주민센터에 접수

－ 수　시 : 주민이 필요 시 접수

－ 접수처 : 동 민원실(담당 : 자원봉사자 김현주)

• 운영방법

┌───┐
│ 동전접수 〉 교환처 동전교환 〉교환대금 입금 및 관리　　　 │
│ (주민+단체+공무원)(희망업체 : 수시) (통장개설 + 교환일지 관리) │
└───┘

○ 홍보활동 전개

- 홍보기간 : 2014. 9월 ~ 지속

- 홍보방법

  - 안내문 배부

  - 안내문구(안) : 별첨 참조

  - 배부장소 : 관내 아파트 관리사무소

- 기회교육 활용 : 자생단체별 월례회의 시 공지사항 소개(단체담당)

○ 기대효과

- 유통업체 및 이용고객 편의제공으로 지역경제 활성화 기여

- 작지만 많은 주민이 참여하는 이웃돕기 모범사례 정착

- 동단위에서 시작하는 국고절감 효과 전파

※ 참고자료

1. 10원 동전 보셨나요 환수율 5% 못 미쳐,

   한은 "원가 4배, 찍을수록 적자"

   중앙일보(2011.07.22)

2. 한은 '동전교환운동'…348억원 지폐로 교환,

   총 2억4800만개 동전교환…동전 제조비용 175억원 절감

   머니투데이(2011.06.20)

별첨 1

우리 같이 참여해요!!

> 우리 동네 주민센터에서 아래와 같이 기분 좋은 일을 합니다.
> 같이 참여해주시면 더욱 좋겠습니다.

□ **첫째, 안 쓰는 동전(10원 / 50원) 모으기**

　○ 안 쓰는 우리 동전 10원 / 50원짜리는 자녀의 손을 잡고 은행에서 교환하시면 **자녀교육**에 좋으며,

　○ 또 좋은 일에 쓰는 방법을 찾는다면 **상2동 주민센터에 기증**하세요.

　○ 작년부터 주민자치위원들이 회비에서 매월 1인당 1만원씩 모아 우리 동네 학생들에게 장학금을 주고 있는데 동전으로 모아서 『더 큰 장학금』을 줄 수 있습니다.

□ **둘째, 잠자는 외국동전 모으기**

　○ 잠자는 외국동전은 수집가가 아니라면 상2동 주민센터에 기증하세요.

　○ 우리가 모아서 **유니세프에 다시 기증**하여 **빈민국 어린이 돕기**에 쓰도록 하겠습니다.

□ **문의장소:** 상2동 주민센터 ☎(032) 625-5965, 5961

2014. 9.
상2동 주민자치위원회

별첨 2

□ 『동전의 경제교실 운영』 홍보물 게첨(배부) 장소

(상2동)

구 분	배부장소	안내문	비 고
총 계	관내 전지역	261	
행복한마을	금호	12	
	서해	15	
	한양	14	
푸른마을	창보	14	
	한라	15	
하얀마을	현대	17	
	주공	15	
	경남	11	
백송마을	상동자이	14	
	GS, SK	16	
	동남	17	
	풍림	21	
벚꽃마을	세종	30	
목련마을	공무원임대	32	
주상복합	코오롱 이데아폴리스	11	
자생단체 홍보	단체별 월례회의 시 공지사항 소개	7	단체담당

별첨 3

□ 동전교환일지

(상2동)

연번	일시	교환업체	교환내용	수입(기부)	교환(지출)	잔액(기부)	비고

별첨 4

□ 동전교환함(안)

동전 교환·기부함

(10원, 50원, 외국동전)
부천시 원미구 상2동 주민자치센터

문서번호	상2동 -	결	간사	부위원장	위원장
보고일자	2015. 7. 2.	재			
공개여부	대국민공개	협조	동 장 :		

2015년 상반기 『동전의 경제교실』 운영결과
(안 쓰는 동전(10원/ 50원)과 외국동전 모으기)

상2동 주민자치위원회

2015년 상반기 『동전의 경제교실』 운영결과
- (안 쓰는 동전(10원/ 50원)과 외국동전 모으기) -

□ 추진실적(2015년 6월 30일 현재)

○ 총괄현황

구 분	계	자생단체	주 민	공무원	비 고
우리 동전	18명/43,690원	5명/30,500원	7명/6,270원	6명/6,920원	
외국 동전	41명/276개	7명/104개	21명/120개	12명/47개	지폐별도

○ 참여내역

구분	계					소 속	참 여 자 (상단: 국내, 하단: 외국)	비고
	우리		외국					
	명	원	명	동전	지폐			
	18	43,690	41	276	17			
계	4	29,930	7	104	17	자치위원회	위원장 , 감사, 고문 , 위원 000	
							위원장 , 감사, 고문, 위원 000, 위원 000	
	1	570				기타 단체원	자원봉사자	
			1	5		프로그램(수강생, 강사)	캘리그라피 강사 000	
	1	20	10	36		동 주민	주민1	
							주민10	
	6	6,250	11	84		타동 주민	박학생, 공모씨	
							주민8	
	6	6,920	12	47		공무원	시청 백00 구청 임00, 이00 동 박00, 안00	
							구청 임00, 동 박00, 신00, 최00, 동 이00, 정00, 이00, 동 신00, 박00	

○ 연도별 추진실적

(단위 : 명/원/개)

구 분	계		2014년		2015년(상반기)		처리결과	비 고
	인원	금액(수량)	인원	금액(수량)	인원	금액(수량)		
우리 동전	80	163,470	62	119,780	18	43,690	통장적립 (장학금 조성용)	
외국 동전	99	1,711	58	1,435	41	276	유니세프 기증 (2014. 12. 30)	지폐별도

□ 총 평

○ 『동전의 경제교실』의

- '안 쓰는 동전(10원/ 50원)'모으기는
  - 한국은행에서 10원 주화를 제조할 때 대략 40원이 소요되어 국고 낭비를 초래하는 비경제적 사례이나
  - 경제의 기초단위인 가계(家計)에서 서랍 등에 방치되어 회수율이 낮아 슈퍼 등에서의 환전용으로 부득이하게 제조할 수밖에 없어 국고 낭비를 억제하고자 동(洞) 단위에서 회수운동을 전개하게 된 것이나
  - 2015년 상반기에 18명 참여로 43,690원의 회수금액은 카드사용 추세라 해도 적은 금액임
- '잠자는 외국동전' 깨우기는
  - 해외여행 후 귀국 시 가져오는 외국동전을 유니세프를 통한 해외 빈민국 어린이 돕기를 위하여 추진했으나
  - 2015년 상반기에 41명이 참여하여 276개를 모았으며, 이는 작년에 비해 인원수는 늘었으나 모금수량은 다소 저조함

□ 성과와 반성

○ 다소 사소한 품목으로 보이는 동전이지만 돈은 굴러야 제 사명을

다하는 것이기에 참여인원과 수량에 연연하지 않으면서도 적극적인
참여 분위기를 만들어야 함

○ 적은 인원이 참여했으나 동전의 경제교실은 사소한 것으로도 남을
도울 수 있다는 의미를 확인시켜주었으나

○ 단계별 추진으로 더 많은 사람들이 참여할 수 있는 방안이 필요함

□ 향후 추진계획

○ 홍보방안과 참여 분위기 조성 : 마을신문 '상상마을' 적극 활용

○ 자생단체와 프로그램 수강생의 홍보요원화

  : 관련 업무담당자 적극 홍보

○ 교육 차원 접근방안 마련 : 관내 8개 학교에 협조공문 발송

□ 개인별 참여현황 : 엑셀파일 참조

□ 관련사진

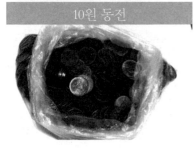

『동전의 경제교실』 사례에서는 총평과 성과와 반성이라는 소제목으로 내용을 작성하는 요령이 참고가 될 것이나 특히 아이디어를 사업으로 추진하게 된 이야기에 주목하는 것이 좋겠다. 우선 한국은행에서 10원 주화의 제조비용이 30원~40원이 들어 적자를 보게 되는데 다름 아닌 국고 손실이다. 마트 등에서 잔돈을 내줘야 하기 때문에 안 찍을 수도 없는 현실이다. 그리고 우리가 해외 나갔다 올 때 공항에 비치된 외국동전 기부함에 동전을 넣고 귀가하면 되겠지만 수집가도 아닌 대부분의 사람들이 집에 가기 바빠서 외국동전도 그냥 가지고 간다. 마침 유니세프에서는 외국동전을 기증받아 빈민국 어린이에게 다시 전달하고 있다. 이러한 배경을 모아서 우리 동전과 외국동전을 묶어 만든 제목이 "동전의 경제교실"이다. 우리 동전은 모아서 은행에서 환전하여 통장에 넣어 매년 장학금 지급에 일부라도 보탬이 된다. 혹시 어린 자녀가 있어 부모 손을 잡고 모아 놓은 동전을 은행에서 바꾸면 자녀에게는 또 다른 경제교육이 된다.

외국동전은 환전이 안 되는 까닭에 모아서 유니세프에 기증하면 작은 기부로 마음도 뿌듯해진다. 이러니 참여를 안 할 까닭이 없지 않은가. 물론 그래도 센터에 방문하는 것이 번거로워서 참여를 안 하는 경우에는 할 수 없지만 말이다. 사업비도 저렴하다. 모금함 설치비와 유니세프에 갈 때 차비만 충당하면 된다. 모금함 설치도 비용지출 없이 하려면 A4용지 박스를 재활용하면 된다.

아이디어는 이제부터 생각해보자고 해서 만들어지는 것이 아니다. 평소에 생활주변과 내 주변을 관찰해야 하며, 메모도 하고 혹시 모를 사업추진에 따른 장애물이나 협조를 안 하게 되는 사유가 있을까 궁리해야 한다. 더불어 참여의 의미를 상대방에게 전달이 되어야 한다. 참여하면 이렇게 된다는 것을 쉽게 알려줘야 더욱 효과적이다. 동전이라고 우습게보지 말자. 사소한 것이 알고 보면 대단한 것으로 바뀌는 사례가 자주 있다.

부천시 원미2동의 경우에는 동전만 모아서 2백만원이 넘는 장학금을 2년이나 지급한 사례도 있다. 동전 모으기를 시작한지 며칠 지나서 누군가 작은 저금통 7개를 가져왔다. 그중에 한 개가 외국동전만 들어 있어서 모으기 하는 김에 외국동전도 모아서 유니세프에 기증까지 한 동네이다. 이번에는 NGO와 함께 추진한 사례이다.

문서번호	상2동 − 1	결	간사	부위원장	위원장
보고일자	2015. 1. 20.	재			
공개여부	대국민공개	협조	동 장 :		

아프리카 · 아시아 『희망 책 보내기』 추진계획(안)

상2동 주민자치위원회

아프리카·아시아 『희망 책 보내기』 추진계획(안)

> 국민소득 3만불 원년의 해를 맞아 아프리카 및 아시아 개발도상국 빈곤 아동들의 교육지원을 위해
> ○ ADRF(아프리카아시안 난민교육후원회)와 연계하여
> ○ 우리 동 자생단체, 초·중·고(8개교), 주민 등의 참여를 모으고자 함

□ 운영개요

○ 추진기간 : 2015. 1월 ~ 7월
○ 참여대상
  • 동 자생단체 및 참여 희망하는 주민
  • 관내 초·중·고(8개교), 아파트 부녀회, 동(洞) 직원 등
○ 추진내용
  • 『희망 책』 모으기
  • 동화책 영어번역 봉사단 모집
  • 책 발송기금 마련 캠페인(희망 책 나눔장터) 운영
  • 도서 및 수익금(책 발송기금) 전달

□ 세부 추진계획

○ 추진일정

기 간	추 진 사 항	추진담당	비고
2014. 12. 16.	ADRF(아프리카아시아 난민교육후원회) 업무협약 체결	공동	
2015. 1월~3월	『희망 책』 모으기	상2동	
	동화책 영어번역 봉사단 모집	공동	
2015. 4월(예정)	책 발송기금 마련 캠페인(바자회) 운영	〃	
	도서 및 수익금(책 발송기금) 전달	상2동	
2015. 4월~5월	도서분류 및 번역작업	ADRF	
	『희망 책』 해외배송	〃	
2015. 5월~7월	결과제출 및 향후 계획논의	공동	

○ 추진계획

추진과제	시 기	내 용	방 법	비고
ADRF 업무협약 체결	2014.12.16	희망책 보내기 사전협의	– 협약체결	
『희망 책』 모으기	2015.1~3월	붐조성	– 주민 기증창구 마련 – 단체, 프로그램 수강생, 아파트부녀회 등 안내문 배부	
동화책 영어번역 봉사단 모집		자원봉사자 모집	– 자원봉사자 모집홍보 : 동 홈페이지 등	
책 발송기금 마련 캠페인 (희망 책 나눔장터)	2015. 4월 (예정)	희망 책 나눔장터 운영	– 시 주민자치센터 특화·전략 프로그램 공모 연계 – 도서판매 및 먹거리 운영	
도서 및 수익금 (책 발송기금) 전달		수익금·책(미판매분) 전달	– 책 모으기 및 바자회 활용 – 아파트 게시판 안내문 게첨	
도서분류 및 번역작업		연령대별 분류 및 영어번역	– 연령·장르별 분류 및 번역	
『희망 책』 해외배송	2015. 5월	책 보내기	– ADRF 추진	
결과제출 및 향후 계획논의	2015.5~7월	성과와 반성	– 미흡한 점 개선 및 내년도 지속추진	

□ 기대효과

○ 안 보는 책 기증으로 지구촌 아동 돕기

○ 영어번역 자원봉사로 미래 꿈나무 육성

○ 기증 도서 활용으로 한국어 교육지원

○ 아프리카와 아시아 결식아동 급식지원과 한국어교육에 기여

□『희망 책』 참여 각종 안내문(안)

별첨1 : 『희망 책』 모으기 참여안내

별첨2 : 『희망 책 나눔 장터』 자원봉사자 모집안내

아프리카·아시아 『희망 책』 모으기 참여

상2동 주민자치위원회에서는 아프리카·아시아 빈곤아동을 돕고자
아래와 같이 아프리카·아시아 『희망 책』 모으기를 추진합니다.

『희망 책』 모으기는
o 가정에서 안 보는 책을 동 주민센터에 기증해주시면
o 우량 도서는 사전선정하여 현지 어린이와 한국어학과 등에 전달됨
o 주민센터에서는 희망나눔장터(바자회)를 개최하여
o 판매이익금은 아프리카·아시아에 『희망 책』 발송비용으로 사용

『접수기간』 : 2015년 1월 ~ 3월
『접수도서』 : 모든 도서 ※ 단, 미풍양속을 저해하는 책은 제외
『접수장소』 : 상2동 주민센터 ☎(032)625-5961

TV에서 본 맨발로 뛰어 노는 아프리카·아시아의 어린이들,
이제는 더 이상 타인(他人)이 아닙니다.
미래에는 우리 자녀들의 **지구촌 친구**입니다.

2015. 1.

원미구 상2동 주민자치위원회

Fantasia BUCHEON 『희망 책』 보내기 자원봉사자 모집

> 상2동 주민자치위원회에서는 아프리카·아시아 빈곤아동을 돕고자
> 『희망 책』 모으기 추진에 참여할 자원봉사자를 모집합니다.

□ 행사개요

○ 행 사 명 : 희망나눔장터
○ 행사일시 : 2015. 4월(예정)
○ 행사장소 : 상2동 백송마을 사이길
○ 주   최 : 상2동 주민자치위원회
○ 참   여 : ADRF(아프리카아시아 난민교육후원회)

□ 모집개요

○ 신청기간 : 2015. 1. 20 ~ 3. 31
○ 신청방법 : 상2동 주민센터 홈페이지 공지사항 게시판 내 신청서 다운로드 후 작성 및 이메일(deokdeok@korea.kr) 제출
○ 모집분야 ☞ 1365자원봉사 포털 또는 VMS 인증자에 한함

구 분	동화책 영어번역	기증도서판매	행사운영보조	비고
인 원	40명	9명	51명	
신청자격	− 17세 이상, 4명으로 구성된 팀으로 감수자가 1명 있어야 함 − 어학검정시험 증빙자료 제출	중·고생	중·고생	
봉사시간	− 번역 : 권당 4시간(1인 3권) − 감수 : 권당 2시간	해당시간	해당시간	

○ 문   의 : 상2동 주민센터 ☎(032)625−5961
○ 모집결과 발표 : 2015. 4월 중 상2동 홈페이지
○ **자원봉사자 사전교육** : 별도통보

2015. 1.
원미구 상2동 주민자치위원회

청소년 자원봉사활동 신청서(보호자 동의서)

자원봉사활동 참여할 청소년은 2015년 4월 상2동 주민(자치)센터에서 운영할 예정인 『희망 책 보내기』 행사에 상2동 주민자치위원회와 함께 진행 또는 진행보조하여 건강한 자원봉사활동을 겸하고 지역사회 공동체 조성에 일익을 담당하는 활동을 하고자 함

신 청 인 사 항			
성 명		학 교 명	학 교 년 반
생년월일		연 락 처 (핸드폰)	본 인 : 보호자 :
주 소			

상2동 자원봉사활동 신청인 _____의 보호자인 _____는 『희망 책 보내기』 행사(사전교육 및 당일 참여)에 관한 사항을 동의합니다.

2015년   월   일

보호자 :   (서명 또는 인)

※ 개인정보보호법 제24조에 위한 수집·이용 동의
- ○ 수집·이용목적(증명 발급, 사후관리 등)
- ○ 수집대상 고유식별정보(생년월일 등 개인정보)
- ○ 보유·이용기간(1년)
- ○ 동의를 거부할 권리가 있으며, 동의거부에 따라 불이익(행사 참여 불가)이 있을 수 있음

☞ 상기내용에 대해   동 의 함 [(신청자   서명)]
　　　　　　　　　　　동 의 함 [(보호자   서명)]

유 의 사 항

다른 사람의 인장 도용 등에 대해 허위로 위임장을 작성 신청할 경우에는 형법 제231조와 제232조의 규정에 의하여 사문서위·변조죄로 5년이하의 징역 또는 1천만원 이하의 벌금에 처하게 됩니다.

※ 자원봉사활동 확인서 발급
　○ 발급방법 : 1365자원봉사포털(http://www.1365.go.kr) 개인별 가입 후
　　⇨ 자원봉사 실적확인서 발급을 통한 개별 출력(행사 이후)

상2동 주민자치위원장 귀하

상2동 청소년 자원봉사활동 참석 서명부

근무일자	2015. . ( )				
활동지역	『희망 책』 나눔 장터 행사장				
활동내용	『희망 책』 보내기 지원				
참석자	성 명	학교명	학년/반	연 락 처	비 고
확인자 (담당자)	(서 명)				
특이사항					

자원봉사 신청자 명단

연번	성 명	주 소 (동까지만 기재)	학교명	학년/반	연 락 처	비 고 (분야명)

안 쓰는 생활용품 판매할 "가족" 모집광고

□ 공모개요

○ 접수기간 : 2015. 1. 26 ~ 3. 31

○ 운영일시 : 2015. 4월【예정 : 토요일】

○ 운영장소 : 상2동 백송마을 사이길

○ 자   격 : 상2동에 거주하는 가족

○ 준 비 물 : 판매할 가족이 스스로 준비(돗자리 등)

○ 참여인원 : 선착순 50가족

□ 신청접수

○ 신청방법 : 방문, 온라인(이메일) 접수

• **방문접수 : 상2동 주민센터**

• **이 메 일 : deokdeok@korea.kr**

○ 제출서류 : 가족 참가신청서 1부

○ 신 청 서 : 상2동 주민센터 홈페이지 "동소식" 란에서 다운로드

□ 주의사항

○ 전문적인 상행위 종사자는 판매행위를 할 수 없으며, 사전 접수기간
에 신고를 해야 판매할 수 있음

○ 제출서류는 반환하지 않으며, 행사장에서 주최 측이 찍은 판매활동
사진은 향후 홈페이지 게시 및 홍보자료로 활용될 수 있음

2015. 1.

상2동 주민자치위원회

안 쓰는 생활용품 판매할 "가족" 참가 신청서

접수번호	※ 접수번호는 기입하지 않음(접수처에서 작성)				
신 청 자	성 명		생년월일		
	주 소				
	연 락 처	자택		H/P	
	E-mail				
판매물품 및 (가격)					

위와 같이 상2동 안 쓰는 생활용품 판매에 참가 신청합니다.

2015.   .   .

신 청 자 :   (인)

※개인정보보호법 제24조에 위한 수집 · 이용 동의

• 수집 · 이용목적(증명 발급, 사후관리 등)
• 수집대상 고유식별정보(생년월일 등 개인정보)
• 보유 · 이용기간(1년)
• 동의를 거부할 권리가 있으며, 동의거부에 따라 불이익(행사 참여 불가)이 있을 수 있음

☞ 상기내용에 대해   동 의 함 [(신청자   서명)]
                  동 의 함 [(보호자   서명)]

──────────────── 유 의 사 항 ────────────────

다른 사람의 인장 도용 등에 대해 허위로 위임장을 작성 신청할 경우에는 형법 제231조와
제232조의 규정에 의하여 사문서위 · 변조죄로 5년 이하의 징역 또는 1천만원이하의 벌금
에 처하게 됩니다.

상2동 주민자치위원장 귀하

안 쓰는 생활용품 판매할 "가족" 참가자 명단

연번	성 명	연 락 처	판매품목 및 판매가	판매장소 (부여번호)	비 고

아프리카·아시아 희망책 보내기 추진결과, 2015년 4월 25일 발생한 대지진으로 8,400여 명이 사망한 네팔에 상2동 행사수익금 1,000달러를 지원하여 긴급구호 급식사업비에 충당되었으며, 영어동화책 번역봉사단 35명이 1인당 3권 번역으로 105권을 제작하여 네팔 어린이 정서지원 및 심리치료 목적의 독서교육지도와 한국어교육 교재로 활용되었다. ADRF(아프리카·아시아 난민교육후원회) 등 NGO 단체와의 연계활동에 대해서는 뒤의 NGO 소개란에서 자세히 다루도록 하겠다.

이제 조금은 난이도가 있는 계획(안)을 소개할 차례이다. 지금까지 사례를 보면 그리 어렵지 않다는 것을 느꼈으리라 본다. 다만, 처음에 문서의 틀을 잡는 것이 익숙하지 않았을 뿐이며 몇 번 하면 별것 아니라는 것도 알게 되었을 것이다. 어렵게 생각하니까 어렵지 알고 익숙해지면 쉬워지고 나아진다.

지금까지 비교적 단순하고 일목요연한 계획(안)을 다루었다면 이번에는 조금 복잡한 형태를 알아보려고 한다. 하지만 본질은 매한가지다. 알고 나면 쉽다는 사실을 기억하자. 한 가지 유의할 점은 '상대방이 있다'는 것이다. 계획은 실행을 전제로 하기에 함께할 상대방을 끌어들여야 한다. 상대방은 참여의 대상이기도 하지만 설득의 대상이기도 하므로 본인 생각만으로는 한계가 있다. 상대방을 설득해서 참여의 마당으로 끌어들여야 한다.

좀 더 세련된 계획(안) 작성을 원한다면 계절(시기)과 월별 특성은 물론 그날의 날씨까지 고려해야 한다. 5월이라면 가정의 달이라는 특성을 감안해야 한다는 말이다. 1년간 추진할 사업을 보여주는 연간계획서를 수립하는데 나열식으로 하거나 대충 만들 수는 없지 않은가. 사설이 길면 재미가 없으니 먼저 맛을 보면서 얘기하는 것이 좋겠다.

문서번호	상2동 -		결	간사	부위원장	위원장
보고일자	2015. 11. 10.		재			
공개여부	대국민공개		협조			

2016년 주민자치센터 운영계획(안)

상2동 주민자치위원회

2016년 상2동 주민자치센터 운영계획(안)

○ 소통과 참여를 기반으로 하는 주민자치 정착
○ 장점과 약점의 성찰로 차별화 추진 및 주민자치 "으뜸 동(洞)" 구현

I. 운영개요

□ 시설현황

○ 대지면적 : 1,416㎡
○ 건축연면적 : 1,979㎡(지하 1층, 지상 3층)
○ 준공연도 : 2006. 7. 12.

□ 주민자치위원 : 23명(남 11, 여 12)

□ 자원봉사자 : 1명

□ 프로그램 운영현황

(단위 : 개)

계	주민자치	문화여가	지역복지	주민편익	시민교육	지 역 사회진흥	기타
28	3	17	1	1	4	2	

II. 운영방향

○ 주민참여 시스템 확대
○ 수익자 부담의 원칙 지속 추진
○ 소통하는 지역공동체 구축
○ 소통과 참여를 기반으로 하는 주민자치 정착
○ 반성과 대응전략을 통한 차별화 추진

III. 중점 실전과제

○ 주민자치센터 주민참여 확대
○ 주민자치센터 기능 및 자치위원 역량 강화
○ 프로그램의 다양화 및 특화 프로그램 운영
○ 자체 특화사업 발굴 및 육성
○ 주민에게 즐거움 주는 마을 만들기

IV. 세부 추진계획

1. 추진계획 총괄

(단위 : 천원)

분야별	사 업 명	시기	계	시비(보조금 포함)	프로그램비	회비
계	5대 과제 28개 사업	연중	94,562	62,300	20,362	11,900
주민자치센터 주민참여 확대	• 공모사업 추진 (지역사회 연대 병행추진)	1~10월	14,100	13,000	1,100	
	• 洞단체간 협력 (체육대회, 경로잔치, 하반기 워크숍 등)	9~10월	6,100	5,600	200	300
주민자치센터 기능 및 자치위원 역량강화	• 상반기 워크숍	5월	400		200	200
	• 분과위, 소위원회, 월례회의 운영	연중	13,800	9,000		4,800
	• 상근자(자원봉사자) 운영 연중	연중	8,400		8,400	
	• 자치위원장 이·취임식	1월	1,000			1,000
프로그램의 다양화 및 특화 프로그램 운영	• 성인 프로그램 운영	연중	12,500	12,500		
	• 아동·청소년 프로그램 운영	4~11월	2,600	1,300	1,300	
	• 교육부 행복학습센터 지속운영	연중	10,000	10,000		
	• 문화예술공연 : 자체 프로그램	5월	1,000	500	500	
	• 작품전시회 개최	6월	1,100		1,100	
	• 주민자율문고 독후감 공모전	9월	590		590	
	• 도서구입(자율문고 등)	9월	300		300	
자체 특화사업 발굴 및 육성	• 장학사업	6월	2,000			2,000
	• 나라사랑 태극기달기	연중	420		420	
	• 도농교류 지속추진(성주면 답방)	9월	300		300	
	• 장수사진 제공(사진교실 참여)	상·하반기	1,000		1,000	
	• 동전의 경제교실 운영	연중	200			200
	• 「느린 우체통」 운영 (1년 후 받아보는 편지)	연중	300		300	
주민에게 즐거움 주는 마을 만들기	• 마을신문 「상상마을」 발간	연중	12,000	10,000		2,000
	• 마을신문 기자 격려	연2회	1,500		500	1,000
	• 「재능나눔 공연단」 지속운영 (간담회 및 격려금 전달)	연중	700		700	
	• 채송화 나눠주기	6월	200		200	
	• 쾌적한 마을환경 만들기 (꽃묘 식재 등)	연중	400		400	
	• 방역봉사대 운영 : 격려 및 간담회	6월	500	400		100
	• 시민의 강 청결활동 : 갈대 정리 등	연2회	200			200
	• 자치위원, 자율방범 체험의 날	연2회	100			100
	• 전국주민자치박람회 제본비 및 주민자치센터 일반운영비	연중	2,852		2,852	

〖SWOT 분석〗

Strength(강점)

1. 시민의 강이 있다.
2. 호수공원이 있다.
3. 공방거리가 있다 : 11개(2개소)
4. 상동도서관이 있다.
5. 학교가 많다 : 초교3, 중학교2, 고교3
6. 테마시설과 대형 유통업체등이 있다.
   : 웅진플레이도시, 뉴코아, 소풍터미널, 삼성홈플러스
7. 소공원이 많다.
8. 아파트단지가 많다 : 78%
9. 아파트 사이길이 넓다.
10. 도시기반시설이 잘 되어 있다.
11. 젊은 사람이 많다.
12. 행정지원 준비가 항시 되어 있다.
    : 주민센터 관리자 지원능력 우수
13. 프로그램이 활성화 되어 있다.

Weakness(약점)

1. 주민자치위원회의 자치능력이 미흡함
   (단체 미활성화)
2. 자생단체의 결집력이 약하다.
3. 새로운 사업 추진을 꺼려한다.
4. 평생학습(내공증진)을 싫어한다.
5. 구습(舊習)에 젖어 있다.
6. 자생단체를 추구하는 게 아니라
   친목단체를 추구하는 경향이 일부 있다.
7. 단체별 사업에도 참여자가 적다.
8. 사업추진을 대충한다.
9. 인재발굴에 인색하다.
10. 정보화능력이 다소 미흡하다.
11. 자생력이 떨어진다.(행정의존도 높음)
12. 행정과 자생단체가 할 일을 구분 못한다.
13. 주민자치센터 프로그램 참여도가 부족하다.

Opportunity(기회)

1. 자치능력은 떨어지지만 지원능력이 우수한
   주민센터 관리자가 있다.
2. 공공시설이 많아서 추진할 사업이 많다.
3. 다양한 프로그램이 있어서 여러 분야에
   능력을 발휘할 수 있다.
4. 자생력과 결집력이 부족함을 알고 있다.
5. 안 해서 그렇지 하면 잘 할 수 있다는 것을
   알고 있다.
6. 주민자치위원회의 경우 마일리지제를 채택
   해서 각자 긴장하고 있다.
7. 다양한 프로그램으로 인재발굴이 가능하다.

Threat(위협)

1. 프로그램만 활성화 되어 있지 자치위원들은
   자치능력 마인드 제고에 크게 관심 없다.
   : 프로그램에 비해 자치위원의 역할부족
2. 잘 하는 프로그램이 있어서 우리 동 주민
   자치가 잘 하는 편인 줄 안다.
   : 동네 골목대장 사고를 가짐(완장의식)
3. 단체예절 부족, 회의진행이 원만하지 못함
   : 행사나 회의 등에 불참 시 미통보
4. 외부와의 비교를 꺼린다(발전의식 부족)
5. 단체활동 참여를 주민센터를 도와주는
   것으로 인식한다.

〖SWOT분석〗

- SWOT은 Strength(강점), Weakness(약점), Opportunity(기회), Threat(위협)을 말하며, 비즈니스 전략을 수립할 때 가장 많이 사용하는 기초가 되나
- 내부적 분석을 의미하는 강점과 약점들이 객관적인 시각에서 정리되지 않아 정확한 결과가 나오지 않을 수 있는 단점도 있으므로
- 현재에는 위협요인이 될 수 있으나 가까운 미래에는 그것이 기회가 될 수도 있어 더욱 세밀한 분별력을 갖지 않으면 잘못된 결과를 도출할 가능성도 있음

2. 세부 추진계획

【우리 동 중점 추진사항】⇐ 전국주민자치박람회(센터활성화분야) 대비

> **【전국주민자치박람회, 센터활성화분야 기준】**
> • 주민자치센터 운영전반
> • 동아리 활동
> • 지역의 사회적·문화적·지리적·경제적 특성을 반영한 운영전략 등

1. 프로그램 운영
• 프로그램 운영일반
  − 기획과정 : 투명성 제고
  − 독창성 유지
  − 주민참여도 확대
• 프로그램 평가반영
  − 프로그램 만족도 조사
  − 프로그램 관계자 간담회 개최
  − 프로그램 평가 실시

2. 지역특성 및 주민욕구 반영
• 지역의 인구, 사회, 경제, 문화적 특성을 프로그램에 반영
• 주민욕구 및 지역특성을 반영 : 설문조사, 설명회, 공청회, 간담회 등
  ※ 프로그램에 활용한 내용 및 반영도

3. 동아리 운영 적극지원
• 동아리 운영방식, 모임의 정기성 등 정형화
• 동아리 활동내용(지역사업 참여유도), 센터와의 지원관계 구분

4. 주민자치센터 6대 기능 적극 추진
• 문화여가기능 : 문화예술공연, 작품전시회, 상상지기공동체 행정지원
• 지역복지기능 : 주민자율문고 운영 및 독후감 공모전 개최
• 주민편익기능 : 도농교류사업, 청사개방, 마을신문 및 카페(온라인) 운영
• 시민교육기능 : 나라사랑 태극기 달기, 학습 톡, 느린 우체통, 동전의 경제교실
• 주민자치기능 : 자율방재단 운영지원, 워크숍 및 마을의제 추진
• 지역사회 진흥기능 : 장학사업, 청소년 봉사활동, 자율방범순찰대 체험의 날 운영

⇨ **2016년 전국주민자치박람회 참가 : 센터활성화분야(6대 기능 충족)**

【전국주민자치박람회, 센터활성화분야 기준】
- 주민자치센터 운영전반
- 동아리 활동
- 지역의 사회적·문화적·지리적·경제적 특성을 반영한 운영전략 등

1. 문화여가 기능
- 지역문화행사 : 생태하천 학습문화 한마당(공모사업), 문화예술공연, 공방 등
- 작품전시회 : 자체 프로그램 활용, 정기 작품전시회
- 생활체육

2. 지역복지 기능
- 마을문고 : 주민자율문고 운영 및 독후감 공모전 개최
- 청소년공부방
- 건강증진

3. 주민편익 기능
- 농산물 직거래 : 도농교류사업인 자매도시 성주면 참여 행사
- 회의장(청사개방) : 청사개방 자료관리
- 정보센터 : 마을신문 및 마을카페(온라인) 운영
- 자원재활용 : 생태하천 학습문화 한마당(공모사업) 내 가족 판매관 운영

4. 시민교육 기능
- 평생교육 : 주민자치센터 프로그램 운영, 나라사랑 태극기 달기
- 교양강좌 : 학습 똑 및 공모사업 활용
- 청소년교실 : 매년 아동 및 청소년교실 정기운영(4월 ~ 11월)
- 노인교실

5. 주민자치 기능
- 자율방재활동 : 자율방재단 운영지원
- 지역문제 토론 : 워크숍 및 마을의제 추진(간담회 등)

6. 지역사회진흥 기능
- 불우이웃돕기 : 장학사업
- 청소년 지도 : 자율방범순찰대 체험의 날 운영 등
- 내집앞 청소하기 : 청소년 봉사활동 추진

1. 주민자치센터 주민참여 확대

1) 주민이 즐거워하는 「공모사업」 추진 ⇦ 지역자원 연계

- ㅇ 기   간 : 2016년 상반기
- ㅇ 대   상 : 원미구, 부천시 및 중앙부처
- ㅇ 내   용 : 상상지기공동체 등 지역자원 연계로 생태하천 학습문화 한
           마당 등 추진
- ㅇ 방   법 : 최소의 자부담을 통한 공모사업으로 추진

2) 동(洞) 단체 간 협력사업

- ㅇ 기   간 : 2016. 9月 ~ 10月(2개월간)
- ㅇ 대   상 : 하반기 자생단체 합동워크숍, 경로잔치, 체육대회 등
- ㅇ 내   용 : 전체 자생단체가 참여하는 것을 원칙으로 함
- ㅇ 방   법 : 참여단체 일부 자부담

2. 주민자치센터 기능 및 자치위원 역량 강화

1) 상반기 워크숍 개최

- ㅇ 일   시 : 5월 예정
- ㅇ 장   소 : 센터 회의실
- ㅇ 내   용 : 외부강사 활용 역량 강화 교육 실시와 연계

2) 회의 3단계 지속운영(분과위 〉소위원회 〉월례회의)

- ㅇ 운영시기 : 매월 정기운영
- ㅇ 운영내용
  - 분과위 ⇦ 주민자치위원회 임원은 분과원으로 구성함
    - 분과장(분과원이 선출) 중심으로
    - 월례회의 상정할 안건을 분과원 스스로 마련
  - 소위원회 : 자치위원장 중심으로 분과위 안건을 조율함
  - 월례회의 : 분과위와 소위원회를 거친 안건을 최종 결정함
  - ※ 마일리지제 지속운영 : 분과위, 월례회의, 주민자치 행사 및 교육

3) 상근자(자원봉사자) 연중 운영

○ 기   간 : 연중

○ 인   원 : 1명

○ 대 상 자

• 1순위 : 유명희(현재 복지매니저로 근무)

• 2순위 : 공개모집

○ 급   여 : 별도산정(계약서 체결)

○ 역   할 : 주민자치센터 프로그램 수강생관리 등

> ※ 행복학습 매니저 배치 관련사항
>
> • 시 평생교육과에서 현재의 5개동에서 전체 동으로 행복학습 매니저를 배치할 계획으로 2016년도 본예산에 반영했으나
>
> • 금년 12월에 내년도 본예산 반영 여부가 결정되어
>
> • 상근자 계약서 작성은 12월 말 경에 추진함
>
> ⇨ 상근자(자원봉사자)와 행복학습 매니저의 업무와 근무시간 구분이 필요함

4) 자치위원장 이·취임식 : 주민자치센터 설치 및 운영조례에 따라 자율 실시

> ※ 자치위원 역량 강화 상시 추진사항
>
> • 주민자치위원 구성 다양화
>
> – 공개모집 : 최소 1회
>
> – 주민추천 : 자생단체장 및 주민자치위원회 월례회의를 통한 수시 홍보
>
> – 영입분야 : 전문가 그룹 우선 선발 및 기타 열정 있는 사람
>
> • 주민자치위원 역량 강화
>
> – 부천시민학습원 등 위탁교육 참여 : 연 3회 이상
>
> – 외부강사 활용 역량 강화 특강 실시 : 연 1회 이상
>
> – 자체교육 : 반기별
>
> – 센터 상호간 벤치마킹
>
> – 참여예산 교육

3. 프로그램의 다양화 및 특화 프로그램 운영

1) 프로그램의 다양화

○ 기　　간 : 연중

○ 개강시기 : 2014. 1月 ※ 분기별 개강

○ 내　　용 : 주중 및 야간 프로그램

• 분야

－ 문화여가 : 요가, 스포츠댄스, 기타, 민요, 풍물, 서예, 노래

－ 지역복지 : 주민자율문고

－ 주민편익 : 청사개방(회의실 제공)

－ 시민교육 : 글쓰기, 중국어

－ 지역사회 진흥 : 청소년 자율방범대 체험(야간 운영)

• 방　　법 : 설문조사 결과 반영 및 주민자치위원회 안건상정

2) 아동·청소년 프로그램 운영

○ 기　　간 : 연중

○ 개강시기 : 2014. 4月 ※ 분기별 개강

○ 운영과목

• 주　　중 : 치어리딩교실(초등학생)

• 주　　말 : 발리, 만화교실

⇨ 만화교실은 경기예술고등학교 학생을 강사로 지정하여 재능나눔 인정으로 자원봉사활동시간 부여함

※ 향후 우리 동 문화예술공연 및 원미구 주민자치센터 프로그램 경연대회 참여기회 제공

3) 교육부 행복학습센터 프로그램 지속운영

○ 기　　간 : 연중

○ 개강시기 : 2014. 1月 ※ 분기별 개강

○ 운영과목 : 사군자, 캘리그라피, 글쓰기교실

• 1안 : 당초 프로그램 유지

- 2015년 행복학습센터로 지정 시 사군자, 캘리그라피, 글쓰기교실을 운영하여 왔으나
- 사군자교실인 경우 2015. 4월 개강 이후 수강생이 10명을 초과한 사례가 없어 2015. 12월 중 수강생모집 시 계속 10명 미만인 경우에는 사진교실로 대체하는 방안
- 2안 : 프로그램 일부 변경
  - 수강생이 10명 미만인 사군자교실에 대해 2016. 7월 실시할 대동제 관련 리모델링 공사기간(4~5개월 예상)에 따른 휴강 폐강 프로그램으로 분류하여 사진교실로 대체하여 행복학습센터 운영하는 방안
- 실무자 검토사항
  - 사군자교실의 경우 최소 6개월 이상 배워야 학습효과가 있기에 끈기 있는 수강생 부족 및 홍보 미흡으로 인하여 10명 미만이며
  - 사군자 학습이 성숙되면 작품의 맛을 알며, 우리 동의 각종 작품 전시회에서 주목받고 있을 뿐만 아니라 주민자치센터에 기여하는 바가 큰 과목임
  - 2015. 12월 수강생모집까지 기다려서 10명 미만이면 그때 폐강시키는 것이 바람직함

4) 문화예술공연 개최

○ 일   시 : 2016. 5월 중
○ 장   소 : 7호선 상동역 또는 호수공원
○ 참   여 : 7개 프로그램
- 성인 프로그램 : 기타, 민요, 풍물, 재능나눔공연단(작은나눔 앙상블, 차설이공연단)
- 아동·청소년 프로그램 : 초등밸리, 치어리딩
○ 운영방법
- 구청 행정지원과(문화공보팀) 1동 1문화공연 지원 활용 : 50만원 이상 지원
- 동(洞) 프로그램비 일부 지원

5) 『작품전시회』개최

○ 일   시 : 2016. 6월 중 ※ 2일 이상 개최

○ 장   소 : 시청 아트홀 또는 복사골 문화센터 전시장

○ 참   여 : 캘리그라피, 사진, 만화, 글쓰기, 사군자교실

○ 운영방법

  • 행복학습센터 예산 활용

  • 참여 프로그램별 재료비 일부 지원 : 각 20만원 이내

6) 주민자율문고 운영 및 독후감 공모전 개최

○ 시   기 : 2016. 9월(독서의 달)

○ 대   상 : 우리 동 주민자율문고를 이용하는 사람(일반, 학생)

○ 운영방법 : 시상금 지급 및 동장 표창장 수여

○ 지원내용 : 70만원 이내(프로그램비)

7) 도서구입

○ 시   기 : 2016. 9월

○ 대   상 : 주민자치위원, 글쓰기교실, 주민자율문고 비치용

○ 비치장소 : 주민자치실 및 주민자율문고

○ 소요예산 : 30만원 이내

○ 예산과목 : 프로그램비

4. 자체 특화사업 발굴 및 육성

1) 사랑나눔 장학사업

※ 장학금 지급내역

연번	일 시	지급인원	대 상 자	비 고
계		12명		
1	2013. 02. 07	6명	관내 고등학교 2학년 학생 (학교 추천)	40만원씩
2	2014. 02. 06	6명		30만원씩
3	2015. 02. 05	6명		30만원씩

○ 장학금 지급

- 지급시기 : 2016. 6월
- 지급대상 : 관내 고등학교 2학년 6명(고등학교별 2명씩)
  - ⇨ 상일고교, 상원고교, 상동고교
- 지급액 : 1인당 50만원(예정)
- 장학금 조성
  - 주민자치위원회 회비로 모은 금액(1인당 월 1만원)
  - 『동전의 경제교실』로 마련한 금액 활용

2) 『나라사랑 태극기 달기운동』 추진

○ 추진기간 : 2015 ~ 2019년(5년간)

○ 장   소 : 상2동 단독주택 및 아파트단지

○ 참   여 : 상2동 각급 학교, 자생단체, 주민

- 주민센터, 주민자치위원회, 자생단체
- 각급 학교(8개교 : 초교 3, 중교 2, 고교 3), 주민(아파트, 단독주택)

○ 추진주체 : 상2동 주민자치위원회

○ 소요예산 : 2,744천원(2015년도 : 1,064천원)

○ 예산과목 : 프로그램비

○ 추진방법 : 태극기 달기 붐 조성을 위한 단계별 추진

※ 추진단계 : 3단계로 홍보 실시

단계별 (추진기간)	주민자치센터 (자생단체 포함)	주민센터	비고
1단계 (2015년)	• 전입신고자 태극기 전달 • 저소득층 태극기 전달	• 태극기 달기 인증샷 추진 • 국기 판매창구 운영 • 태극기 달기 모범아파트 선정 : 1개소	
2단계 (2016~2017)	• 전입신고자 태극기 전달 • 저소득층 태극기 전달	• 태극기 달기 인증샷 추진 • 국기 판매창구 운영	
3단계 (2018~2019)	• 전입신고자 태극기 전달 • 저소득층 태극기 전달 • **국기 계양 군집기 장소선정**	• 국기 판매창구 운영 • **태극기 달기 모범 아파트 단지 선정 확대**	

【주민자치센터】

○ 『태극기 인증샷』 자원봉사활동 인정 추진

- 추진기간 : 2015 ~ 2019년(5년간)
- 참여대상 : **참여를 희망하는 우리 동 주민(중·고등학생 포함)**
  단, 1365 자원봉사 포털에 가입한 사람에 한함
- 인정시간 : 1시간
- 인정방법
  - 사전에 태극기 인증샷 자원봉사활동 신청 : 1365 자원봉사 포털 가입자
  - 태극기 게양 후 인증샷 이메일 제출 : deokdeok@korea.kr
  - 봉사활동 담당자 「1365 자원봉사 포털」 봉사활동 시간 입력

【주민자치위원회 : 문화교육분과위】

○ 전입 신고자 태극기 전달

- 전달대상 : 매주 월·금요일 첫 신고자
- 규   격 : 가정용(小)
- 가   격 : 3,500원
- 소요예산 : 336천원
- 산출기초 : 3,500원×8가구×12월 =336천원
- 예산과목 : 프로그램비
- 전달방법 : 전입신고서 접수 시

○ 저소득층 태극기 전달

- 전달대상
  - 기존 수급자 : 184가구
  - 전입 수급자 : 24가구(연간)
- 규   격 : 가정용(小)
- 가   격 : 3,500원
- 소요예산 : 728천원
- 산출기초

- (기존 수급자)3,500원×184가구 = 644천원
- (전입 수급자)3,500원× 24가구 =84천원
- 예산과목 : 프로그램비
- 전달방법
  - 기존 수급자 : 이웃돕기 물품배부 시
    ※ 단, 태극기 보유한 가정은 제외
  - 전입 수급자 : 전입신고서 접수 시

※ 태극기 구입예산

- **2015년(1년차)**

(단위 : 원)

구 분	대상가구	단 가	금 액	비 고
계	216		1,064,000	
전입신고자(일반)	8	3,500	336,000	연간
기존 수급자	184	3,500	644,000	
전입 수급자	24	3,500	84,000	연간

- **연차별 태극기 구입예산**

(단위 : 원)

| 구 분 | 기준년도(2015년) | | | 계 | 2015 | 2016 | 2017 | 2018 | 2019 |
	대상가구	단 가	금 액						
계	216		1,064,000	2,744,000	1,064,000	420,000	420,000	420,000	420,000
전입신고자(일반)	8	3,500	336,000	1,680,000	336,000	336,000	336,000	336,000	336,000
기존수급자	184	3,500	644,000	644,000	644,000	0	0	0	0
전입수급자	24	3,500	84,000	420,000	84,000	84,000	84,000	84,000	84,000

3) 도농교류 지속 추진 : 충남 보령시 성주면 주민자치위원회

※ 교류실적

연번	일 시	장 소	교 류 내 용	비 고
1	2012.10.13.	성주면	• 자매결연일 • 기타교실 등 방문	단체 전체
2	2013.02.20	상2동	• 성주면 어린이 부천 문화탐방 (만화박물관, 아인스월드, 눈썰매장 〈인천대공원〉)	
3	2013.10.26	성주면	• 상2동, 성주면 단풍축제 참가 (풍물, 기타, 각설이 공연단)	단체 전체
4	2014.02.19	상2동	• 성주면 어린이 부천 문화탐방 (웅진플레이도시, 부천로보파크, 옹기박물관)	
5	2014.10.31	성주면	• 상2동, 성주면 단풍축제 관람	주민자치 임원
6	2014.11.28	성주면	• 성주면, 청정김치 제공	
7	2015.04.11	상2동	• 상2동 제2회 생태하천 학습문화 한마당 성주면 특산품 판매관 운영	물적교류 전환
8	2015.09.12	상2동	• 상2동 제3회 생태하천 학습문화 한마당 성주면 특산품 판매관 운영	
9	2015.10.31	성주면	• 상2동, 성주면 단풍축제 관람	자치운영분과장 (기타교실 인솔)

○ 운영기간 : 연중

○ 운영내용 : 물적 교류

○ 운영방법

• 현재의 물적 교류 지속 추진

• 기존에 중단된 인적 교류방안 재검토

4) 『장수사진』 제공

○ 운영기간 : 상·하반기(2회)

○ 운영내용 : 소외계층 65세 이상자 6명

○ 운영방법 : 사진교실 수강생 참여하는 장수사진 제공

○ 소요예산 : 1,000천원 이내

• 산출기초 : 150,000원×6명 = 900천원

○ 예산과목 : 프로그램비

5) 『동전의 경제교실』 운영

> 2014년 10월부터 국고손실 억제와 장학금 조성 및 해외 어린이 돕기를 위하여 실시하고 있는 『안 쓰는 동전(10원/50원/100원)』과 『잠자는 외국동전』을 모으는 동전의 경제교실을 지속 운영코자 함

○ 운영시기 : 연중
○ 참 여 자 : 관내 주민 및 자생단체원 누구나
○ 운영내용 : 동전을 『안 쓰는 동전』과 『잠자는 외국동전』으로 구분
  • 안 쓰는 동전 : 10원/50원/100원(장학금 조성용)
  • 잠자는 외국동전 : 각국의 동전(유니세프 재기부용/외국 어린이 돕기)
○ 운영방법 : 주민센터에 동전 모금함 설치
○ 소요예산 : 비예산사업

6) 1년 후 받아보는 『느린 우체통』 운영

> '빨리 빨리'와 같이 빠른 것만을 추구하는 자세에서 같이 동행(同行)하고 1년 후 받아보는 여유를 담은 느린 우체통을 운영하여
> ○ 청소년에게는 인격을 담은 자녀교육의 장(場)을 제공하고
> ○ 주민에게는 느림의 미학(美學)으로 성찰(省察)의 기회를 제공하고자 함

○ 운영개요
  • 추진기간 : 2014. 10월 ~ 지속
  • 추진대상
    – 동(洞) 자생단체 및 참여 희망하는 주민
    – 동(洞) 직원, 사회복무요원
○ 추진내용
  • 우표 붙인 편지를 접수 후 1년 지나서 수취인에게 월별 발송
  • 반송우편요금은 주민자치 프로그램비에서 충당
  • 반송우편은 3개월 간 보관 후 자동폐기

○ 세부 추진계획

- 추진기간 : 10月 ~ 지속 ※ 매년 1년 단위로 실시함
- 참여대상 : 단체원, 주민 및 주민센터 근무자
- 소요예산 : 300천원
- 예산과목 : 프로그램비
- 추진방법
  - 편지를 월별 보관 후 1년 지나서 월별 발송
  - 편지함 제작 : 2014. 10월 제작완료
  ※ 재능기부 : DIY목공강사 이유미
- 주　　관 : 주민자치위원회

5. 주민에게 즐거움 주는 마을 만들기

1) 마을신문 『상상마을』 중단 없는 발간

○ 사업기간 : 연중(분기별 발간)

○ 사 업 비 : 연간 12,000천원

(단위 : 천원)

구 분	계	예 산	광고비	프로그램비	비고
계	12,000	10,000	2,000		
광 고 비 지출내역	<td colspan="5">• 인쇄·편집비 : 2,000천원(분기별 500천원) • 교정수당　 : 1,200천원(분기별 300천원/ 글쓰기 강사) • 만화수당　 :　 200천원(분기별　 50천원) • 기자수당　 : 1,000천원(연 1회/ 5명) 　 ※ 수당 부족시 주민자치 월례회의 안건상정으로 충당함</td>

○ 사업내용

- 글쓰기교실 운영 : 2014. 10월부터 운영
- 편집위원회 구성 : 2015. 6월
  - 인　　원 : 10명
    - 자문위원 : 5명(위원장, 주민자치 간사, 자치운영분과장, 글쓰기

강사, 행정팀장)

　　　· 신문기자 : 5명(기자회장, 기자총무, 사진기자 포함)

　　- 편집회의 : 분기별 3회 이상

　　- 역　　할

　　　· 신문내용 및 아이템 구상 : 단체원 및 주민 면담

　　　· 웹하드 구축 및 운영

　　　· 마을신문『상2동 상상마을』카페 운영 : 인터넷 카페

　　　· 지면설계 및 신문발간

　　　· 신문발간 후의 문제점 및 대책 보완 : 차회 발간신문 보완

2) 마을신문 기자단 격려

○ 시　　기 : 2회(상·하반기)

○ 대　　상 : 기자단 포함 자문위원 10명

○ 내　　용

　· 기자수당 지급 : 연 1회 1인당 20만원

　· 간담회 비용지급 : 50만원

○ 방　　법

　· 기자수당 : 광고비에서 지급

　· 간 담 회 : 프로그램비 또는 기관운영 업무추진비

3) 『재능나눔 공연단』 지속운영

○ 운영방향

　· 문화공연 소외계층인 어르신에게 민요, 각설이 등 공연 제공

　· 상2동 관내 경로당, 요양원 등 찾아가는 공연봉사(월1회)

　· 재능나눔 공연단의 자발적이고 주도적인 참여 유도

　· 우수프로그램 지원비 신청 등 봉사센터와 연계방안 강구

○ 운영개요

　· 기　　간 : 2016. 3월 ~ 11월(분야별 월 1회)

　· 장　　소 : 요양원 등

- 대   상 : 문화소외계층 어르신
- 공연분야 : 민요, 각설이, 작은나눔 앙상블, 기타교실
○ 운영내용
- 어르신 등 문화소외계층에 민요, 각설이 타령 등 문화공연 제공
- 재능나눔의 참 봉사 실천으로 지역사회의 따뜻한 나눔과 즐거움을 주는 공연
○ 세부 추진계획
- 간담회 실시
    - 일   시 : 2016. 2월 중
    - 장   소 : 3층 동아리방
    - 대   상 : 공연단 대표(총무) 및 관계자(10명)
    - 내   용 : 2015년 재능나눔 공연단 운영방법 및 추진계획 토의
※ 재능나눔 공연단 현황

분 야 별	공연일(월1회)	인원수	대표자	연락처
계		40		
소리한마당(민요)	첫째주 금요일 (오후 2시)	5	최정옥 (최경희)	010-****-**** (018-***-****)
차·설이공연단 (각설이,서도산타령)	셋째주 목요일 (오후 2시)	8	김충식 (차은경)	010-****-**** (010-****-****)
작은나눔 앙상블(악기연주)	넷째주 일요일 (오후 3시)	17	김영희	010-****-****
현여울(기타연주)	둘째주 월요일 (오후 4시)	10	이철기	010-****-****

- 수요처 조사
    - 기간 : 2016. 2. 5 ~ 2. 12(8일간)
    - 대상 : 경노당 및 요양원(26개 시설 : 경노당 16, 요양원 10)
    - 방법 : 우편 및 팩스발송 ※ 안내문 및 신청서 : 붙임 1, 2

※ 상2동 요양원 현황

연번	시설종류	시설명	주 소	회원수	전화번호
계		7개소		183	
1	요양시설	은혜실버센터	길주로 80(로얄타워 8층)	49	329—****
2		소나무노인복지센터	소향로 13번길 20 (테마파크 3층)	27	326—****
3		효선당노인요양원	소향로 13 (태영메디칼 5층 501호)	36	324—****
4		한마음노인요양원	소향로 17 (두성프라자 402호)	15	328—****
5		예사랑요양원	소향로 13번길 14—16 (대맥프라자 2층)	32	324—****
6	공동생활	효인요양원	소향로 35(월드프라자 305호)	15	323—****
7		시내산요양원	소향로 13번길 14—16 (대맥프라자 502호)	9	321—****

- 발대식 개최
  - 일　시 : 2016. 2월 중
  - 장　소 : 상2동 주민센터 2층 회의실
  - 대　상 : 70명(재능나눔 공연단 및 내빈 등)
  - 내　용 : 재능나눔 공연단 운영계획 보고 및 자원봉사활동 교육 등

4) 채송화 나눠주기

○ 시　기 : 2015. 6월

○ 대　상 : 관내 주민

○ 내　용 : 채송화 씨 구입하여 파종 후 작은 화분에 담아 제공
  ⇨ 주민자치위원회 명칭 기재 또는 "상상마을" 스티커 부착

○ 소요예산 : 200천원
  - 화분구입 : 900원×200개 = 180,000원
  - 종자 구입 : 1,000원× 20개 = 20,000원

5) 쾌적한 마을환경 만들기

○ 시　　기 : 연중(4 ～ 5회)

○ 장　　소 : 동(洞) 주민센터 앞 가로화분 25개

○ 참　　여 : 동(洞) 8개 자생단체 및 주민센터

　　⇨ 주민자치위원회, 통장협의회, 바르게살기위원회, 복지협의체, 새마
　　　을부녀회, 자율방범대, 자연보호위원회, 방위협의회

○ 내　　용 : 시청 녹지과 분양 꽃묘 활용

○ 소요예산 : 400천원

　• 6,500원×15명×4회 = 390,000원

○ 예산과목 : 프로그램비 또는 환경정비 등 주요 행사 참가자 급식비

6) 방역봉사대 운영지원

○ 기　　간 : 6월 ～ 10월

○ 대　　상 : 자율방재단

○ 내　　용

　• 간 담 회 : 2회(6월 발대식, 10월 해단식)

　• 격려금 전달 : 1회 100천원(주민자치위원회 회비)

7) 「시민의 강」 청결활동

○ 시　　기 : 연 2회(6월, 9월)

○ 장　　소 : '시민의 강' 우리 동 구간

○ 참　　여 : 주민자치위원 등 자생단체

○ 내　　용 : 갈대 정리 등

○ 소요예산 : 200천원

○ 예산과목 : 주민자치위원회 회비

8) 자치위원, 자율방범 체험의 날 운영

○ 시　　기 : 연 2회(6월, 9월)

○ 장　　소 : 인근 공원 등

○ 참　　여 : 주민자치위원회 환경복지 분과원

○ 내 　 용 : 청소년 선도활동 등

○ 소요예산 : 100천원

○ 예산과목 : 주민자치위원회 회비

9) 『전국주민자치박람회』 제본비 및 주민자치센터 일반운영비 지출

○ 시 　 기 : 연중

○ 내 　 용

- 전국주민자치박람회 제출용 문서 제본비 : 500천원
- 정수기 렌털비 : 1,260천원
- 카드단말기 임차수수료 : 96천원
- 인터넷 사용료 : 396천원
- 쓰레기봉투 구입 : 600천원

□ 행정사항

○ 각 업무담당은 본 계획에 따른 행정지원 계획(세부 추진계획)을 2016년 1월까지 수립하여 결재를 득하고

○ 추진실적을 연중 관리할 것(결재방식 : 월별, 분기별, 반기별 중 택일)

V. 사업별 추진일정 : 5대 과제, 28개 사업

분야별	시 업 명	1월	2월	3월	4월	5월	6월	7월	8월	9월	10월	11월	12월	비고
계	5대 과제 28개 사업													
주민자치센터 주민참여 확대	·공모사업 추진 (지역사회 연대 병행)	■	■	■	■	■	■	■	■	■	■	■	■	
	·동(洞) 단체간 협력 (경로잔치, 하반기 워크숍 등)									■				
주민자치센터 기능 및 자치위원 역량강화	·상반기 워크숍					■								
	·분과위, 소위원회, 월례회의 운영	■	■	■	■	■	■	■	■	■	■	■	■	
	·상근자(자원봉사자) 연중운영	■	■	■	■	■	■	■	■	■	■	■	■	
	·자치위원장 이·취임식	■												
프로그램의 다양화 및 특화 프로그램 운영	·성인 프로그램 운영	■	■	■	■	■	■	■	■	■	■	■	■	
	·아동·청소년 프로그램 운영	■	■	■	■	■	■	■	■	■	■	■	■	
	·교육부 행복학습센터 지속운영	■	■	■	■	■	■	■	■	■	■	■	■	
	·문화예술공연					■								
	·작품전시회 개최						■							
	·주민자율문고 독후감 공모									■				
	·도서구입(자율문고 등)									■				
자체 특화 사업 발굴 및 육성	·장학사업	■	■	■	■	■	■	■	■	■	■	■	■	
	·나라사랑 태극기 달기	■	■	■	■	■	■	■	■	■	■	■	■	
	·도농교류 지속추진	■	■	■	■	■	■	■	■	■	■	■	■	
	·장수사진 제공(사진교실)	■	■	■	■	■	■	■	■	■	■	■	■	
	·동전의 경제교실 운영	■	■	■	■	■	■	■	■	■	■	■	■	
	·「느린 우체통」운영 (1년 후 받아보는 편지)	■	■	■	■	■	■	■	■	■	■	■	■	
주민에게 즐거움 주는 마을 만들기	·마을신문「상상마을」발간		■											
	·마을신문 기자 격려				■									
	·「재능나눔공연단」지속운영	■	■	■	■	■	■	■	■	■	■	■	■	
	·채송화 나눠주기			■										
	·쾌적한 마을환경 만들기 (꽃묘 식재 등)	■	■	■	■	■	■	■	■	■	■	■	■	
	·방역봉사대 운영						■							
	·「시민의 강」청결활동	■	■	■	■	■	■	■	■	■	■	■	■	
	·자치위원, 자율방범 체험의 날						■							
	·전국주민자치박람회 제본비 및 주민자치센터 일반운영비	■	■	■	■	■	■	■	■	■	■	■	■	

이제 주민자치와 관련한 계획서 작성을 어느 정도 이해했으리라고 본다. 경험이 없어 숙련이 안 되었을 뿐이라는 말에도 동감했을 것으로 본다. 아울러 나도 할 수 있겠다는 생각이 들었을 테니 조금씩 실천해보자.

위의 사례처럼 위원회는 매년 10월에 내년도 예산안을 내부적으로 확정하고, 11월에 주민자치센터 연간계획을 작성한다. 이때 상근자는 많은 고민에 빠진다. 이렇게 큰 계획을 어떻게 세우느냐고. 하지만 말이 연간계획이지 하나의 계획으로 생각하면 얼마든지 작성할 수 있다. 우선 각 분과의 사업부터 챙기고 큰 제목을 부여한다. 이후 전체를 어떻게 구성할까 고민하여 집짓기를 연상하면서 터 파기인 기초부터 시작해서 벽 쌓기에 해당하는 중간과정을 거쳐 마무리 단계인 지붕, 즉 추진일정까지 완성해나가면 된다.

처음의 기안문 작성에서 간단한 계획서와 추진결과를 작성해왔다면 조금은 어설프더라도 연간계획까지 작성할 수 있게 된다. 결재를 진행하기 전 일정 시점에서 누군가에게 검토를 받아보면 더욱 좋을 것이다. 문석작성에 능통한 분과장이나 간사(또는 사무국장) 또는 자치위원장이 있다. 단체로 보면 전국주민자치박람회에 자주 나가는, 즉 내로라하는 주민자치위원회가 해당된다. 문서를 늘 작성하는 공무원보다 다소 못할 수 있지만 충분한 도움을 받을 수 있다. 요즘에는 상위권의 위원회에서 이웃 위원회로 학습 전달이 이루어지면서 문서작성에 어려움을 겪는 주민자치위원회는 그리 많지 않다. 그래도 자문을 구하기가 어려울 때는 주민센터에 있는 공무원에게 도움을 요청하면 언제든 도움을 받을 수 있다. 행정팀장, 총무담당과 회계담당이 바로 그들이다. 기억하자. 공무원은 도움을 주는 사람이다. 언제든 도와줄 준비가 되어 있는 사람들이 바로 당신 옆에 있다.

다음은 상근자가 알고 있어야 할 내용을 요약한 자료이다. 지역여건에 따라 가감과 수정이 필요하리라 본다. 당신의 내공이 쌓이는 소리가 들려오기를 기대한다.

□ 주민자치센터 상근자가 알고 있어야 할 내용(유급간사 교재)

작성일 : 2015. 1. 27.

연번	제 목	내 용	비고
1	주민자치 업무 관계자 파악	• 주민센터 : 동장, 사무장(행정팀장), 총무, 회계 • 자치센터 : 위원장, 부위원장, 간사, 감사, 회계 • 자생단체 : 자생단체장, 총무 • 프로그램 : 강사, 회장, 총무	
2	사무실 환경 파악	• 팩스, 전화기 사용방법, 관내도(동 경계) • 각종 비품창고 : A4용지, 문구용품, 문서창고	
3	주민자치 관련 법규	• 부천시 주민자치센터 설치 및 운영조례 • 부천시 주민자치센터 설치 및 운영조례 시행규칙 • 상2동 주민자치센터 설치 및 운영세칙 • 상2동 주민자치센터 회칙 : 현재 미제정	수당 및 수강료, 제서식
4	회계장부 등	• 총계정 원장 • 현금출납부 • 물품대장 • 운영일지 및 수강생 출석부 ※ 회계장부 기재요령 　 2014. 주민자치센터운영 회계실무교육 교재 참조	
5	회계보고서 작성	• 월 별 : 주민자치센터 프로그램 운영결산 • 반기별 : 프로그램 수입 및 지출내역	
6	회계서식	• 수입결의서 : 수입 및 환불사항 • 지출결의서 : 지출사항	월별분철
7	도장 관리	• 직인 : 주민자치위원장 • 사인 : 주민자치위원장, 간사 / 강사	
8	통장·카드관리	• 통장 : 자원봉사자(보관) • 카드 : 행정팀장(보관)	
9	신입 수강생	• 접수 : 수강신청서, 정보제공 동의서, 수강료 영수증	
10	수강료 입금	• 서류 : 수입결의서, 수입내역서, 수강료납부서, 　 카드결제 영수증	
11	수입결의서 작성	• 납부방법에 따른 분류 　 8개 카드사 및 현금, 프로그램별, 카드입금 일자별	
12	환불신청서 작성	• 수입결의서, 무통장 입금증, 환불산출내역서, 　 환불신청서, 수강영수증(반납)	수입에서 공제
13	지출결의서	• 프로그램별 지원요구 물품구매 및 품의서(사전결재 　 서류) 등 일체 서류작성	
14	프로그램별 운영일지 및 수강생 출석부	• 강사수당 지급원인행위의 기본 자료임	

15	강사수당	• 품의서(사전결재 서류), 지출결의서, 수당지급 내역서, 강사출강표, 청구서(= 국세청 신고, 세금납부)	청구로 지급함
16	국세청 강사수당 근로소득 신고	• 국세청 홈텍스 사이트, 세금신고 신고분 납부, 원천세 신고서 작성, 사업자 기본사항 입력, 소득종류 선택, 사업소득, 원천징수내역, 신고서 작성 완료, 신고서 보내기, 닫기, 신고서 출력(3장)	
17	공인 인증서 암호/비번	• *********	
18	강사수당 지급 및 세금납부	• 은행업무	
19	자원봉사자 수당	• 품의서, 지출결의서, 수당지급 내역서, 사역표, 청구서, 무통장 입금증	
20	국세청 전자 세금 계산서 e세로 (www.esero.go.kr)	• ID : ******** • PW : ********	
21	카드단말기	• 품의서, 지출결의서, 청구서, 통장사본(전월)	
22	카드 입금확인	• JTNet가맹점관리(http://jms.jtnet.co.kr) • ID : ******** • PW : ********	
23	카드 단말기 대표자 명의변경 서류	• 고유 번호증, 대표자 신분증, 연락처, 계좌사본, 대표자 개인도장	
24	삼성통신 카드 단말기	• (031)221-0431	
25	고유 번호증	• 130-82-69868 • 통장(비번) : ******** • 공인인증서(비번) : ******* • 자금이체(비번) : *******	
26	고유 번호증 변경신고	• 부천세무서(민원실) • 자치위원장 임명장, 사업자등록증 교부(변경)신청서 민원서류 위임장(자치위원장 직인날인), 대리인 신분증 지참, 기존 고유번호증 반납(없어도 됨)	
27	정수기 렌탈	• 세금계산서, 품의서, 지출결의서, 통장사본(전월)	
28	음악 저작권료	• 지로영수증, 품의서, 지출결의서	
29	상2동 아파트단지 협조 공문발송 및 수강생 모집안내문 팩스보내기	• 아파트단지별 팩스번호 참조	
30	주민자치센터 프로그램 인터넷 사이트	• 당해 분기 수강할 프로그램 안내문 올리기 • 주민자치 통합예약 관리자 – ID : ******** – 비번 : *******	

31	월별 접수	• 1월, 4월, 7월, 10월(4분기) : 일반프로그램 성인부
		• 3월, 6월, 9월, 12월(4분기) : 생글기자교실 초등부
		※당해 분기 프로그램별 수강신청서, 수강영수증 준비
		※프로그램별 강사에게 신규 수강생 모집인원 확인 후
		  접수
		  : 부족인원만 접수함	

32	상·하반기 주민자치 위원회 워크숍 결산	• 품의서, 지출결의 일체서류	
33	주민자치센터 프로그램 작품 전시회 및 경연대회	• 현수막, 꽃다발 결제 및 품의서 등 지출결의 일체서류 작성	
34	부천시청 및 원미구청 각종 현황보고	• 반기별 : 프로그램 수입 및 지출내역 • 연 보 : 프로그램 운영현황 • 기 타 : 수시	
35	주민자율문고 운영	• 도서구입, 라벨작업, 도서 대여대장 관리(목록)	
36	새마을부녀회	• 판매물품 관리 : 미역, 다시마, 김 판매 및 정산	
37	강의실 프로그램 운영현황	• 수강생 모집안내문, 장소별(시간대별) 운영현황 확인 ※프로그램 운영 총괄표(수지분석 포함) 참조	별도
38	강의실 비품확인	• 수시 : 보드마커, 보드지우개, 책상배열 상태	
39	문서실무	• 문서실무, 기안문 작성요령, 계획서 작성, 자료관리(엑셀, 폴더 등)	

40	각종 회의활용	• 위원장, 간사 결재협조 : 위원장, 간사가 동에 오는 날
		  - 매월 첫주 화(17:00) : 소위원회
		  - 매월 첫주 목(18:00) : 월례회의
		  - 매월 마지막주 화(11:00) : 문화자치분과위
		※주민자치위원회 조직표 참조
			별도

41	거래처 명단 정리	• 상호명, 대표자, 소재지, 연락처, 취급품목, 신뢰도 등 • 소재지 : 원칙적으로 관내 업체 거래 (인력채용도 마찬가지임) : 지역발전	

5. 자치위원 마일리지제 시행

일명 '주민자치위원 군기잡기'다. 이 대목에서 기분이 안 좋아지는 자치위원이라면 처음 자치위원회에 들어왔을 때를 생각하면서 읽기를 권한다.

마일리지제는 4가지를 대상으로 하는 것이 효과적이다. 회의의 3단계에서 언급한 분과위와 월례회의, 주민자치 관련 행사와 교육 참석 여부이다. 참석이면 2점, 일부 참석이면 1점 그리고 불참이면 0점을 부여한다. 일부 참석은 참석했다가 중간에 가거나 중간에 와서 가는 경우를 말한다. 이를 바탕으로 매월 마일리지 실적을 공표한다. 이렇게 시작하면 처음에는 개인 간 차이가 별로 보이지 않으나 3개월 정도 지나면 점수 차이가 벌어진다. 이때부터 슬슬 효과가 나타난다.

실적을 공표하면 전체 위원들이 알게 되기 때문에 실적이 저조한 자치위원은 사직을 하거나 사직문의로 전화를 한다. 앞에서 언급했지만 불필요한 배려나 감정에 얽매이지 않아야 한다. 다시 한 번 "그동안 수고하셨습니다!"를 상기하자. 그래야 당사자도 전화를 받은 이도 상쾌한 이별이 가능하다. 어떻게 처신해야 하는지는 당사자가 먼저 안다. 전화를 걸어 그동안 수고하셨다는 한마디를 듣고 싶은 것이지 계속 자치위원으로 남게 해달라는 말을 듣고 싶은 것이 아니다. 처음에는 나름대로 열심히 봉사했지만 바쁜 일로 몇 개월 소홀하여 다시 생각해보고는 더 이상 봉사활동을 지속하기가 어렵다고 스스로 판단을 내린 것이니 전화를 받는 사람은 그 뜻을 존중해줘야 한다. 그래야 당사자도 그간의 봉사활동이나마 인정을 받게 되는 것이다.

마일리지 시행에서 핵심 요소는 분과위이다. 자치위원 스스로 안건을 만들어 시행해야지 공무원이 대신할 수 없다. 공무원이 안건을 마련하는 예외적인 경우가 있는데, 주민자치위원회가 아주 부실한 상태일 때 응급처방으로 이렇게 하는 것이라는 안건 제안 정도이다. 만약 공무원이 계속 그렇게 하게 되면 동의 주민자치위원회는 성인이 아니라 계속 어린이로 지내게 된다. 성인을 성인으로 대접해야지 어린이로 만들어서는 안 된다.

마일리지의 4가지 대상 중에서 첫 번째인 분과위 개최와 참석 여부는 관치에서 주민자치로의 성공적 전환 여부를 가늠하는 관건이다. 설명에 앞서 개인 경험담을 소개한다.

2011년 10월 17일부터 사무장, 주무, 또는 행정팀장이라는 직위를 부여받아 현재까지 주민자치를 담당해왔는데, 근무지는 모두 3개소였다. 그런데 매번 발령받는 곳마다 분과위를 안 하고 있었다. 발령받고 나서 1개월이 지날 즈음 '행동'에 들어갔다. 월례회의에서 임원들에게 자치위원들이 무엇을 하느냐고 물으면 씩씩하게 대답한다. "아, 안건을 처리하지!" "누가 처리합니까?" "아, 누구는 누구야! 우리가 처리하는 거지." 임원들의 말을 다 듣고 나서 한마디 한다. "월례회의에서 자치위원들이 안건을 처리하는데, 그럼 그 처리되는 안건은 누가 만들고 있는 거죠?" 대답이

압권이다. "아, 그건… (머리를 긁적이며) 계속 사무장(이나 주무 또는 행정팀장)이 해왔어!" 사무장이 안건을 만들어주는 것이 주민자치냐고 물으면 조금은 태도가 달라진다. 이때를 놓치지 않고 해야 할 말이 있다. "앞으로는 매월 분과위도 하고 소위원회(분과장을 포함한 임원회의)도 해야 합니다." 이렇게 해야 겨우 분과위를 만들 수 있다. 물론 처음에는 공무원이 분과위를 진행하지만 중간에는 빠지는 것이 정답이다. 공무원은 자치위원이 아니기 때문이다.

이렇게 만들어진 분과위도 중간에 암초를 만난다. 소위 지역에서 힘깨나 쓰는 유력인사가 주민자치위원회에서 발언권을 독차지하거나 그런 유력인사 몇 명이 위원회를 좌지우지하게 되는 것이다. 심한 경우 사무장(행정팀장)에게 "당신은 여기 처음 와서 잘 모르겠지만 그냥 우리말만 잘 들으면 된다"고 말하면서 분과위는 쓸데없는 짓이라는 말도 서슴지 않는다. "괜히 일 열심히 한다며 폼 잡지 말고 그냥 사이좋게(?) 지내면서 한 2년 정도 있다가 영전하면 되는 것 아니냐"는 장래 전망까지 내놓는 경우도 있다. 그래도 꺾이지 말고 분과위를 보물단지처럼 꼭 끌어안고 앞으로 나아가야 한다. 그것이 관치에서 벗어나는 첫걸음이다.

분과위 구성에서 중요한 것은 위원장을 포함한 임원들도 일반 자치위원과 마찬가지로 분과위 구성원으로 편제되어야 한다는 것이다. 임원들은 그래도 주민자치의 활동사항에 대해 다른 위원들보다 많이 알고 있는 사람이다. 그런 인재를 고루 포진시켜야 분과위가 활성화된다. 분과위 구성은 분과장과 분과총무 그리고 분과원으로 구성해야 하며, 분과장은 분과를 대표하여 회의소집과 회의진행 그리고 안건조정 등의 역할을 담당하고, 분과총무는 분과장을 보좌하면서 분과장 유고 시 역할을 대행하게 되며 회의소집에 따른 연락과 분과회의록 작성 및 소위원회에 넘기게 되는 분과안건 작성 등을 한다. 임원은 각 분과에 배정되어 다른 분과원들이 자연스럽게 안건을 꺼낼 수 있도록 해야 한다. 제안할 안건이 있어도 맨 마지막에 해야 분과위가 활성화될 수 있다. 임원이 먼저 안건을 제안하면 위원회에 들어온 지 얼마 안 되는 위원들이 눈치를 보고 입을 열지 않게 되어 생생한 아이디어 발굴이 어려워진다. 무릇 임원의 언행은 묵직해야 한다.

두 번째는 월례회의 참석인데, 분과위에 불참하는 것은 어느 정도 이해하더라도 월례회의 불참은 강하게 벌금으로 다스리는 것이 효과적이다. 월례회의에 자주 빠지는 경우에는 해촉으로 정리하는 것이 좋다. 어쩌다 불참하는 경우에 벌금제를 적용하면 자연스럽게 참석과 불참자에 대한 정리를 할 수 있다. 월례회의는 참석 여부 못지않게 누가 회의서류를 만들고 있느냐가 중요하다. 회의서류 작성 주체가 주민자치위원회의 성공에서 문제가 되기 때문이다. 매번 공무원이 만들어왔으니까 계속 그렇게 해야 할까? 전국에서 내로라하는 주민자치위원회는 월례회의 서류 역시 스스로 만들고 있다. 앞에서 언급했지만 임원들 가운데 한 사람이 만들거나 상근자가 임원 또는 행정팀장(공무원)의 검토를 받아서 작성한다. 공무원의 검토를 받는 주민자치위원회는 관치에서 주민자치로의 전환기에 있는 위원회이므로 하루 속히 자체적으로 만들 수 있게 해주어야 한다. 참고로 각종 회의나 행사 그리고 교육은 연락부터 선정 그리고 마무리까지 위원회가 주관하는 것이 바람직하다. 한편 자치위원은 생업에 종사하는 관계로 시간 내기가 용이하지 않으므로 역량 있는 상근자가 무엇보다 필요하다. 만약 상근자가 컴퓨터 활용능력만 있고 나머지 역할이 부족하다면 위원장이나 고문이 상근자로서의 능력을 키워주든가, 아니면 사무장(또는 행정팀장)에게 상근자의 역량을 키워줄 것을 부탁하면 된다. 그것이 올바른 행정지원이다.

세 번째는 교육 참석이다. 비교적 잘나가는 위원회의 경우 1년에 2회 정도 워크숍을 개최하며, 주로 외부강사 특강으로 자치위원들에게 주민 자치 역량 강화의 계기를 마련해준다. 센터 상호 간의 벤치마킹으로 위원회의 장단점을 상호 보완하는 기회가 되기도 하며, 새로운 아이디어를 얻는 계기로 작용하기도 한다. 더 나아가 주민자치와 관련한 구청이나 시청 또는 평생학습센터 등의 위탁교육에까지 참여하기도 한다. 위탁교육은 비용을 지불하는 경우도 있으나 무료인 경우가 많다. 과정에 따라 다르지만 1회성 교육도 있고 1회에 2시간씩 10회 과정의 교육도 있다. 이 경우 최소 8회 이상 교육을 이수해야 교육수료증을 받게 된다. 이런 교육에 참여하려는 자치위원은 별로 없다. 생업에 종사하는 위원이 많은 탓이다. 요즘 지자체에서는 연말평가라 하여 각종 자치위원이 받은 위탁교육까지 반영하며, 전국주민자치박람회에 출품하는 위원회도 홍보물을 만들 때 위탁교육까지 한다고 소개하고 있다. 따라서 교육수료증을 받을 경우 교육실적으로 인정해줘야 하는 것은 당연하다.

마지막 네 번째는 행사 참석이다. 위원회에서 안건을 채택하여 행사를 진행하는데 참석한 자치위원이 적다면 어떨까? 아직도 가짜가 많은 위원회라는 비판을 받아도 할 말이 없을 것이다. 공모사업 신청서류부터 행사 완료까지 위원회에서 주관해야 하는데 참여한 위원이 적다면 그 행사는 끝나기도 전에 부실행사라는 오명을 듣게 된다. 그런 행사장에서는 꼭 공무원이 동분서주하게 된다. 결국 "우리 행사는 아직도 관치행사예요"라고 선전하는 것이나 다름없다.

이렇게 마일리지제를 시행하면 관치에서 주민자치로의 전환이 가능하다. 중간에 겪게 되는 많은 어려움을 해결할 수 있다. 사람 사는 세상에서 가장 큰 어려움은 사람을 상대하는 일이라고 한다. 겉과 속이 달라 말로는 지역봉사를 외치며 위원회(자생단체)에 들어와서는 슬슬 본색을 드러내어 마찰을 일으키는 경우가 적지 않기 때문이다. "그거 꼭 해야 하나요?", "동네 유지인 우리를 무시해선 되는 게 없다", "여태 안 했는데 왜 동장이나 행정팀장이 바뀌니까 하자고 해요?" 모두가 일하기 싫어서 하는 불평이다. 이런 분에게는 먼저 초심으로 돌아가자고 권한다. 그래도 하기 싫으면 사직하는 게 낫다! 월급도 없고 퇴직금도 없는데 주민자치위원이라는 완장에 집착할 필요가 있을까?

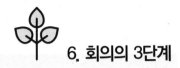

6. 회의의 3단계

> 회의의 3단계 : 분과위 〉 소위원회(임원+분과장) 〉 월례회의

    일반적으로 주민자치위원회는 회의의 3단계를 통해 활동이 이루어지며, 모든 문서도 여기서 나온다.

    제일 먼저 월례회의에서 다루게 될 안건을 만드는 분과위 개최다. 통상 분과위는 3~4개로 구성된다. 만약 분과위가 없었거나 이제부터라도 분과위를 활성화하겠다고 결정한 경우라면 가급적 3개가 좋겠다. 우선 명칭부터 신경 써야 하는데, 가능하면 주민자치의 6대 기능을 아우르는 명칭을 붙이는 것이 좋다. 주민자치, 주민편익, 문화여가, 시민교육, 지역복지, 지역사회진흥이 6대 기능이다. 따라서 각 분과마다 2개 기능을 결합한 명칭으로 분과위명을 정하는 것이 순리다. 참고로 상2동의 경우에는 자치운영분과, 문화교육분과 그리고 환경복지분과로 명명했으며, 자세한 내용은 3장의 분과위원회 활성화에서 다루도록 하겠다.

    분과위 구성에서는 임원을 배제할 것인가 아니면 포함할 것인가를 정해야 하는데, 가급적이면 포함시키는 것이 좋다. 임원은 주민자치를 많이 알고 있는 사람으로 역량이 검증되었기 때문이다. 단, 임원은 마지막에 안건을 제안하도록 하는 것이 좋다. 먼저 안건을 말하면 다른 분과원들이 제안하기가 어려운 분위기가 형성되기 때문이다. 간혹 나서기를 좋아하는 임원들이 있는데, 위원회에 입회한지 얼마 안 되는 위원을 격려하고 참여시키는 차원에서라도 입이 무거운 것이 좋다. 그래야 위원회가 활성화될 수 있다.

분과위를 구성하고 운영하여 안건을 마련하면 소위원회에 상정안건과 함께 결정사항을 넘기게 된다. 분과위를 운영하다 보면 계절적 요소나 월별 특성상 안건이 없는 경우도 있게 된다. 그래서 소위원회에 넘긴 서류에 안건은 없고 자체 결정사항만 있는 경우가 있다. 이것이 분과위 자체사업이다. 활성화된 분과위라면 안건과 결정사항이 모두 있어야 하고, 최소한 결정사항(분과위 자체사업)만이라도 있어야 한다.

소위원회에서는 각 분과에서 올라온 안건을 검토하게 되며, 특히 월례회의에 상정할 안건을 집중적으로 다루게 된다. 자치위원장을 포함한 임원과 각 분과장이 검토하는데, 예산에 있는 사업인지 그리고 실행할 수 있는지가 주요 검토사항이다. 즉, 분과위(안)을 수정 또는 보완하는 기능을 수행한다. 심한 경우 부결되기도 있는데, 특별한 경우가 아니라면 승복하는 것이 순리다. 이렇게 분과위 결정(안)을 다루는 소위원회는 권한이 크기에 결정과정에서 신중함을 요하므로 소위원회 구성원 개개인이 주민자치와 관련한 업무연찬에 소홀함이 없어야 한다. 말로만 임원이라고 하지 말고 공부하는 임원이 되어야 주민생활이 즐거워질 수 있다. 어느 회의나 마찬가지로 소위원회에서도 의사결정을 할 때에는 전원동의를 원칙으로 할 수 있으나 예외규정도 있어야 한다. 예외규정은 다수결 원칙을 말한다. 만약 회칙에 전원동의로만 의사결정을 한다고 되어 있으면

폐기 내지는 수정되어야 마땅하다. 이렇게 해서 소위원회가 결정한 안건은 바로 월례회의에 상정된다.

월례회의에서는 전체 자치위원이 참석한다. 자치위원들은 직업과 성장환경 그리고 학력은 물론 경력까지도 다양하다. 그런 사람들이 모여 회의를 진행하니 상호존중은 필수이다. 자신의 의견을 관철하려면 배려와 설득을 무기로 삼아야 한다. 서로 자기 의견만 고집한다면 원만한 회의 진행이 될 수 없다. 상대방을 설득시키려면 많은 자료를 수집하고 분석하고 대안까지 마련해야 한다. 내가 고문이니까, 동네 유지니까 어떻게든 되겠지와 같은 얄팍한 생각은 접어두어야 한다. 회의는 협상이라는 점을 명심하자. 협상에서는 주고받아야 한다. 서로 윈윈해야 한다. 일방적인 승리란 없다. 한 가지 실례를 들어보자.

한번은 '주민자치위원 정례시험 실시(안)'을 다루게 되었다. 위원회를 활성화하려고 주민자치센터 운영조례와 시행규칙 그리고 동(洞) 운영세칙과 운영회칙에서부터 2016년도 주민자치센터 운영계획과 유명 강사의 강의자료는 물론이고 분과위에서의 아이디어 제안요령까지 묶어서 한 권의 바인더로 만들어 전체 자치위원들에게 작년에 이어 올해에도 제공했기에 평소 얼마나 보고 있는지, 진짜로 주민자치 활성화에 관심이 있는지를 묻고자 제안한 것이었다. 교재를 보고 답을 찾아서 써도 좋다는 내용도 들어 있었다. 예상대로 갑론을박이었다. 2가지 양상을 보였는데, "이 나이에 시험까지 봐야 하느냐?", "자치위원이 시험을 본다는 것은 말도 안 된다"는 쪽과 "공부교재도 받았는데 보면서 답을 써도 좋다고 하니 해보자"는 쪽의 주장이 팽팽히 맞섰다. 결국 시험을 보자와 보지 말자로 양분되어 다수결로 결정하기로 했다. 결과가 어땠을까? 시험은 보지 말자로 결정되었다. 결정 전에 위원장이 "매년 공부교재를 드리는데 처음부터 끝까지 한 번이라도 보신 분 손들어보세요?" 하고 물으니 손을 든 사람이 하나도 없었다. 한 번이라도 읽어본 사람이 있었을 수도 있지만 안 읽은 사람이 많을 것 같아 지레짐작으로 손을 들지 않는 현실, 이것이 우리 위원회의 현주소라고 생각한다. 아무리 양질의 자료를 많이 제공해도 읽지 않는다면 무슨 소용일까? 말을 개울가까지 데리고 갈 수는 있지만 억지로 물을 먹일 수는 없다는 경우가 바로 우리 위원회의 자화상인 것 같아 씁쓸했다. 시험을 보자는 안을 제시하면서 공부재료인 바인더도 드렸고, 1년에 한 번 정도는 읽어보아야 위원회의 활동사항에 대해 알 수 있으며, 교재를 보고 답을 써도 된다고 설득했음에도 불구하고 안건이 통과되지 않았던 것이다. 안건 통과를 위해서는 다양한 대안이 필요하다는 것을 알려주는 사례로 손색이 없을 것 같다.

월례회의 관련해서 한 가지 덧붙일 점은 회의서류는 가져가라는 것이다. 회의자료는 회의시간에만 필요하고 집에 갈 때 들고 가기도 불편하다며 가지고 가지 않는 위원들이 있는데, 그런 자치위원은 스스로 "저 가짜예요!"라고 공표하는 셈이나 마찬가지라고 할 수 있다.

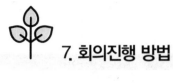

7. 회의진행 방법

주민자치위원회는 자생단체 중에서도 가장 중심적인 단체이다. 통친회, 바르게 살기위원회, 자연보호위원회, 새마을지도자협의회, 새마을부녀회, 자율방범순찰대, 방위협의회, 복지협의체, 주민자치위원회 등이 동(洞)에 있는 자생단체인데, 주민자치위원회는 이러한 개별단체의 장(將)들이 모여 있는 곳이다.

예전에는 무조건 단체장이 주민자치위원회의 일반위원으로 가입했지만 요즘에는 무조건 가입이 아니라 신청하여 적합판정을 받아야 위촉이된다. 그렇기에 개별단체장이 주민자치위원회에 가입한 지역도 있고, 단체장을 자치위원에서 아예 배제하는 지역도 있다. 여하튼 주민자치위원회는 다른 단체장들이 참여할 수 있기에 다른 개별단체와는 특별한 의미를 갖는다. 따라서 다양한 인적구성은 피할 수 없으며, 그 결과 회의진행에서 안건마다 이해관계가 충돌하거나 때로 말싸움으로 번지는 경우도 있다. 원만한 회의진행이 참으로 어렵다. 요즘처럼 자기주장만 관철하기 위해 목소리를 드높이는 경우에는 더욱 그렇다. 그러면 서로 기분 좋은 회의가 되게 하려면 어떻게 해야 할까?

먼저 회의는 왜 하는가, 회의란 무엇인가를 알아보자. 회의는 여러 사람이 무엇을 결정하기 위해서 모이는 것이다. 서로 다른 의견들을 정리하여 결정을 내려야 하기 때문에 모두가 힘을 모아야 한다. 하지만 얼굴도 다르고 성장배경도 다른 사람들인지라 생각하는 방식도 달라 의견충돌로 얼굴을 붉히는 경우가 생긴다. 이럴 때일수록 합의를 이끌어내려는 노력을 더 많이 해야 한다. 의견이 다르다고 미워하거나 무조건 반대하는 것은 옳은 일이 아니다. 그것은 서로의 성장환경이나 경험이 다르기 때문이고, 때로는 깊게 그리고 멀리 바라보는 안목의 차이 때문이기도 하다. 더구나 지역공동체에서 크고 작은 일을 결정짓는 회의에서는 서로 존중하는 자세가 필요하다.

다음으로 원활한 회의진행을 위한 사전준비에 대해 알아보자. 매번 하는 회의라고 방심하다가 실수해본 경험이 있을 것이다. 매월 실시하는 회의라고 해도 회의준비는 항상 체크하는 습관을 들여야 한다. 무엇보다 참석할 사람이 꼭 참석하게 하는 것이 중요하며, 회의자료가 있으면 참석자가 미리 보고 참석할 수 있게 해줘야 한다. 미리 이메일을 통해 전달하고, 지방이나 시골이라면 우편으로도 보내는 것이 참석자에 대한 예의이다. 그래야 회의를 원만하게 진행할 수 있으며 회의시간도 줄일 수 있다. 회의장소와 좌석배열에도 신경 써야 한다. 강의식 좌석배열은 워크숍이나 특강 때에는 별 문제 없지만, 회의에서는 가급적 서로 얼굴을 볼 수 있게 해줘야 한다. 회의는 서로 얼굴을 보는 시간이고, 얼굴을 본다는 것은 서로 대등하다는 의미와 더불어 당신의 말을 경청하겠다는 존중의 의미를 내포한다. 회의의 성격에 따라 다르겠으나 의사봉이나 국기도 사전에 준비해두어야 한다.

회의는 참석자들이 다루게 될 안건이 무엇인지를 설명한 후 이대로 해도 좋은지를 물어서 회순을 채택하여 진행한다. 회순에 따라 안건을 설명한 후 자유롭게 토의를 해나가면 된다. 주의할 것은 회의는 전체가 참여하는 것이므로 누구도 회의에서 소외감을 느끼지 않도록 하고, 한 사람의 독주로 회의가 진행되지 않도록 해야 한다.

이어서 회의에서 자주 사용하는 용어를 살펴보기로 하자.

회의용어

• 성원(成員)

전체 회원 가운데 과반수(절반이 넘는 수)가 참석해야 회의를 개최할 수 있다고 규정해놓았다면 실제 회의에서 정족수의 과반수 이상이 모였을 때 '성원되었다'고 말한다. 다시 말하면 회의 성립을 위한 적정 인원을 '성원'이라고 한다.

• 동의(動議), 동의안

어떤 특정 안건을 제안하는 것을 '동의'라고 하며, 여러 사람에 의하여 안건으로 채택되어진 것을 '동의안'이라고 한다.

※ '같은 의견'이라는 의미의 동의(同議)와 다름

• 재청(再請)

어떤 특정 안건이 발의될 때 그 안건에 대해 같은 의견임을 발표하는 것을 '재청'이라고 한다.

• 개의(改議)

자신이 동의한 안건을 수정하거나 다른 의견을 말하는 것을 '개의'라고 한다.

- **이의(異議)**

어떤 특정 안건을 확정하기에 앞서 그 안건의 처리에 대해 부당성을 제기하는 것을 '이의'라고 한다. 따라서 이의는 특정 안건이 결정되기 전에 회의진행자에게 발언권을 얻어 안건의 부당성을 말해야 하는 것으로, 남의 말을 가로막으면서 자신 의견을 말해서는 안 된다.

- **표결(表決)**

특정 안건을 결정하기 위해 참석자들의 의견을 묻는 것을 '표결'이라고 한다. 표결 방법은 손을 들어 의사표시를 하는 거수, 자리에서 일어나 찬반의 의사를 묻는 기립, 투표용지에 가부를 적는 투표 등 여러 가지가 있다. 이 가운데 무엇으로 할지는 회의진행자가 정하는 것이 아니라 표결 방법을 안건으로 올려 참석자들이 결정하도록 해야 한다.

- 이 외에 회의의 시작과 끝을 선언하는 **'개회'**와 **'폐회'**, 회의 도중 일정 시간을 쉬는 **'정회'**, 폐회하지 않고 그날의 회의를 마치는 **'산회'**, 정회나 산회 후에 다시 속개하는 **'속회'** 등의 용어가 있다.

- **의제 :** 회의에서 의논할 내용을 '의제' 또는 '의안', '안건'이라고 한다.

- **제안 :** 의제를 회의에 내놓는 것을 '제안'이라 한다.

- **수정안 :** 제안에 찬성하지만 그 내용을 바꾸자는 의견을 '수정안'이라고 한다.

- **가결**

제안에 대해 찬성하는가, 반대하는가를 표결에 붙여 찬성이 많으면 '가결'되었다고 하고 반대가 많으면 '부결'되었다고 한다.

- **만장일치 :** 회의에 참가한 모든 사람들이 찬성하는 것을 말한다.

- **다수결 :** 표결에 붙여 의견이 많은 쪽으로 결정하는 것을 '다수결로

한다'고 한다.

- **과반수 :** 표결에 참가한 사람 중 반이 넘는 수를 '과반수'라고 한다.

회의진행자가 할 일

- 회의진행자는 자기 의견을 내세워서는 안 되며, 모든 참석자가 회의에 집중할 수 있는 분위기를 만들어가며 진행에만 힘써야 한다.
- 참석자들 중 몇 사람만 계속해서 발언하고 나머지는 별 관심 없이 끌려다니는 식으로 회의가 진행되어서는 좋은 결과를 얻을 수 없다. 몇몇 사람이 발언을 주도하지 않도록 주의하여 다양한 의견을 고루 수렴하는 자세를 취해야 한다.
- 회의가 지루하지 않고 효율적으로 진행되도록 유의해야 하며, 전체 분위기를 잘 살펴야 한다.
- 만약 회의 주제와 관련 없는 내용이 다루어질 경우에는 회의진행자가 이를 제지해야 한다.
- 회의 도중에 나온 여러 의견들을 참석자들이 알 수 있게 설명해주어야 한다.
- 의제가 많을 때는 차례차례 순서대로 정리해나가야 한다.
- 회의진행자가 개인적인 일을 이야기하거나 말을 많이 해서는 안 되며, 어느 한쪽만을 두둔해서도 안 된다.
- 회의가 끝나면 회의진행자는 모든 참가자에게 회의가 종료되었음을 알려야 하며, 회의진행에 참여한 전원에게 수고하셨다며 감사의 뜻을 전달해야 한다.

참석자들이 할 일

- 회의에 참석한 이상 자기 의견을 발표해야 한다. 분위기에 휩쓸려 아무 생각 없이 구경만 하거나 어떤 결론이 내려지든 상관없다는 듯이 처신하면 나중에 그 결정으로 인해 불리한 일이 생겨도 발언권을 행사할 수 없게 된다.
- 발언할 때는 '위원장' 하고 회의진행자를 부르거나 손을 들어 발언권을 얻어 분명하게 의사표현을 한다. 발언내용이 주제를 벗어난 경우에는 회의진행자의 제지를 받게 된다.
- 자신이 주장하는 내용이 채택되지 않았더라도 결정된 전체 의견에 반드시 승복하는 자세를 가져야 한다.

안건진행 예시

- 예를 들어 글쓰기교실의 도서구입(안)에 대한 안건을 결정하는 경우에, 담당자(분과장 등)의 안건 설명을 들은 후 위원장(주민자치위원장 등)이 안건상정을 하고 참여자들의 의견을 묻게 되는데,
- 찬성(가결)의 경우에는 위원장(주민자치위원장 등)이 참여자들에게 "의견을 주시기 바란다"고 말했을 때 누군가가 "찬성(동의)합니다" 하고 이어서 또 다른 누군가가 "재청합니다"라고 말하면 위원장이 "전원 동의하는 것으로 알고 본건의 안이 통과되었음을 선포합니다"라고 말하면 된다.
- 반대(부결)의 경우에는 위원장(주민자치위원장 등)이 참여자들에게 "의견을 주시기 바란다"고 말했을 때 누군가가 "반대합니다" 하고 이어서 또 다른 누군가가"재청합니다"라고 말하면 위원장이 "전원 동의하

지 않는 것으로 알고 본건의 안이 부결되었음을 선포합니다"라고 말하면 된다.

- 다수결로 정하는 경우에는 위원장(주민자치위원장 등)이 참여자들에게 "의견을 주시기 바란다"고 말했을 때 누군가가 "찬성(동의)합니다" 하고 이어서 또 다른 누군가가 "반대합니다"라고 말하면 위원장이 " 지금 찬성과 반대 의견이 있으니 다수결로 정하고자 합니다. 이에 동의하십니까?"라며 다수결로 결정한다는 것을 참여자 전원에게 알리고 나서 찬성과 반대의 인원을 파악한 후에 가결 또는 부결을 선포하면 된다.

회의진행에 대해 살펴보았으니, 이제는 주민자치위원회 분과위나 소위원회 그리고 월례회의에서 서류작성과 관련된 회의예절을 알아보고자한다. 실전적인 회의예절이니 지역 여건에 따라 가감하여 사용하기 바라며, 회의의 종류는 일반적으로 통용되는 예시이니 더 세세한 내용은 전문서적을 참고하는 것이 좋겠다.

원활한 회의진행을 위한 회의예절(회의서류 작성절차 등)

- **분과장**
  - 분과회의 소집
  - 분과 회의자료 분과원 배부 및 회의진행
  - 분과위 안건 발굴 주도, 분과행사 시 사회자 역할 수행 및 분과업무 파악(장악)
  - 회의록(분과위 결정사항) 작성 후 간사 또는 행정팀장에게 제출

- **간사(사무국장)**
  - 소위원회 회의소집 : 분과위 결정사항 취합
  - 소위원회 회의자료 작성 후 위원회 결재진행
  - 소위원회 회의소집 회의록 작성
  - 월례회의 서류작성 및 월례회의 소집
  - 월례회의 진행 및 전체 분과 활동사항 파악
  - ※ 회계 : 월례회의 회의록 작성, 회비관리

- **고문 역할**

  고문은 전문적 식견을 갖추었거나 덕망이 높은 사람으로(부천시 주민자치센터 설치 및 운영조례 제17조 항), 자치센터의 원활한 운영을 위한 자문·조언 등의 역할을 수행한다(조례 제18조 항). 회의에 참석하여 발언할 수는 있으나 표결권은 갖지 않는다(조례 제21조 항). 전직 주민자치위원장이 고문을 맡는 경우가 대부분이고, 위원회의 일을 가장 많이 알고 있다고 해도 과언이 아니므로 그 역할이 중요하다. 그럼에도 불구하고 고문은 각종 발언에서 신중을 기해야 한다. 많이 알고 있다고 해서 다른 위원들이 안건에 대한 의견을 제시하기 전에 자신의 의견을 먼저 제시하는 것이 아니라, 새로운 자치위원들이 자치능력을 키워나갈 수 있도록 그들의 의견을 다 들은 후에 경험을 들려주거나 지혜를 발휘하여 방향을 잡아주는 방향키 역할을 해야 한다. 고문의 말 한마디에는 무게가 있어야 한다.

- **전체 위원 : 상호의견 존중하기**
  - 회의는 나 혼자 하는 것이 아니기에 의견을 말하고 싶으면 위원장(진행자)의 허가를 득하여 말해야 하며

- 남이 말하고 있는데 말을 끊고 본인 말을 하는 것은 회의예절에 어긋나는 것임
- 의견이 나뉜 경우에는 마지막으로 다수결의 원칙에 따라 표결로 결정하며, 결정된 내용을 존중해야 한다. 간혹 표결로 결정하는 것을 막는 위원을 볼 수 있는데, 그것은 스스로 자치위원 자격이 없다는 것을 보여주는 행위이다.

- **자치위원장 : 회의진행자 또는 조정자**
  - 소위원회 및 월례회의 진행
  - 위원장은 위원회의 대표자로 대표권은 있으나 회의안건에 대한 결정권은 자치위원개개인과 마찬가지로 없는 것이며
  - 회의진행자로서 원만한 회의진행을 위하여 전체가 동의하면 결정사항을 선포(가결, 부결 또는 보류나 수정가결)하면 되며
  - 결정이 안 되는 경우에는 다수결의 원칙에 따라 표결처리 후 결정사항을 선포하면 된다.

주민자치 관련 회의의 종류

- **포럼(forum)**

  특정 주제에 대해 서로 상반된 견해를 가진 동일 분야의 전문가들로 구성되며, 사회자에 의해 진행되는 공개토론회를 일컫는다. 포럼은 사회자의 역할이 매우 중요하며, 참여자들에게는 자유롭게 질의할 수 있는 기회가 주어진다. 사회자가 상반되는 견해를 종합하여 결론에 도달할 수 있도록 참여자들의 의견을 존중하며 진행하는 회의 형식이다.

- **심포지엄(symposium)**

  심포지엄은 제시된 회의주제에 대해 동일 분야의 전문가들이 다수의
  청중 앞에서 벌이는 공개토론회이다. 포럼에 비해 일정한 형식을 갖춘
  회의로 청중의 질의는 제한된 범위에서 주어진다. 회의를 마감하기 전
  에 관련주제에 대한 여러 가지 건의사항과 문제점을 정리한 회의결과
  를 작성·보고한다.

- **세미나(seminar)**

  세미나는 주로 교육 및 연구를 목적으로 개최되는 회의로, 참가자 규
  모는 30명 내외이다. 강사 또는 사회자 1인의 주도하에 특정 분야의 단
  일주제에 대한 강연 또는 주제발표로 토의가 진행된다. 보통 발표자와
  참가자들은 교육자와 피교육자의 관계이기 때문에 공개적으로 토론하
  는 형태이지만 발표자가 참가자들보다 우월한 위치에서 지식을 전달
  하는 형식을 띤다.

- **패널 토의(panel meeting)**

  패널 토의는 특정 분야에 능통한 2명 이상의 패널리스트가 초청되어
  진행되는 회의이다. 사회자가 토의를 진행하며, 포럼이나 심포지엄과
  같이 청중도 자신의 의견을 발표할 수 있다.

- **강연(lecture)**

  특정 분야의 전문가가 청중을 대상으로 일정한 형식에 따라 이야기하
  는 것으로, 지식이나 견해가 양방향 소통이 아니라 일방적으로 전달되
  기 때문에 청중의 의견제시 기회가 적은 것이 특징이다. 그러나 강연
  끝 무렵에 청중에게 질의/응답 시간이 주어지기도 한다.

• 워크숍(workshop)

보통 개최되는 회의의 한 프로그램으로, 30명 정도의 인원이 특정주제에 대한 지식, 기술, 아이디어 등을 서로 교환하며 토의 형식으로 진행된다. 사전공지는 "올해 상반기 워크숍 주제를 '주민자치회 시대를 대비한 자치위원의 역할'로 정했으니 각 자치위원은 분과별로 미리 준비하기를 바란다"는 식으로 통보된다. 워크숍은 경우에 따라 특정 분야의 전문지식 배양을 위한 실습을 동반하기도 한다.

8. 구입도서 목록

　주민자치위원과 글쓰기교실 수강생을 위해 구입한 도서목록, 내공 있는 공무원과 자치위원이 되기 위한 추천 도서목록을 소개한다. 반드시 읽어야 한다는 이야기는 아니므로 부담을 갖거나 불평하지 않아도 된다. 그래도 참 봉사를 위해 자치위원이 되었다면 최소한 몇 권은 읽어보기를 권한다.

　다음의 도서목록에서 1번부터 18번까지는 주민자치 관련서들이다. 19번부터는 글쓰기와 관련한 책들인데, 주민자치와 글쓰기는 떼려야 뗄 수 없는 관계이므로 소개했다. 꼭 이 책들만 봐야 하는 것은 아니다. 관심이 있으면 다른 책을 구할 수도 있고 더 좋은 책을 추천받을 수도 있다. 결국 본인 취향에 맞고 보탬이 되는 책을 선택하면 된다. 책과 함께하는 즐거움을 누리며 참 봉사를 실천할 수 있을 것이다.

　이어서 주민자치와 관련한 아이디어와 비전을 구하는 데 도움이 되는 책들을 소개한다. 특히 참 봉사를 추구하는 분에게 추천하고 싶다. 주민자치 업계(?)에 종사한다고 해서 반드시 주민자치 관련서만 고집할 필요는 없다. 경험으로 아는 바와 같이 어느 분야건 서로 연관되어 있다. 주민자치도 대인관계가 중요하기 때문에 사람을 쓰는 법(용인술에 해당)과

심리학 그리고 인문학에 대한 이해가 필요하고, 보도자료 작성법도 숙지해야 하는 등 그 범위는 광대하기 그지없다. 항상 책과 신문을 가까이해야 하는 까닭이다.

구입도서목록(주민자치분야)

연번	도 서 명	저 자	출판사	특 징
1	마을의 재발견	김기홍	올림	
2	마을 만들기 어떻게 할 것인가	안동대국학	민속원	
3	마을 만들기를 위해 알아야 할 28가지	폴 매티시	그물코	
4	우리, 마을만들기	황희연 외	나무도시	
5	마을 만들기 매뉴얼	가사기 히로오	아르케	
6	창조도시를 디자인하라	사사키 마사유키	미세움	
7	생태공동체 뚝딱 만들기	생태공동체 선애빌 사람들	수선재	
8	도시에서 마을을 꿈꾸다	장종환	상상박물관	
9	지방자치와 주민의 권리	안상운	자음과모음	
10	생활자치 합시다	한국생활자치 연구원	대영문화사	
11	NIE 이해와 활용 (신문활용교육, 어떻게 할 것인가)	최상희	커뮤니케이션북스	
12	나비의 꿈	박성혁	쌤앤파커스	
13	사람을 쓰는 법 용인술	김성희	쌤앤파커스	
14	혼창통	이지훈	쌤앤파커스	
15	주식회사 장성군	양병무	21세기북스	
16	기획의 정석	박신영	세종서적	
17	인비저블	데이비드 즈와이그	민음인	나서지 않는 전문가
18	지도탐험대(우리마을 지도를 그리자)	한미화	다산기획	마을지도
19	한눈에 알아보는 보도자료 바로쓰기	신능호	휴먼컬처아리랑	
20	대통령 보고서		위즈덤하우스	
21	대통령의 글쓰기	강원국	메디치	
22	기자의 눈	정보자료팀	한국일보사	
23	인턴기자와 저널리스트가 만나다	임정순	한국일보사	
24	표준국어 문법론	남기심 외	박이정	
25	한국인이면 반드시 알아야 할 신문 속 언어지식	장진한	행담출판	
26	내 삶의 글쓰기	빌루어 바흐	한스미디어	
27	나는 시인이다	김규동	바이북스	
28	나는 문학이다	장석주	나무이야기	
29	글쓰기 표현사전	장하늘	다산초당	
30	심플, 세상에서 하나뿐인 글쓰기공식	임정섭	다산초당	
31	작가의 글쓰기	이명랑	은행나무	
32	철학의 힘	김형철	위즈덤하우스	
33	한뼘 인문학	최원석	북클라우드	

추천도서목록(주민자치분야 등)

연번	도 서 명	저 자	출판사	비고
1	나비의 꿈	박성혁	쌤앤파커스	참 봉사자세
2	주식회사 장성군	양병무	21세기북스	아이디어 발굴
3	도시에서 마을을 꿈꾸다	장종환	상상박물관	전직 동장 이야기
4	마을의 재발견	김기홍	올림	농민신문 기자
5	생활자치 합시다	한국생활자치연구원	대영문화사	자치의 방법들
6	혼 창 통	이지훈	쌤앤파커스	성공과 성취비결
7	작지만 강력한 디테일의 힘	왕중추	올림	디테일이 경쟁력
8	인비저블	데이비드 즈와이그	민음인	설치지 않는 전문가
9	사람을 쓰는 법 용인술	김성희	쌤앤파커스	사람은 미움이 아니라 적재적소의 대상
10	제대로 시켜라	류랑도	쌤앤파커스	리더와 부하의 자격
11	공피고아	장동인 외	쌤앤파커스	팀장(리더)은 골목대장이 아니다
12	대통령의 글쓰기	강원국	메디치	글은 마음을 움직인다
13	대통령 보고서	노무현대통령 비서실 보고서 품질향상 연구팀	위즈덤하우스	청와대 비서실의 보고서 작성법
14	한국인이면 반드시 알아야 할 신문 속 언어지식	장진한	행담출판	말을 쉽게 전달하는 기법
15	심플, 세상에서 하나뿐인 글쓰기공식	임정섭	다산초당	두려운 글쓰기 요리하기
16	기획력을 깨우는 습관혁명	고이즈미 주조	파라북스	기획이란 뛰어난 상상력의 소유자의 아이디어가 아니다.
17	기획서 잘 쓰는 법	나카노 아키오	21세기북스	상대를 설득할 수 있는 탁월한 기획서 작성법
18	컬덕(Cult Duct)시대의 문화마케팅	서울문화재단	미래의창	문화행사 기획
19	마케팅이란 무엇인가	폴 스미스	거름	마케팅의 핵심 개념과 실행 과제의 명쾌한 해답
20	팔지 마라 사게 하라	장문정	쌤앤파커스	기획에서 콘셉트, 마케팅에서 세일즈까지
21	화술과 식사, 축사	이종천	일신서적	인사말과 스피치
22	기사되는 보도자료 만들기	이경희	루비박스	잘 써야 기사감
23	몸짓의 심리학	토니야 레이맨	21세기북스	몸짓은 언어다
24	찰칵, 사진의 심리학	마르틴 슈스터	갈리온	마음을 읽는 사진
25	영원한 공직	이수태	바오	내공 있는 공직
26	이야기 인문학	조승연	김영사	언어 속에 숨겨진 이야기
27	위대한 음악가들의 기상천외한 인생 이야기	엘리지베스 룬데이	시그마북스	인문학
28	20세기 수학자들의 초상	디트마다스	궁리	인문학
29	죽은 철학자들의 서(書)	사이먼 크리칠리	이마고	인문학
30	철학카페에서 시 읽기	김용규	웅진지식하우스	인문학

9. 공공사이트 소개

　지역 발전을 위해 주민자치위원회에 들어왔는데 아이디어의 빈곤을 느끼거나 여러 가지 자료가 필요할 때 요긴하게 쓸 수 있는 방법 중 하나가 공공사이트를 활용하는 것이다. 아래에 소개한 사이트는 필요한 자료 수집이나 대통령 연설문 작성 같은 글쓰기 요령, 주민자치 행사와 관련한 박람회 등에 대한 내용을 정리한 것이다. 특히 대통령기록관에 들어가면 연설문에서의 비전 제시나 설득의 기법 등을 배울 수 있다. 구미시 새마을해피존에서는 새마을운동에 대한 다양한 실천과제를 접할 수 있는데, 새마을운동이니 한물간 내용이 아니냐고 반문할지도 모르겠으나 그 내용을 찬찬히 살펴보면 지금도 실천 가능한 내용이 상당수 들어 있다. 예를 들어 녹색사회, 북페스티벌, 독서 문학기행, 효도편지, 부모와 함께하는 놀토(노는 토요일)의 추억, 엄마품 멘토링 등의 개별 사업에 대한 아이디어가 그것으로 '아! 이런 안건을 추진하면 되겠구나!' 하며 반색을 하게 된다.

　한국축제박람회는 아는 바와 같이 견학장소로 활용하면 되지만, 개별 축제가 현재처럼 성공하기까지의 과정을 관찰하는 것이 중요하다. 경험한 바로는 자치위원 일행이 벤치마킹을 목적으로 방문한다면서도 메모할 수첩이나 볼펜도 없이 용감(?)하게 가는 경우가 적지 않았다. 핸드폰이나 스마트폰으로 대체 가능하다고 말하는 위원들도 있으나 그렇게 말한 사람치고 자료관리를 잘하는 경우를 본 적이 없다. 자료관리는 몸에 습관이 붙어 있어야 하는 것이지 문명의 이기만 있다고 해결되는 것이 아니기 때문이다.

공무원이나 자치위원은 항상 배우고 노력하는 자세를 가져야 한다. 그것이 주민에 대한 참 봉사이고 삶의 질 향상을 도모하는 사람의 모습일 것이다. 그런데 현실은 어떨까? 전국에 2,699개 읍면동 주민자치위원회 (2014년 행정자치부 자료 기준)가 있는데, 전국주민자치박람회의 1차심사에 응모하는 자치위원회는 기껏해야 10% 안팎이다. 나머지 90%는 다 어디로 갔을까? 죄다 포기한 것일까? 어쩌면 맞는 얘기일지도 모른다. 사단법인 열린사회시민연합의 홈페이지로 알려진 전국주민자치박람회 사이트명을 알고 있거나 개인 컴퓨터에 즐겨찾기로 설정해놓은 자치위원이 몇 명이나 될까? 정확한 통계는 없지만 위원회 1개소에 2~3명 내외가 아닐까 한다. 전국에서 내로라하는 위원회라면 아마도 절반 정도는 박람회 사이트를 알고 있거나 즐겨찾기 폴더에 설정해놓았을 것 같다. 한번 귀하가 속해 있는 위원회에서 점검해보기 바란다. 그리고 지금이라도 박람회 홈페이지 정도는 컴퓨터 즐겨찾기에 심어두고 수시로 확인하면서 공부하기를 권한다. 말로만 주민자치를 외치지 말고 몸으로 실천하자. 그동안 모른 척해서 미안했다고 사과하며 과거와 이별하자.

다음 공공사이트는 참고용일뿐 정답은 아니다. 개인 취향에 맞는 사이트를 찾거나 새로운 사이트를 만날 때마다 인연이라 생각하고 자기 컴퓨터에 자리를 만들어두자. 이러한 노력이 내공을 쌓은 첫걸음이다.

연번	사이트명	URL	내 용	비고
1	대한민국정부	http://www.korea.go.kr	각 정부기관의 정책을 서비스함	
2	대통령기록관	http://www.pa.go.kr	연설기록(연설문 등 확인)	
3	공공누리	www.kogl.or.kr	무료사용 가능한 사진, 영상 및 음원 등 다양한 공공저작물	
4	공유마당	http://gongu.copyright.or.kr	자유이용 저작물(비상업적인 용도)	
5	울타리 기술보호통합포털	www.ultari.go.kr	기술유출 분쟁 해결	
6	희망드림 근로복지넷	www.workdream.net	근로복지공단에서 복지관련 정보	
7	웰촌	www.welchon.com	한국농어촌공사가 운영 (농어촌 및 휴양마을 정보)	
8	서민금융 1332	http://s1332.fss.or.kr	금융감독원이 운영 (불법 사금융 피해 신고 등)	
9	산림정보 다드림	http://gis.kofpi.or.kr/gis	한국임업진흥원에서 운영 (귀농·촌 및 임업분야 정보)	
10	국가기록원	www.archives.go.kr	국가기록정책 수립, 한국역사, 항일운동 등 정보제공	
11	공공기관 알리오	www.alio.go.kr	공공기관 경영정보 공개, 혁신자료 제공 등	
12	인사혁신처	http://www.mpm.go.kr	공직준비자, 재직 및 퇴직자에 대한 맞춤형 정보제공	
13	구미시 새마을 해피존	http://saemaul.gumi.go.kr	새마을운동의 자료	
14	전국주민자치박람회	http://www.partner.or.kr	(사)열린사회시민연합 홈페이지	
15	한국축제박람회	www.kfef.co.kr	모든 축제들의 축제소개(국내외)	
16	국어학회	http://www.skl.or.kr	출판물 간행, 연구 및 보급행사 등	
17	한국신문협회	www.presskorea.or.kr	신문 바로 알기, 신문의 날 표어공모 등	

10. NGO 소개

먼저 NGO와 NPO를 구분하자. NGO(non-governmental organization)는 우리가 잘 알고 있는 비정부국제기구이고, NPO(nonprofit organization)는 비영리민간단체이다. 차이점을 간단히 말하면 NGO는 국제기구로 큰 조직체를 운영하고 있는 반면, NPO는 비영리를 추구하는 민간단체로 개별 국가에서 활동하고 있는 민간단체이기에 국제성을 띠고 있지 않다.

아래에 소개된 NGO와 NPO는 실제로 협력해본 단체들을 위주로 했으며, 협력 경험이 없는 단체들에 대해서는 간략하게 서술했다.

유니세프한국위원회(www.unicef.or.kr)

• 유니세프는 어린이들을 돕는 유엔기구로, 각국 정부와 다른 유엔기구, 인도주의 시민단체 등과 협력하여 국적과 인종, 종교의 장벽을 넘어 전 세계 모든 어린이를 구호하기 위해 선진국형 유니세프국가위원회 36개국과 개발도상국 유니세프사무소 156개국 등 192개국에서 활동하고 있다.

• 부천시 원미구 원미2동에서 근무할 때인 2013년 6월 3일 주민자치위원회에서 외국동전 571개와 외국지폐 16장을 유니세프한국위원회에 전

달한 것을 시작으로 근무지를 옮길 때마다 추진해왔다. 상2동 주민자치위원회에서는 2014년 12월 30일 외국동전 1,435개와 지폐 50여장을, 2015년 12월 11일에는 외국동전 487개와 지폐 30장을 전달함으로써 잠자는 외국동전을 깨워 의미 있게 쓰이도록 만들었다. 이 활동은 내년에도 계속된다.

• 처음부터 유니세프에 관심이 있었던 것은 아니다. 2012년 원미2동 주민센터에서 근무할 때 안 쓰는 10원짜리 동전이 한국은행에서 제조할 때 개당 30원 내지 40원의 비용이 들어 결국 세금 잡아먹는 작은 주범이 되고 있으며, 안 만들면 되지만 마트 등에서 거스름돈으로 통용되기 때문에 찍을 수밖에 없다는 내용의 신문기사를 읽은 것이 계기가 되었다. 그래서 만든 작품이 '동전의 경제교실'이었다. 우리 동전은 장학금에 보태고 외국동전은 빈민국 어린이를 돕는 유니세프에 전달하면 동전이 잠에서 깨어나서 제 역할을 할 수 있겠다는 취지가 맞아떨어진 결과였다. 정리하면, 안 쓰는 우리 동전은 회수율을 올려 국고의 낭비를 일부라도 막을 수 있고, 참여하지 못하는 부모와 자녀의 경우 은행에 가서 저축하거나 지폐로 바꾸면 생생한 경제교육의 장으로 활용할 수 있다는 것이다. 또 잠자는 외국동전은 귀국 시 공항에 마련된 외국동전함에 넣지 않고 집으로 가기에 생긴 것으로, 잠에서 깨워 돈의 본래 임무인 통용에 충실하게 함은 물론 빈민국 어린이를 돕는 효과까지 거두게 한다는 것이다. 결국 아이디어 하나로 몇 년간 우려먹게(?) 되었음을 실토하지 않을 수 없다.

• 참고로 이 책의 독자에게 팁 하나를 드린다. 중앙부처인 보건복지부에서 2014년(제1회)부터 행복나눔인에 대하여 보건복지부장관상을 포

상하고 있으며 매년 시행 중이다. 추천대상은 노블레스오블리주, 생명나눔, 다문화가정, 국제나눔 등이다. 각 분야에서 3년 이상 나눔활동을 한 개인 또는 단체이면 된다. 과연 외국동전 모으기가 행복나눔인 대상에 적합한지 여부는 판정을 내리기가 애매하지만 국제나눔인 것만은 확실하다.

일을 효과적으로 추진하려면 정보가 있어야 하고 그에 앞서 정보 습득을 습관화해야 한다. 정보를 습득하는 과정은 2가지다. 하나는 공식적으로 내려오는 공문이다. 서로 유기적인 관계를 구축해놓으면 이와 같은 정보를 공유할 수 있다. 또 하나는 관심을 가지고 신문과 책을 가까이하는 것이다.

국제피스스포츠연맹(happylog.naver.com/peacesports.do)

- 스포츠를 통한 사회공헌, 인성교육, 드림버스, 놀이학교, 기업 사회공헌 컨설팅과 스포츠의 국제화를 추구하며
- 스포츠 나눔으로 꿈이 잠들지 않는 희망찬 내일을 만드는 단체이다.
- 원미2동 주민센터에 근무할 때인 2014년 6월 12일, 원미2동 주민자치위원회와 국제피스스포츠연맹이 업무협약을 맺어 축구공, 축구화, 운동화, 유니폼, 모자 등 5종을 모아 아프리카에 보내기로 했다. 그런데 2014년 7월 1일 원미2동을 떠난 후 아직까지 결실을 보았다는 소식을 듣지 못하고 있다.

아름다운 가게(www.beautifulstore.org)

- 기증, 기부, 제3세계 지원, 공정무역, 공익사업을 추구하며

- 행정자치부의 비영리재단법인 승인, 기획재정부의 공익성 지정 기부금단체 인가, 고용노동부의 사회적 기업 인증을 받은 단체이다.
- 물품은 매장으로 직접 보내거나 1577-1113으로 연락하면 아름다운가게 차량이 수거해간다.
- 상2동 주민자치위원회와 아름다운가게는 2014년 8월 14일 업무협약을 체결하고 9월 20일 주민과 함께하는 '생태하천 학습문화 한마당'을 추진했다. 주민들에게 아끼고 나누며 바꾸어 다시 사용하는 근검절약의 정신을 심어주었을 뿐만 아니라 어려운 이웃을 돕는 계기로 작용했다.

ADRF(아프리카아시아 난민교육후원회)

- 교육 혜택을 받지 못하는 아프리카, 아시아 빈곤지역의 어린이들에게 해외아동 결연, 교육환경 개선 지원사업, 해외봉사, 나눔교육 등을 통한 교육지원을 실천하는 NPO이며
- 지원대상 국가는 라이베리아, 세네갈, 에티오피아, 몽골, 네팔, 캄보디아, 인도네시아, 미얀마, 라오스, 필리핀 등이다.
- 상2동 주민자치위원회는 2014년 12월 16일 ADRF와 업무협약을 체결하고 2015년 4월 11일 주민과 함께하는 '생태하천 학습문화 한마당'을 관내 백송마을 골목길에서 개최하면서 아프리카와 아시아의 난민 어린이들을 지원하기로 했는데, 2015년 4월 25일 네팔에서 대지진이 발생했다. 이때 초중고교 학생들로 구성된 자원봉사자 35명이 참여하여 1인당 3권씩 학생들이 직접 번역하여 105권의 영어동화책을 '희망북'이라는 이름으로 피해를 당한 어린들에게 전달함으로써 한국어교육 및

희망북 전달　　　　　급식비 지원

영어교육 교재로 활용할 수 있게 함은 물론, 어린이들의 정서와 심리치료 목적으로 독서교육도 제공했다. 행사장 수익금인 1,000달러도 긴급구호 급식사업비로 지원했다.

• 상2동 주민자치위원회가 국내가 아닌 해외로 눈을 돌리게 된 것은 우리나라의 국격이 이만큼 올라오는 데 그들의 도움이 컸다는 사실을 상기했기 때문이다. 우리 스스로 열심히 살기도 했지만 한국전쟁에 참여한 많은 나라의 도움이 없었다면 남부럽지 않은 국가가 되지 못했을 것이다. 전국 2,699개 읍면동 주민자치위원회 가운데서 온정을 베푸는 대부분의 손길이 국내를 향하고 있는데, 상2동 주민자치위원회는 이제 우리도 어려울 때 도와준 그들에게 무언가를 건네줄 때가 되었음을 알고 빈민국 돕기에 나서게 되었다. 동(洞) 차원의 도움이 그들의 갈증을 모두 해결해줄 수는 없겠지만 십시일반의 마음으로 실천했던 것이다.

유네스코 한국위원회(www.unesco.or.kr)

• 국제협력을 통해 평화와 안전에 기여하는 UN교육과학문화전문기구

로, 우리에게도 잘 알려진 단체이다. 구체적인 사업과 후원 안내에 대해서는 홈페이지를 참고하기 바란다.

세이브더칠드런(www.sc.or.kr)

• 긴급구호, 아동 보건, 보호 및 교육, 국내외 아동후원 등을 하는 국제 구호개발 NGO로 알려져 있으며, 모자 뜨기와 빨간 염소 보내기 등의 캠페인을 진행하고 있다.

국제사랑재단(I.L.F www.ilf2004.org)

• 북한 결식어린이 한 생명 살리기 캠페인, 북한에 대한 인도적 지원, 국내 및 국제 구호, 미전도 지역의 선교, 후원, 기부 등을 추진하고 있다.

월드비전(www.worldvision.or.kr)

• 세계적으로 알려진 국제구호개발기구로, 긴급구호, 지역개발사업, 국내와 해외 아동후원 등 기부 및 자원 봉사를 추진하고 있다.

플랜코리아(플랜한국위원회, www.plankorea.or.kr)

• 개발도상국 아동후원단체이다. 국제구호개발 NGO로 UN경제사회이사회 협의기구이며, 75년 이상의 역사를 가졌다.

아시아 인권문화연대(solasia.tistory.com)

• 아시아인권문화연대는 인간사회의 평등한 행복을 위해 다문화 인권교육, 인권증진과 문화교류, 이주노동자 교육 및 상담서비스, 쉼터 운영

등으로 소통과 존중의 꿈을 실현하는 활동을 벌이고 있다.

• 소재지 : 경기도 부천시 원미구 도당동 279-1(304호)

이 외에도 많은 NGO와 NPO가 활동하고 있는데, 간혹 국내에도 못 살고 굶주리는 사람이 아직 많은데 빈민국까지 돕는 것은 시기상조 아니냐고 말하는 사람들을 만나게 된다. 그때마다 그들에게 들려주는 이야기가 있다.

"우리가 동족상잔의 비극을 치를 때 남의 나라 젊은이들이 피를 흘리며 우리를 도와줬다. 같은 민족도 아닌데도 불구하고. 이제는 이렇게 좁은 소견머리는 거두자. 간혹 신문과 방송에도 나온다. 동남아시아나 아프리카에 우물을 마련해서 질병을 예방해주어 "한국이 최고!"라는 내용을 듣다 보면 그들이 얼마나 부러운지, 자랑스러운지."

참고로 업무협약서 작성 사례를 소개한다. 협약서에는 대강의 틀만 담고 세부적인 실천사항은 실무협의로 추진한다는 내용을 넣으면 된다. 경험에 따르면, 어느 NGO나 NPO도 실천사항이 미흡하여 이의를 제기한 적이 없다. 하지만 기왕 업무협약을 체결하기로 했다면 사전에 실천 여부를 점검한 후 체결하는 것이 좋다.

여러 건의 업무협약을 체결했는데 추진하지 못한 건이 하나 있었다. 중간에 다른 동(洞)으로 발령받는 바람에 추진 중이던 업무협약을 맺지 못했던 것이다. 그런데 이후에 여전히 진행 중이라는 이야기를 듣고 씁쓸했다. 말이 진행 중이지 중도포기 상태나 다름없었기 때문이다. 위원회의 추진력과 합심이 부족했던 것으로, 여간 안타깝지 않았다.

한 가지 덧붙이자면, 협약체결 후 예상한 결과보다 조금 미흡하더라도 크게 미안해할 필요가 없다는 것이다. 상호신뢰를 바탕으로 추진한 사항이고, 중도포기한 것보다 낫기 때문이다. 또 이는 서로 다른 시각이나 이질적 요소가 있어 일체감을 이루지 못해 발생한 결과로 차후에 보완이 가능하기 때문이다.

아울러 업무협약을 체결한 다음에는 1회성 행사로 그치지 말고 지속하는 것이 원칙이다. 방법은 위원회의 위원장과 간사(또는 사무국장) 그리고 각 분과장이 매년 공모사업에 신경을 쓰는 것이다. 아울러 협약단체의 사업내용을 잘 숙지하여 다양한 콘셉트로 공모사업을 구상한다면 NGO 등과의 관계를 지속시키는 것이 어렵지 않다. 더구나 그들은 해당 분야에서 잔뼈가 굵어 신속하면서도 능률적으로 추진한다. 자치위원이나 공무원이 어떤 행사를 어떻게 구성하고 운영해야 할지 고민스러울 때 그들에게 조언을 구하면 수월하게 해결할 수도 있다. 그들은 프로이므로 마음을 열고 상호신뢰의 바탕 위에서 진행하면 잘 숙련된 일꾼을 만나게 되는 덤을 얻게 된다. 이래저래 리더의 역할이 중요하다.

업 무 협 약 서

부천시 상2동 주민자치센터(이하 '상2동 주민자치센터'라 한다)와 아프리카아시아 난민교육후원회(이하 'ADRF'라 한다)는 상호신뢰와 호혜를 바탕으로 부천시민들의 자발적 나눔 실천을 통해 아프리카 아시아 난민아동들에게 교육지원을 함으로써 빈곤을 벗어날 수 있도록 한다는 목표로 다음과 같이 유기적인 협력관계를 맺기로 한다.

제1조(목적) 본 협약은 ADRF와 상2동 주민자치센터가 아프리카 아시아 빈곤아동들에게 교육 지원을 통한 빈곤퇴치의 중요성에 동의하며 상2동 주민들의 자발적인 나눔 참여와 재능기부를 통해 아프리카 아시아 아동들에게 교육지원을 위한 상호협력해 나가기로 하는데 있다.

제2조(협약내용) 양 기관은 본 협약서에 따라 다음 사항을 상호협력하며 이를 더 발전시키도록 노력한다.

1. 해외 빈곤아동들의 교육지원을 위한 상2동 주민들 주체의 자선행사 및 기금 마련을 위해 상호협력한다.
2. 영어재능을 가진 봉사자를 활용하여 영문번역동화책을 희망교실 사업장에 전달하기까지를 협력한다.
3. 기타 협력분야 및 세부사항에 대해 논의가 필요할 경우 상호협의하여 추진한다.

제3조(협약기간) 본 협약서는 체결일로부터 효력이 발생하며 협약 내용을 변경하거나 해지 하고자 할 때는 양측이 서로 협의하여 결정한다.

제4조(보관) 본 협약서는 2부를 작성하여 ADRF와 상2동 주민자치센터가 각 1부씩 보관한다.

2014년 12월 16일

부천시 원미구
상2동 주민자치센터

주민자치위원장　　김 ○ ○

아프리카 아시아
난민교육 후원회

회장　　　　권 이 종

3
분과위원회 활성화

누구를 기다리고 있을까?
여럿이 걸어도 좋고
나 혼자 사색의 시간을 가져도 좋을 것 같다.
당신과 함께라면 더욱 좋지 않을까?

1. 분과 구분

주민자치위원회에서는 보통 3단계로 회의를 진행한다. 월례회의만 여는 곳도 있을 수 있으나 3단계를 거쳐야 올바른 주민자치위원회라고 할 수 있다. 분과위, 소위원회, 월례회의인데, 이를 회의의 3단계라고 말한다.

최초로 안건을 만드는 단계는 분과위이다. 각 주민자치위원회마다 분과를 2~4개 정도 두고 있다. 자치위원 인원이 25명 내외이므로 여건에 따라 다를 수 있으나, 활성화되어 있다면 4개 이상이어도 좋고 그렇지 않으면 3개 정도가 적합하다.

분과에서 추진하는 사업은 형식과 내용에 따라 다르게 분류된다. 형식적으로는 상시사업과 수시사업으로 나눌 수 있고, 내용적으로는 주민자치 6대 기능을 안분하여 지역여건에 맞는 분과명칭을 부여하여 구분할 수 있다. 아울러 분과를 구분하는 것은 사업을 나누어 효율적으로 마을의제를 추진하겠다는 의지의 표명이므로 주민자치 6대 기능을 중심으로 3개 분과로 하는 것이 좋다. 그런 다음 각 분과별로 상시사업과 수시사업을 구분하면 분과에 대한 체계가 잡힌다. 주민자치의 6대 기능은 주민자치, 주민편익, 문화여가, 시민교육, 지역복지, 지역사회진흥이다.

다음은 명칭문제이다. 명칭은 각 분과별로 자수(字數)를 통일하는 것이 좋다. 예를 들어 어느 분과는 네 글자인데 다른 분과는 두 글자이고 또 다른 분과는 세 글자로 하면 보기에도 안 좋고 균형감도 떨어져 보인다. 상2동의 경우에는 자치운영분과, 문화교육분과와 환경복지분과로 명명하고 각각 2개씩의 주민자치 기능을 수행하고 있다.

분과구성은 분과장 아래 분과총무가 있고, 분과원들이 있다. 특히 유의할 점은 주민자치에 대한 이해와 경험이 많은 위원장을 포함한 임원을 무조건 분과원으로 편입해야만 한다는 것이다. 그래야 분과가 활성화될 수 있다. 간혹 임원이라고 거들먹거리며 임원은 분과에 들어가는 것이 아니라고 말하는 경우가 있는데, 이는 참 봉사를 안 하겠다고 우기는 경우로 해촉대상 1호이다. 경험과 노하우를 가지고 있는 임원이 분과에 들어가서 새로 들어온 자치위원에게 노하우를 전수하는 곳이 바로 분과이기 때문이다. 또한 임원은 분과장을 맡아서는 안 된다. 어느 조직에건 신참과 중참 그리고 고참이라는 보이지 않는 서열이 있게 마련인데, 이것이 작동되면 분과의 활성화를 기대하기 어렵다. 각 서열마다 역할 또한 주어지기에 중간그룹인 분과장을 고참인 임원이 차지하면 신참과 고참만 있는 그룹이 되기 때문이다. 그렇게 되면 인재육성도 요원해진다. 인재를 육성하지 않는 조직치고 잘되는 조직이 없다는 것을 명심해야 한다.

그렇다면 분과장은 누가 해야 할까? 앞에서 봉사활동의 3가지 방법을 언급했는데, 돈이나 참여(행동) 또는 지혜 중에서 지혜와 참여가 가능한 사람이어야 한다. 간혹 어느 분이 동네에 오래 사셨으니까, 연세가 많으니까 등의 이유를 들어 분과장에 적합하다고 추천하는 경우가 있는데, 말아먹으려고 작정했다면 모르겠으나 막아야 한다. 지혜와 참여가 우선이다. 상시사업과 수시사업으로 구분해서 추진해야 하는 분과위 사업에 대해 설명하지도 못하고, 아이디어나 실천가능한 제안도 못하는 자치위원이 분과장을 해서는 안 된다. 주민자치는 말로 하는 것이 아니며, 분과장은 분과에 대한 나름의 비전과 실천계획을 마련해야 하는 자리이기 때문이다. 여태껏 분과장은 말로 하고 나머지는 공무원이 해주었으니 계속 공무원이 해주면 되는 것 아니냐며 항변하는 경우도 있는데, 아직도 관치에서 깨어나지 못한 '갑질'의 대표적인 사례이다.

분과장과 분과총무가 선출되면 분과장은 회의주재와 아이디어 제공에 주력하고, 분과총무는 분과회의 연락과 회의록 작성 및 분과회의 결과 소위원회 제출 등의 일에 힘쓴다. 분과회의 참석자 명단과 토의내용 및 결정사항을 문서로 제출한다. 이후 소위원회에서는 분과에서 제출한 결정사항을 검토하여 분과위 자체 추진사항 확인과 소위원회에서 결정할 사항 그리고 전체회의인 월례회의에 상정할 안건을 채택하여 정례회의(또는 월례회의)에서 최종결정할 수 있도록 한다.

다음은 원미2동과 상2동에 분과위에서 사용하고 있는 회의서식으로 여건에 맞게 가감하여 사용하기 바란다.

상2동 주민자치위원회 『자치운영』 분과위

수　　신 : 상2동 주민자치위원회(소위원회)
제　　목 : 2016년 월 <u>자치운영 분과위 결정사항 제출</u>

□ 개　요
　○ 일　　시 : 2016. 00. 00: ~ 00
　○ 장　　소 :
　○ 참석인원 : 00명 (불참 : 0명)
　○ 서 명 부

구 분	계	홍길동 (분과장)	갑순이 (총무)	ㅇㅇㅇ	ㅇㅇㅇ	ㅇㅇㅇ (위원장)	ㅇㅇㅇ (간사)	
계								

□ 토의사항
　○
　○
　○

□ 결정사항 : 소위원회 제출안건 등(안건/ 공지사항)
　○
　○
　○

상2동 주민자치위원회 문화자치 분과장(서명)

자치운영 분과총무 갑순이　　　　　　　자치운영 분과장 홍길동
결재일자 : 2016. . .

2. 분과사업 분류

 분과사업을 분류하는 것은 전체 자치위원회 사업을 효율적으로 추진하겠다는 의지의 표명이라고 할 수 있다. 분과별로 상시사업과 수시사업을 정하되 예산과 관련성이 있어야 한다. 사업에는 필히 예산이 수반되기 때문에 예산(사업비)과 연계해서 분과별 사업마다 분과장이 중심이 되어 예산액을 분배, 관리하는 것이 좋다.

 각 위원회의 예산 구조를 보면 시(또는 구)에서 배분받는 예산이 있고, 프로그램 운영수입과 위원회 회비로 구성되는 것이 보통이다. 적극적으로 활동하는 위원회에서는 공모사업 선정으로 받아오는 예산까지 포함한다. 각 분과별로 공모사업 신청과 함께 예산을 받아오는 위원회도 있는데, 이는 예산이 없어서 사업을 못하겠다는 위원회에 경종을 울리는 것으로, 이제는 예산타령에서 벗어나야 한다는 것을 의미한다. 내 돈이 없어도 남의 돈인 예산을 받아오면 문제가 해결될 수 있으므로 더 이상 돈타령을 하지 말라는 말과 같다. 열정만 있으면 된다.

 다음은 상2동의 사업구분 사례인데, 좋은 참고가 될 것이다.

분과명	추 진 사 항		기능
	상시사업	수시사업	
자치운영	• 자치위원회 연간 사업계획 수립 및 분석 • 분과위 연간 사업계획 수립 • 자치위원회 예산편성 및 집행 • 마을의제 및 지역현안사항 • 회의관리 및 운영 • 마을신문 발간 및 운영(생활정보 제공) • 알뜰매장(나눔장터, 프리마켓) • 선진지 견학 • 대외협력사항 • 타 분과에 속하지 않는 사항	• 각종 공모사업 추진 • 참여예산 안건 상정 • 구민 체육대회 • 마을신문 배부 및 광고주 추천 • 견학 대상지 선정 : 축제 포함 • 회의록 작성 및 상정안건 관리 • 자치위원 추천 • 자치위원 마일리지제 운영	주민자치기능 주민편익기능
문화교육	• 분과위 연간 사업계획 수립 • 프로그램 수강료 관리 • 프로그램 선정/ 평가/ 홍보 • 작품전시회 및 문화행사 • 평생교육(교양강좌 등) • 자치위원 교육(워크숍 포함) • 장학사업	• 워크숍 개최 및 강사섭외 • 장학생 선발 • 작품전시회 개최 : 연 1회 이상 • 문화행사 추진 : 에세이집 발간 등 • 재능나눔 공연단 운영지원 • 주민자율문고 운영 및 독후감 공모전 • 프로그램 설문조사 및 간담회 • 경연대회, 평생학습축제 참가	문화여가기능 시민교육기능
환경복지	• 분과위 연간 사업계획 수립 • 마을환경 가꾸기 • 이웃돕기 및 봉사활동 • 건강증진 : 방역, 예방접종 • 청소년 지도 및 내집앞 청소하기 • 기타 환경복지에 관한 사항	• 환경정비 실시 • 안전마을 추진 : 안전한 귀가길 등 • 주요 시책 캠페인 전개	지역복지기능 지역사회 진흥기능

3. 분과위에서 상정안건 마련요령

월례회의에서 결정할 상정안건은 분과위에서 마련하는 것이 원칙이다. 밑에서부터 올라와 위로 향하는 것이 풀뿌리 민주주의의 기본이자 주민 자치의 근간이기 때문이다. 예외적으로 분과위에서 미처 다루지 못했는데 해당 시점에 꼭 다뤄야 하는 안건인 경우에 한해서 소위원회에서 직권으로 상정하기도 한다.

주민이기도 한 자치위원이 동네 여건이나 내력을 가장 많이 알고 있음에도 불구하고 분과위에서 안건을 제시하라고 하면 침묵으로 일관하는 경우를 자주 보게 된다. 자치위원의 평균 연령이 60대라면 그럴 수도 있겠으나 50세 전후의 연령임에도 침묵하고 있으면 답답하다. 50대 중반을 넘어선 연령층은 성장과정에서 토론문화가 없었던 데다 과묵해야 좋다는 신념 아닌 신념(?)을 가지고 있는 경우가 많다. 하지만 자치위원인 이상 그런 자세는 하루빨리 없애는 것이 좋다. 침묵하면 안건이 만들어지지 않아 동네 발전을 기할 수 없다. 설령 사소한 안건이라도 드러내어 공론화할 줄 알아야 한다. 씨앗을 뿌려야 물도 주고 열매도 맺는 것 아니겠는가. 더 이상 침묵은 금이 아니다.

분과위에서 멋진 안건 하나 제안해보고 싶다는 생각을 가지고 이제부터라도 마음을 열고 귀도 열어보자. 시작이 반이라고 하지 않는가. 처음에 말문이 열리지 않아서 그렇지 한번 발언하면 슬슬 입이 근지럽고 자꾸 말하고 싶어진다. 이른바 학습효과이다.

이와 관련한 구체적 방법을 소개한다. 먼저 우리 동네 특성을 알고 있어야 한다. 인적자원과 물적자원을 파악해야 한다. 동네에 있는 여러 가지 시설을 알고 가급적이면 사용해본다. 다음으로는 자생단체원으로부터 시작해서 누가 무슨 재능을 가지고 있는지, 참여는 가능한지, 혹시 반대급부를 제공해야 하는지를 알아본다. 시기와 요일 그리고 시간대까지 파악하면 더 좋다.

다음으로 위원회의 연간 및 월별 일정을 참고한다. 분과별 상시사업과 수시사업에서 1~2개월 일정을 확인하여 아이디어를 얻는다. 또 작년에는 어떤 사업을 추진했는지 3가지 정도 선별하여 그 결과를 바탕으로 가감하면 좋다. 여기에 자치위원 개인적으로 구독한 신문이나 책 내용에서 힌트를 얻거나 매일 저녁 9시 뉴스를 시청하면서 또 다른 아이디어를 내놓을 수도 있을 것이다. 다른 지역의 축제나 크고 작은 행사에 참석하여 메모를 하다 보면 무궁무진한 아이디어를 얻을 수 있다.

아이디어를 발굴할 때 기억력에 의존해서는 안 된다. 펜과 수첩을 항상 가지고 다녀야 한다. 그것이 자치위원의 무기이다. 성공하는 리더들은 항상 메모하는 습관의 소유자이기도 하다. 집에 있는 컴퓨터도 적극 활용해야 한다. 일명 즐겨찾기이다. 개인 컴퓨터에 본인만의 폴더를 관리해야 한다. 이렇게 일련의 자료관리 과정을 습관화하는 것이 기본이다.

아이디어를 정리한 후 바로 분과위에 내놓아도 안건의 씨앗이 되어 효과를 볼 수 있지만 그전에 한 번 더 담금질을 할 필요가 있다. 냉정하게 말해서 아이디어는 아이디어일 뿐이므로 아직 제안할 정도는 아니다. 아이디어를 제대로 가공하는 일이 필요하다. 안건으로 채택되어야 아이디어가 빛을 보기 때문이다. 그래서 검증이 필요하다. 제안자 스스로 검토하면서 객관적 시각을 유지해야 한다. 누가 덜 익은 아이디어라고 하면 왜 그런지를 고민해야 한다는 말이다. 즉, 실행에 걸림돌이 있는가, 있다면 무엇일까를 반복해서 검토해야 안건으로 성숙시킬 수 있다. 혼자만 만족하지 말고 제삼자도 만족할까를 고민하는 자세를 견지해야 한다. 결국 상대를 설득시킬 수 있는 아이디어가 안건이 된다.

　다음은 안건 마련을 위한 요령을 간략하게 정리한 내용이다. 가감하여 나만의 상표로 만들기를 권한다.

※ 분과위에서 소위원회나 월례회의에 상정할 안건을 마련하는 요령

1. 주민자치위원회 연간 및 월별 일정 참고
2. 각 분과별 상시사업과 수시사업에서 아이디어 얻기
3. 자치위원 개인별로 신문이나 책을 본 후 아이디어 얻기
4. 저녁 9시 뉴스 청취 후 위원회 사업 적용 가능여부 확인하기
5. 남의 행사(축제 등)에서 아이디어 얻기

☞ 메모는 기본이기에 <u>펜과 수첩</u>은 항상 가지고 다니기

☞ <u>개인 컴퓨터</u>에 중요한 내용은 저장하기(본인만의 폴더관리)

☞ <u>아이디어</u>는 말 그대로 아이디어이므로 아이디어가 있다고 즉시 입 밖으로 표현하지 말고, 혼자 숙성시켜서 걸림돌 등을 제거한 후 익혀야 제안(안건)으로서의 가치가 생김

※ 우리 동네 특성(지역여건)

1. 시민의 강이 있다. ⇨ 생태하천 학습문화 한마당 활용
2. 상동 호수공원이 있다. ⇨ 문화예술공연 및 야외 영화상영 장소 활용
3. 학교(8개교)가 많다. ⇨ 교육공동체(자율문고 독후감공모전 등) 활용
4. 공방거리가 있다. ⇨ 각종 공모사업 활용
5. 유명 테마시설이 있다. ⇨ 지역자원 연계 활용(마을신문 등)
   (웅진 플레이도시)
6. 대형 쇼핑몰이 있다. ⇨ 지역자원 연계 활용(마을신문 등)
   (뉴코아, 삼성홈플러스)
7. 소풍터미널이 있다. ⇨ 지역자원 연계

4. 주민자치 관련 연·월간 행사일정

　주민자치위원회의 연간 및 월간 일정을 일목요연하게 전체 위원들이 알 수 있도록 관리하고 있어야 정상적인 위원회라고 할 수 있다. 물론 공무원의 도움 없이 오롯이 위원회 자체의 힘만으로 해야 한다. 연·월간 행사일정은 월례회의 자료마다 들어 있어야 한다. 전체 위원들에게 공지되어 분과위 안건 소재로 사용되어야 하며, 월별 일정을 참고해서 위원 개인별로 일정관리를 할 수 있게 해주어야 멋쟁이 위원회라고 할 수 있다.

　자료관리가 잘되어 있는 위원회는 체제가 잘 잡혀 있다는 말을 듣는다. 행정팀장으로서 늘 2가지를 염두에 두고 있는데, 하나는 매년 실시하는 주민자치센터 운영평가와 주민센터 시책평가이고, 다른 하나는 전국주민자치박람회 참여다. 주민자치센터 운영평가는 평가리스트까지 공개되어 추진하기가 쉬운 편이나 등수 안에 들려면 그래도 많은 노력을 해야 한다. 전국주민자치박람회는 논술이나 학위논문을 쓸 때처럼 처음 응모할 때는 난감하지만 하다 보면 요령이 생겨 재미도 있다. 백지 위에 나만의 그림을 그리는 느낌처럼 아주 짜릿하다. 어찌 되었건 2가지 모두 연간과 월간 일정이 잘 정리되어 있으면 추진에 큰 어려움이 없다. 분과위 안건이 그 속에서 나오고 각종 공모사업 구상도 가능하다. 조금 과장

되게 말하면 연간과 월간 일정만 가지고도 자치위원에게 몇 시간 이상 강의할 수 있을 만큼 유용하다. 그런 자료가 없는 위원회의 수준은 한눈에 알아볼 수 있다.

누누이 강조하는 말이지만, 처음에는 공무원의 힘을 빌린다 해도 어느 시점부터는 스스로 할 수 있어야 한다. 가정에서 간단한 못 하나 박는 일을 옆집의 도움으로 처리한다면 어떻겠는가. 아내로부터 "아, 이런 것도 못하냐"는 핀잔을 듣지 않겠는가.

아직도 자료를 공무원에게 의존하는 위원회는 참으로 난감하다. 시쳇 말로 쪽팔리는 위원회인데, 하루빨리 자생력 키우기에 나설 것을 권한다. 다음 자료는 상2동의 사례인데, 참고하면 좋겠다.

월별	행 사 내 용	비 고
1월	• 동 주민자치위원장 취임식 : 1/7(목) • 원미구 주민자치센터 회계 실무교육 : 1~2월 • 원미구 행복한 마을 만들기 공모신청 : 1/12 ~ 2/12 • **부천시 행복한 마을 만들기 공모신청 : 1/12 ~ 1/22**	
2월	• 분과위원회 재구성 및 분과장, 분과총무 선출 • 원미구 주민자치센터 신규위원 역량강화교육 : 1~2월 • 자원봉사단(재능나눔공연단) 발대식	
3월	• 상2동 재능나눔 공연단 운영 : • 프로그램 관계자 간담회 개최 : 회장단 및 강사 • 우수 주민자치센터 벤치마킹(구청)	
4월	• 청소년 프로그램 운영 : 4월 ~ 11월	
5월	• 주민자치위원 합동워크숍(구청) : • **동 주민자치센터 작품전시회 : 5월 ※사회자 : 문화교육분과장** • **상동역 문화예술공연(자체 프로그램)** **※ 필요시 호수공원, 사회자 : 문화교육분과장**	
6월	• 동(洞) 주민자치센터 우수동아리 선발대회 참가 • 상2동 사랑나눔회 장학금 지급 • **주민자치위원 자체워크숍(동)** • **주민과 함께하는 생태하천 학습문화 한마당 개최** ⇐ 공모사업으로 추진 • 채송화 나눠주기	
7월	• 마을신문 '상상마을' 창간 1주년 기념식 : 2016. 7. 22(금)	
8월	• **전국주민자치박람회 응모 : 센터활성화분야**	
9월	• 원미구 주민자치센터 프로그램 경연대회 • **주민자율문고 독후감 공모전 개최(일반부, 학생부)** • **동(洞) 하반기 워크숍 및 특강 :**	
10월	• 원미구 주민자치위원 합동 워크숍 • 원미구 행복한 마을 만들기 사례발표 및 작품전시회 참여 : • 원미구 한마음 체육대회 : • 제11회 시민 어울림 한마당 : • 새마을부녀회 일일찻집 : • 경로잔치 : • 주민자율문고 독후감 시상 : • 자매도시 성주면 방문 : • **전국주민자치박람회 운영 목표【또는 견학】**	
11월	• 원미구 및 시 주민자치센터 운영평가자료 제출	
12월	• 자치위원장 등 임원선출 : • 기타교실 작품발표회 : • 풍물교실 작품발표회 : • 서예교실 작품전시회 : • **유니세프 한국위원회 외국동전 전달 :**	
기타 행사	• 춘의동 원미산 진달래축제 : • 도당산 벚꽃축제 : • 역곡1동 춘덕산 복숭아꽃축제 : • 중4동 별·산 한마당 축제 : • 복사골예술제 : • **부천국제판타스틱영화제(BiFan) :** • 부천국제만화축제(Bicof) : • 부천국제학생애니메이션페스티벌(BISAF) :	

5. 주민자치센터 연간 운영계획

　주민자치센터 연간 운영계획은 언제 작성해야 할까? 보통은 10월에 운영계획이 마련되어야 한다. 조금 늦어도 11월까지는 마무리가 되어야 올바른 주민자치위원회라고 할 수 있다. 2017년 주민자치센터 운영계획을 기준으로 그 프로세스를 살펴보자.

　각 분과별로 8월부터 9월까지 2017년도 사업계획을 마련한다. 9월까지 전체 위원이 참여하는 하반기 워크숍을 실시하여 각 분과의 내년도 사업을 총괄적으로 정리한다. 그래야 10월에 무리 없이 주민자치센터 운영계획이 나올 수 있다. 간혹 사업계획과 예산안을 따로 구분하여 추진하는 곳이 있는데, 잘못된 것이다. 사업계획에 예산이 포함되지 않다면 몸과 마음이 일치가 안 된 것이나 마찬가지이다. 항상 사업계획에 예산을 넣어 편성하는 습관이 되어 있어야 한다. 이렇게 각 분과별로 내년도 사업계획을 마련하여 확정한 후 하반기 워크숍에서 전체 위원이 참여한 가운데 위원회의 내년도 사업계획(안)을 확정짓는다. 10월이나 11월에 위원회의 운영계획을 확정한 후에는 각 분과별, 사업별로 시기에 맞춰 기본계획을 세운다. 이후 시청이나 구청에서 예산배정을 받거나 프로그램 수입으로 예산을 집행할 수 있는 여건이 되면 실행계획이라 해서 실천이 가능한 계획을 세워 집행하면 된다. 중간에 각종 공모사업에 신청하여 선정되면 예산액이 변동되는데 이 또한 수정하여 추가로 확정하면 된다.

처음이라 못하겠다고 하면서 공직에 떠넘기지 말자. 그 순간 관치는 지속되고 주민자치는 점점 더 멀어진다. 차라리 연간 운영계획과 예산안 작성요령을 공직에 문의하여 체화하는 것이 자치업계에 있는 사람의 도리이다. 현재 속해 있는 위원회의 수준이 낮아 그런 내용을 아는 사람이 없다면 잘나가는 인근의 위원회를 방문해도 좋다. 그것도 모르냐며 비아냥거리는 사람은 없을 것이다. 몰라서 배우겠다는데 누구라도 환영할 것이다. 벤치마킹은 도시락 들고 들판에 가서 한잔 술을 마시듯 호기를 누리는 일이 아니다. 현재의 여건을 진단해서 상태가 어느 정도인데 우리보다 잘하거나 다른 특징이 있는 곳을 찾아 배우러 가는 거다. 그러니 빈손으로 가서는 안 된다. 펜과 수첩 그리고 사진기는 필수이다.

앞에서 상근자가 알아야 할 문서작성과 계획서의 예시로 주민자치센터 연간 운영계획을 살펴보았으니 운영계획에 대한 이해가 생겼으리라 본다. 참고로 운영계획을 효과적으로 실천할 수 있게 만들어주는 SWOT 분석기법을 소개한다. SWOT은 Strength(강점), Weakness(약점), Opportunity(기회), Threat(위협)을 말하며, 전략이나 계획을 수립할 때 많이 사용한다. 물론 강점과 약점이 객관적인 시각에서 정리되어 있지 않아 정확한 결과가 나오지 않을 수 있는 단점도 있으나, 분석하면서 최대한 객관적인 자세를 유지하면 좋은 효과를 거둘 수 있다. 연간 운영계획이므로 계획서 말미에 운영일정표(로드맵)를 추가하면 중간에 사업진도를 체크할 수 있어 더욱 효과적이다.

한 번 더 강조하면, 모든 계획서는 예산(사업비)과 동떨어져 만들 수 없다. 몸과 마음이 분리될 수 없듯이 계획과 예산은 일심동체이기 때문이다.

6. 그래도 신문과 책이다

　책과 신문을 가까이하게 된 날을 생각해봤다. 책은 고교시절 서클활동으로 문예반에 들어간 것이 인연이 되었다. 당시에는 주로 시와 단편소설을 읽고 논쟁을 즐겼다. 옆구리에 시집을 끼고 다닌 적도 있었다. 지금은 학생이지만 훗날 시인이 될 몸이라는 것을 알리고 싶은 마음도 있었던 것 같다. 그렇게 시작된 독서습관이 1년에 최소 20여권의 책을 읽는 오늘의 모습을 만들었다. 지금도 읽고 싶거나 필요한 책이 있으면 그때마다 집사람에게 부탁해서 온라인으로 구입한다. 실제가격과 할인가격의 차액은 고스란히 집사람 몫이다. 책을 읽다가 드는 잠은 이내 꿀잠으로 변한다. 책을 보다 곯아떨어졌다는 것은 그만큼 삶에 충실했다는 증거라고 여겨 아침마다 흐뭇했다. 사회생활을 하면서도 지인의 영전이나 승진 소식을 접하면 으레 책을 선물한다. 책 보내주는 남자! 듣기에도 상쾌하지 않은가. 물론 경조사 때는 금전으로 대신한다.

　신문은 조금 늦게 만났다. 결혼하고 나서야 인연을 맺었다. 그로부터 지금까지 이어지고 있으니 26년 지기이자 또 다른 반려자인 셈이다. 예전에는 배달된 신문에서 인쇄 냄새가 나서 "아, 이것이 신문 냄새구나" 하면서 기자들의 발품에 고마움을 느끼곤 했는데 요즘에는 인쇄기술이 발달하여 그런 맛을 느낄 수 없는 게 조금은 아쉽기도 하다. 여하튼 신문은 또 다른 세상으로 나를 안내해주는 매개체였다. 신문을 보면서 우물 안 개구리가 무엇인지, 세계는 하나의 지구촌이라는 사실도 알게 되었다.

신문은 첫 페이지부터 넘겨야 제맛이다. 정치, 경제, 사회면 순으로 읽으면서 비교하는 것을 배우기 시작해서 이제는 제목이 기사와 일치하는지, 제대로 뽑은 제목인지까지도 점검하게 되었다. 눈이 밝아져 신문사별 특징까지 알게 되고 2개 신문을 구독하기에 이르렀다. 그러다가 차츰 자료관리에 신경을 써서 스크랩을 하다가 기사의 파일을 파트별로 컴퓨터에 분류해 넣게 되었다. 10년을 넘게 관리한 탓에 덩달아 내공도 쌓여갔다.

간혹 신문을 안 보는 사람이 줄어들고 있다거나 문화시민이라는 사람들이 1년에 몇 권의 책도 안 본다는 뉴스를 접할 때마다 그래도 "나는 아니다"며 자부심을 갖곤 했다. 어떤 이는 머지않은 장래에 신문도 사라지고 책도 없어진다고 하고, 또 다른 이는 절대 그런 일은 없을 것이라며 호언장담하기도 한다. 미안하지만 없어진다거나 계속 존재한다거나 하는 말이 논쟁거리여서는 곤란하다. 없으면 없는 대로 또 다른 대체재가 그 역할을 대신한다는 것을 경험에서 배우지 않았는가. 붓 대신 연필 그리고 볼펜의 역사에서 말이다.

이제 신문과 책의 유용성에 대해 말하고자 한다. 다른 이야기는 관련 분야의 학자들에게 맡기고 주민자치와 관련한 경험에 대해서만 이야기하고자 한다. 처음 주민자치와 인연을 맺은 것은 2011년 10월 17일이다. 이 글을 쓰고 있는 지금이 2016년 2월 3일이니 대략 만 4년 4개월이라는 기간을 종사해왔다. 그전에는 새마을업무를 6년이나 맡았으니 이래저래 10년은 족히 넘은 셈이다. 그동안 책은 내게 많은 것을 알려줬다. 《나비의 꿈》이라는 책에서는 어차피 아무 것도 없는 동네가 아니라 오히려 아무것도 없으니 해봐도 손해볼 것이 없다며 꿈을 현실로 만들어간 열정을 배웠다. 《주식회사 장성군》에서는 아이디어를 만드는 요령을, 《혼자만 잘 살믄 무슨 재민겨》에서는 같이 잘 먹고 잘 사는 것의 의미를, 《왕을 참하라》에서는 충성의 대상이 특정의 개인이 아니라는 점을 깨우쳤다. 《컬덕시대의 문화마케팅》과 《마케팅이란 무엇인가》에서는 빵만으로는 살 수 없다는 사실을, 《나는 그림에서 인생을 배웠다》에서는 그림과 인생의 기초를, 《팔지 마라 사게 하라》에서는 자부심을, 《논쟁이 있는 사진의 역사》와 《찰칵, 사진의 심리학》에서는 사진 한 장의 위력를, 《설득의 심리학》과 《사소한 것에 목숨 걸지 마라》에서는 심리학의 맛과 멋을, 《김미경의 아트 스피치》와 《굿바이 떨림증》에서는 청중 앞에서 발표를 못하는 요인에 대한 이해와 대처방안을, 《혼창통》과 《미쳐야 미친다》에서는 끝없는 열정을, 《리더의 언어》에서는 경청과 배려를, 《기사되는 보도자료 만들기》에서는 읽히는 기사작성 요령을, 《인비저블》에서는 나서지 않는 프로의 세계를, 《용인술》에서는 인재의 적재적소 활용법을, 《디테일의 힘》에서는 대충이 아닌 완벽을 추구하는 자세를 배웠다. 《공피고아》와 《제대로 시켜라》에서는 안목이라는 리더의 덕목을, 《대통령 보고서》와 《대통령의 글쓰기》, 《글쓰기 정석》과 《심플》에서는 혼이 실린 글에 대해서 다시 생각해보는 계기를 제공해주었다. 이처럼 다양한 분야에 걸친 독서가 많은 것을 가르쳐주었지만 다 배우지는 못한 것 같다. 배움의 자세가 부족한 것이 원인이기도 하겠으나 처리할 업무가 많다는 핑계로 책을 대하는 정성이 모자랐던 것이 큰 이유라고 하겠다.

신문은 책과 달리 큰 부담이 없다. 우선 분량면에서 비교가 안 된다. 책 한 권을 읽는 데는 3~4일 정도 걸리지만 신문은 30분 내외로 읽을 수 있다. 결혼 직후에는 중앙일보만 구독하다가 조선일보도 보게 되었다. 평소 컴퓨터의 즐겨찾기에 폴더별로 구분하여 자료관리를 해오고 있는데, 신문을 보면서 필요한 자료가 있으면 분야별로 저장하여 활용하고 있다. 특히 사업계획을 세울 때나 공모사업을 신청할 때 또는 중앙부처 등에 제안할 때 유용하다.

책과 신문은 내게 지식의 비서와도 같다. 글쓰기 실력도 덤으로 얻게 되었다. 내공이 쌓여 각종 인사말과 모시는 글 그리고 보도자료와 타이틀 뽑기, 계획서 작성 등에서 저절로 글이 써지는 경험을 수시로 하게 되었다. 책과 신문의 가치란 이런 것이다.

최근에는 여러 자치위원회에서도 책과 신문 읽기에 주목하고 있다. 다행스러운 일이 아닐 수 없다. 상2동에서도 2008년부터 주민자율문고를 운영하면서 독후감공모전 등을 개최하여 책 읽는 마을 분위기를 조성하고 있다. 또한 공모사업을 통해 2015년 7월 22일 마을신문 〈상상마을〉을 창간하여 현재까지 3호를 발간해오는 동안 주민과의 소통공간으로 자리 잡으면서 일방통행이 아닌 양방향 통행으로 주민들에게 즐거움을 주고 있다.

원미2동의 경우 더 찡한 사연이 있다. 2011년 10월 12일까지만 해도 부천의 36개 동 주민자치위원회에서 발간하는 마을신문은 고강본동의 〈고리울〉과 성곡동의 〈성곡사랑〉이 있었다. 그런데 원미2동 위원회에서도 한번 만들어보자는 결의를 하고 여성위원 몇 명을 중심으로 신문 만드는 작업을 시작했다. 글쓰기교실에서 들었던 글쓰기 강의와 신문 만들기 교육을 받고는 충분히 만들 수 있겠다는 자신감으로 인터뷰를 하고 동네 사람들의 이야기를 중심으로 기사 원고를 작성했다. 하지만 과정은 순탄치 않았다. 보수도 없는데 생고생 하지 말라는 남편의 말에 등산을 간다며 가방을 메고 나와 주민센터에서 기사작성을 하기도 했다. 우여곡절 끝에 원고를 마감해서 편집과 인쇄를 담당할 업체를 방문했다. 거기서 신문제작에 드는 비용이 200만원이 넘는다는 말을 들었다. 소요비용이 얼마인지도 모르고 덜컥 작업부터 해놓은 것이었다. 속된 말로 무식한 사례인데, 어쩌랴 돈을 마련하는 수밖에. 그래서 나온 것이 '100인 광고'였다. 동네를 주름잡는 여인들이 나서서 상점을 비롯해 아는 사람을 동원, 딱 100명을 확보했다. 마을신문에 광고를 내줄테니 만원씩 내라는 설득에 동네사람들이 움직인 것이다. 그래도 모자란 비용은 당시 편집장이 뭉칫돈을 내고 나머지 위원들도 주머니를 털었다. 그런 과정을 거쳐 2011년 10월 13일 원미2동 마을신문 〈원미마루〉 창간호가 세상에 나왔다. 이후 2번의 자비부담 끝에 공모사업과 추경편성을 거쳐 본예산을 확보하게 되었다. 지금은 정착단계로 스스로 굴러가고 있다. 이것이 주민자치 본연의 모습이라고 생각한다.

　신문의 위력을 확인할 수 있는 사례가 있다. 대전 동구 판암동의 마을신문인 〈판암골 소식〉은 가난한 동네를 바꾼 신문으로 기록되고 있다. 우리가 잘 아는 이석연 변호사도 종이신문을 뒤적이는 것만으로도 독서 효과가 있다고 말한 바 있고, 스마트폰 중독에서 벗어나게 하는 최선의 해독제는 종이책과 신문이라는 기사도 있었다. 귀하는 어떤가?

7. 나만의 즐겨찾기 구성

　자료를 관리하는 것은 지겹다 못해 즐겁다. 처음 자료를 관리할 때는 습관이 안 된 탓에 이런 것을 꼭 해야 하나 곤혹스럽다. 결국 몇 번 하다 말다를 반복하다가 자료관리가 부실해져 탈이 나게 된다. 그러면서 재삼 자료의 소중함을 알게 되고, 그 후로 자료관리에 신중을 기하게 된다. 나의 경험이다. 지금은 컴퓨터 즐겨찾기에 나만의 자료관리를 꾸준히 계속하고 있다.

　이 책을 읽는 독자는 공무원이거나 주민자치위원일 것이다. 주민자치와 관련한 분야에 종사하는 분도 있을 것이다. 여기에 소개하는 분류방식에 동의하는 분도 있겠지만 그렇지 않은 분도 있으리라 본다. 여하튼 이를 바탕으로 자신에게 맞게 가감하여 사용하면 그것이 바로 나만의 즐겨찾기를 구축하는 셈이니, 이번 기회에 자료관리의 중요성과 방법을 새롭게 인식하기를 바란다.

　분류방식은 크게 3가지다. 행정기관, 신문, NGO(NPO 포함)이다. 행정기관은 대체로 자주 찾는 중앙부처만 구성해놓았다. 그 이유는 법제처의 경우 법률을 적용할 때 종이문서에 있는 해당 법조항이 현재에도 유효한지 확인하기 위해서이고, 국가기록원은 연설문을 참조할 때가 있어서이다. 행정자치부부터 국민신문고까지는 여러 소식을 접하기 위함도 있지만, 공모사업을 확인하여 가능하면 신청하려는 것이다. 개인적으로 여러 가지 제안이나 슬로건 등을 공모하기도 한다. 기타는 공직과 관련하여 부수적으로 필요한 것들이다.

신문은 중앙지와 지방지로 구분한다. 신문을 읽는 이유는 한가한 시간을 때우기 위한 것이 아니라, 주민자치위원회에 대한 행정지원 가운데 보도자료를 제출하는 것도 포함되기 때문이다. 동(洞)에서 구청으로 보내면 구청에서 각 동의 보도자료를 취합하여 시청으로 보내고 시청에서 다시 각 신문사로 보내는 구조이기에, 동에서 보낸 보도자료가 어느 신문에 기사로 나왔는지 확인하려는 것이다. 물론 동 단위에서 보낸 보도자료가 중앙지에 반드시 실린다는 보장은 없다. 하지만 이따금 중앙지에 실린 기사를 발견하고 남 모르는 짜릿함을 느낀 적이 여러 번 있었다. 지방지는 주로 인터넷신문인데, 시간낭비를 줄이고 업무효율을 높이기 위하여 가급적 관내 지방지만 보고 있다.

NGO의 경우 전국주민자치박람회를 주관하는 열린사회시민연합을 설정해두면 연도별 현황이나 통계까지 추출할 수 있어 좋다. 다른 NGO들은 같이 주민자치 사업에 참여한 단체를 중심으로 구성했다. 특히 주민자치 관련 사업을 추진할 때는 지역자원과의 연계를 염두에 두어야 하는데, NGO(NPO 포함)는 자체적으로 교육과 훈련이 되어 있기에 협업에 아주 좋은 파트너로 삼을 수 있다. 그리고 작은 NGO는 동 단위 사업 참여에 안성맞춤이어서 거래(?)하기에 제격이다.

여기서 NGO와의 경험담을 간략히 소개한다. 유니세프 한국위원회의 경우 외국동전이 가정에서 잠을 자고 있는 경우가 많아 동전으로나마 빈민국 어린이를 돕자는 취지에서 2013년부터 시작하여 매년 12월에 전달하곤 했는데 이듬해 1월에 실행 결과를 받아볼 수 있었다. 외국동전이라 국적(國籍)을 전부 알 수 없어 회신에는 동전 몇 킬로그램과 지폐 몇 장이라는 내용만 들어 있지만 큰 비용을 들이지 않고 남을 도울 수 있어서 의미가 적지 않다. 부언하면, 우리가 한국전쟁으로 폐허가 된 이후 지금처럼 잘사는 나라로 인식되기까지 무엇보다 부모 세대의 땀과 노력이 컸던 것이 사실이지만, 외국의 원조가 없었다면 가능하지 않았을 것이다. 그래서 주민자치 업무를 하면서 도움을 받았던 나라에서 도움을 주는 나라로서 더 큰 역할을 하는 데 마중물이 된다는 생각을 늘 갖고 있다. 조금 더 신경을 쓴다면 한국전쟁에 참여한 모든 나라들에 작은 지원이라도 해나갈 수 있을 것이다. 그 시작이 내게는 외국동전이었다.

아프리카아시아난민교육후원회(ADRF)와는 2014년에 인연을 맺었다. 빈민국 어린이의 교육사업을 주로 후원하는 단체인데, 어린이들에게 희망과 꿈을 심어주기 위해 '희망 책'을 보내기로 했다. 중고등학생 자원봉사자를 모집하여 우리나라 동화책을 영어로 번역해서 보냈고, 상2동 생태하천 학습문화 한마당을 개최하여 마련한 이익금 1,000불을 긴급지원하기도 했다.

국제스포츠연맹(Peacesports Home)과는 2014년 아프리카로 운동화, 축구화, 유니폼, 축구공, 모자 등 5종을 보내는 사업을 추진했다. 그런데 그해 7월 1일 원미2동에서 상2동으로 발령받은 바람에 끝까지 챙기지 못했다. 이후 아프리카 지원사업이 진도를 나가지 못해 여간 미안하지 않았는데, 2016년 2월 15일자로 다시 원미2동으로 복귀하게 되었고 조만간 결실을 볼 예정으로 있다. 이제까지 어떤 사업이건 시작해서 끝을 맺지 못한 경우가 없었는데, 아프리카 지원만큼은 예외로 기록되어 그동안 국제스포츠연맹에 미안한 마음을 갖고 있었다.

아름다운가게는 잘 알려진 바와 같이 상2동에서 개최한 '생태하천 학습문화 한마당' 행사에 파트너로 참여하여 주민들에게 '아나바다'의 생생한 사례를 들려주는 등 학습의 기회를 제공해줬으며, 직원들 또한 잘 훈련되어 있어 도움을 주고받는 관계로 손색이 없다.

간혹 신문이나 방송에서 어느 단체가 빈민국에 우물을 파주어 식수를 해결했다는 뉴스를 접하거나, 사막에 나무를 심어주어 우리나라에 몰려오는 황사현상을 일부 억제했다는 소식, 학교를 지어주어 그 나라의 문맹률을 줄이는 데 기여하고 있다는 이야기 등을 통해 원조받던 나라에서 원조하는 나라로 성장한 국가는 한국이 유일하다는 보도를 대하곤 한다. 그럴 때마다 내가 근무하고 있는 동(洞)의 주민자치위원회를 하루빨리 자생력을 갖추게 하여 해외진출까지 해보고 싶은 마음을 다시금 갖게 된다.

박경덕	행정기관	중앙부처	법제처
			행정자치부
			문화체육관광부
			고용노동부
			교육부
			국민신문고
			국가기록원
		기타	도로명주소 안내시스템
			알고가
			기상청
			전국주민자치박람회
			국어학회
			부천예총
			부천문화재단
			1365자원봉사
			상2동(자기 동)
	신문	중앙지	조선일보
			중앙일보
			동아일보
		지방지	더부천
			부천매일
			부천일보
			부천시민신문
			부천신문
			부천자치신문
			부천타임즈
	NGO 등		열린사회 시민연합
			Peacesports Home(국제스포츠연맹)
			굿 네이버스
			월드비전
			유니세프 한국위원회
			휴먼 인 러브
			아프리카 아시아 난민교육후원회

8. 내 평생 해보고 싶은 목록

누구에게나 자기 인생에서 꼭 해보고 싶은 일들이 있을 것이다. 이를 적은 목록을 '버킷리스트(bucket list)'라고 하는데, 물론 나에게도 있다.

공무원으로 살아오다 보니 어느덧 퇴직할 시점을 눈앞에 바라보게 되었다. '공직에서 은퇴한 후에는 무엇을 하고 싶을까?' 스스로에게 물어본 적이 있다. 이제까지는 누군가에 의해 또는 사회의 요구에 의해 수동적으로 살아왔다면 지금부터라도 내 삶을 내 의지대로 살고 싶어졌다. 더 늦기 전에.

돌아가신 아버님을 자주 찾는 것을 1순위로 꼽았다. 다음 2순위는 가족이다. 공직에 있다는 핑계로 관심과 배려가 부족했는데 은퇴 후에는 이를 만회하고 싶다. 마지막 3순위는 내 삶에서 나 혼자만의 흔적을 남기는 것이다. 그것이 인생에 대한 예의라고 생각하기 때문이다.

주민자치를 담당하는 입장에서 보면 나는 참으로 복받은 사람이라고 생각한다. 주민자치를 담당하면서 문화행정과 주민자치행정에 눈을 뜨게 되었다. 신문과 책을 가까이 하는 습관을 갖게 되어 자료관리에 많은 도움을 받았다. 2008년 부천세계무형문화엑스포가 개최되면서 사단법인 부천세계무형문화유산엑스포조직위에 2009년부터 2010년까지 파견근무를 하게 되어 전시와 공연 그리고 홍보마케팅의 세계에 접근할 수 있었다. 이 시기에 장인의 근성과 문화에 대한 식견을 배웠다. 이러한 경험과 노력으로 단순한 주민자치가 아닌 융합하는 주민자치에 대한 내공을 쌓아갈 수 있었다. 동(洞)에 근무하면서 주민자치의 매력을 발견하여 주민자치에만 헌신하겠다며 구청과 시청에는 가지 않겠으니 양해를 부탁한다는 요청이 받아들여진 것도 행운이었다.

은퇴 후에는 지방으로 내려가 나무를 심는 것으로 소일하면서 양가 형제들과 같이 사는 공동체를 꿈꾸고 있다. 그것이 여의치 않으면 행정자치부에서 2017년부터 시행한다는 주민자치회에 들어가 분과장이나 간사 또는 자치위원장을 해보고 싶다. 진짜 참 봉사가 무엇인지, 진정한 주민자치가 무엇인지 지역주민들에게 실감할 수 있게 하여 가짜 자치위원은 몰아내고 진짜만 참여하는 지역공동체의 모범사례로 만들어 전국 방방곡곡에 전파하고 싶다.

이와 같은 꿈을 갖고 일하다 보니 일하면서도 즐겁기만 하다. 주변에서 이제는 좀 쉬면서 천천히 하라는 말을 종종 듣는다. "다른 데서는 몰라도 당신이 부천에서만큼은 주민자치 분야의 최고라는 것을 아는데, 더 무엇을 하겠다고 야근에다 주말에도 사무실에 나와 일을 하느냐?" 나의 대답은 간단하다. "이제 3년하고도 4개월 밖에 안 남아서 그 기간에 원 없이 일해야 내가 퇴직하는 날에 뒤도 돌아보지 않을 수 있다." 하루하루 신명나게 일해야 마지막 날에도 기분이 좋다는 생각이다.

이 글을 읽는 분에게 힌트를 하나 드리면, 살아 있는 동안 꼭 해보고 싶은 목록을 살펴보면 또 다른 무언가가 떠오른다는 것이다. 그것을 다른 것에도 적용할 수 있다는 것이다. "아하! 주민자치위원회의 중장기계획에도 적용이 가능하겠구나!" 그렇다.

행정에서는 보통 추진기간을 단기와 중기 그리고 장기로 구분한다. 이를 읍면동의 주민자치위원회 중장기 발전계획에도 적용할 수 있다. 주민자치에서는 단기를 올해와 내년까지 2년을 염두에 두는 것이 좋다. 중기는 3년부터 5년까지가 제격이고, 장기는 6년부터 10년까지 잡는다. 그 이상으로 잡으면 허황된 생각으로 보이기 쉽다. 아직 멀었다고 부사와 형용사로 도배한 계획으로 만든 것 같아서 눈살을 찌푸리게 한다. 계획은 구체적이고 실행가능한 것이어야 한다. 각 기간(단기, 중기, 장기)마다 단계별 계획을 추가하면 좀 더 구체적인 그림이 나온다. 단계는 많아야 3단계까지만 있는 것이 좋다. 그리고 단계별 계획을 실천하는 추진사항을 덧붙인다.

이런 구도를 누군가는 그려야 한다. 큰 그림을 그리고 나서 세밀화라는 작은 그림을 추가하면 전체적인 윤곽이 드러난다. 이것을 누가 해야 할까? 경험에 의하면, 자치위원장이 담당하는 것이 가장 좋으며 여의치 않다면 간사(또는 사무국장)가 해야 한다. 부득이하게 위원장과 간사도 안 되면 분과장이 역할을 수행해야 하는데, 이럴 경우 위원장과 간사는 분과장에게 파워면에서 밀리는 것을 감수해야 한다. 결국 위원장이나 간사의 자리는 능력으로 차지해야지 돈이나 세치 혀로 맡아서는 안 되는 것이다. 리더는 리더다워야 한다.

【내 평생 해보고 싶은 목록(2015.01.17)】

(단위 : 만원)

연번	과 제	시 기	내 용	비용	비고
계				58,543	
1	아버님 찾아뵙기	연 3회 이상			
2	캄보디아 가족여행	2015년 12월	• 딸 정신교육	250	
3	주민자치 관련 책 발간하기	2016. 8월 이후		1,000	
4	국토순례 후 책 발간하기	2019. 8월 이후	• 또는 자전거 일주기 (게스트 하우스) • 발간비용 : 별도	700	100일
5	시인(詩人) 등단	2019. 8월 이전			
6	누군가에게 실질적 도움주기	진행중	호극이네, 국내외 어린이돕기 (2명) : 연간 133만원 이내	133	
7	영어회화 배우기	수시			
8	「한국어 교원」자격증 따기	2015년			
9	가족과 해외여행 가기	2015년부터	• 1회당 300만원 내외	300	3년마다
10	혼자라도 해외여행 가기	2015년부터	• 2015년	100	
11	나무 공부하기	2019. 6월	• 조경학원 수강 : 노량진	60	
12	요리 배우기	2019. 6월부터	• 독학		
13	로또 1등 당첨되기	희망			
14	귀촌	2020년	• 공동체도 검토 (여동생, 큰·막내 처남) • 집짓기, 집(토지)구입 : 귀촌 1년 후 검토 • 공동생산	30,000	로또 협조
15	나무가꾸기	2021년	• 육림조성으로 노후와 딸아이 장래직업 소화 • 토지구입 검토 : 귀촌 1년 후 검토	20,000	로또 협조
16	텃밭 가꾸기	2021년	• 가족(공동체)용		
17	강아지 키우기	2021년			
18	지역공동체 참여하기	2021년부터 (만61세)	• 주민자치회 : 자치위원, 간사, 위원장 • 마을기업, 사회적기업, 협동조합	5,000	추후 확정
19	기타 경험 책 발간	2021년부터			추후 확정
20	지구촌 한국어 강사하기	희망	• 여건 확인 후 결정 • 동남아 체류		추후 확정
21	시집(詩集) 발간	희망		1,000	추후 확정

9. 한국전쟁 유엔군 자격 참전국 현황

이 자료는 그동안 틈틈이 정리해둔 것이다. 공직에 있으니 언젠가는 써먹을 때가 있겠지 했는데 결국 그렇게 되었다. '동전의 경제교실'을 통한 외국동전 모으기로 매년 유니세프에 매년 기증한 것부터 시작해서 아프리카아시아 난민교육후원회(ADRF)와 업무협약을 체결하여 '희망 책' 보내기를 추진할 때도 유용하게 써먹었다. 여건이 되면 참전국들 중 1개 국가를 선정하여 우물 파주기나 나무 심기, 책 보내기 등을 추진할 계획도 가지고 있다.

아직 국내에도 먹고살기 힘든 사람이 있지 않느냐며 토를 달지 않았으면 한다. 사람은 은혜를 알아야 하지 않을까? 이국의 젊은이들이 낯선 땅에서 피를 흘리며 지켜준 나라가 아닌가. 생면부지의 관계인데도 불구하고 오로지 민주주의를 수호하기 위해 그 많은 외국의 젊은이들이 삼천리금수강산에 붉은 피를 뿌린 결과로 오늘의 우리가 있는 것이 아닌가.

작은 것부터라도 관심을 가지고 실천을 시작하면 좋겠다. 잠자는 외국동전 모으기부터 시작해도 좋을 것이다. 여건이 허락되면 앞에서 언급한 마일리지제를 시행하는 위원회에서 연말 우수 자치위원을 선정할 때 외국연수를 혜택으로 부여하는 것도 한 가지 방법이다. 회비를 아무리

계산해도 비용충당이 어려운 경우에는 1인당 비용의 50%만 지원한다거나 총 혜택인원을 산정하여 1인당 50만원 내외의 금액만 지원하는 것으로 해도 좋다. 만약 남녀 몇 명을 해외에 보낼 경우 애정사고가 염려된다면 한 해는 여자, 한 해는 남자끼리만 보내면 된다. 해보지도 않고 걱정부터 하지 말자. 의지와 열정만 있으면 못할 것이 없다는 교훈은 이미 경험을 통해 배우지 않았는가.

대상국가를 선정할 때 검토할 국가가 있다. 캄보디아와 베트남 그리고 필리핀이다. 캄보디아에서는 천주교 신부들이 봉사활동을 펼치면서 국격(國格)을 드높이고 있지만, 신부를 사오는 한국인들이 물의를 일으키기도 한다. 심지어 캄보디아에서 한국인과의 결혼을 금지시켜 국제적인 망신을 사기도 했다. 일부 한국인들은 자녀교육을 위해 캄보디아를 방문하기도 한다. 국민소득이 낮은 탓에 학교교육도 받지 못하고 외국인들에게 1달러를 구걸하는 어린이를 보여주려는 것이다. 베트남은 한때 우리나라가 군인들을 파병했을 뿐만 아니라 건설업체들이 진출하여 맺은 인연이 깊은 나라다. 한국 남성들이 현지 베트남 여인과의 사이에서 태어난 아이들을 호적에 올리지 않고 귀국한 경우가 많아 반한 감정이 커지기도 했으나 '아시아의 잠자는 용'이라는 평가를 받고 있다. 필리핀의 경우에도 한국인(Korean)과 필리핀인(Filipino)의 합성어인 '코피노(Kopino)'라고 불리는, 한국인 남성과 필리핀 여성 사이에서 태어난 아이들이 사회문제로 남아 있다. 필리핀은 우리나라에 장충체육관을 지워준 나라이기도 하다. 이들 세 나라에 대해서는 특별한 검토가 있었으면 한다. 민간외교나 국격(國格) 차원에서라도 접근하기를 권한다.

국가를 대표해서 외국에 상주하여 국익을 위해 활동하는 이를 외교

관 또는 대사라고 하는데, 민간인이 그 역할을 대신하는 경우에는 명예
대사 또는 민간대사에 해당한다고 하겠다. 나는 당신이 그 주인공이었
으면 좋겠다.

【한국전쟁 유엔군 자격 참전국 현황】

□ 지원현황(전투병력 파견국 16개국, 의료지원국 5개국)

연번	국 명	참전연 인원(명)	지 상 군	해 군	공 군	지원 내용	비고
계		1,938,330					
1	미국	1,789,000	보병사단 8, 해병사단 1 연대전투단 2 병력 302,483명	극동해군 미 제7함대	극동공군	전투 병력 파견	
2	영국	56,000	보병여단 2, 해병특공대 1 병력 14,198명	함정 17척 (항공모함 1척 포함)	–		〃
3	오스트레일리아	8,407	보병대대 2, 병력 2,282명	항공모함 1척 구축함 2척 프리킷함 1척	전투 비행대대 1 수송기편대 1		〃
4	캐나다	25,687	보병여단 1, 병력 6,614명	구축함 3척	수송기대대 1		〃
5	네덜란드	5,322	보병대대 1, 병력 819명	구축함 1척	–		〃
6	뉴질랜드	3,794	보병대대 1, 병력 1,389명	프리킷함 1척	–		〃
7	프랑스	3,421	보병대대 1, 병력 1,119명 (1,185)	구축함 1척	–		〃
8	터키	14,936	보병대대 1, 병력 5,455명	–	–		〃
9	필리핀	7,420	보병대대 1, 병력 1,496명	–	–		〃
10	태국	6,326	보병대대 1, 병력 1,294명 (2,274)	프리킷함 7척 수송선 1척	수송기편대 1		〃
11	그리스	4,992	보병대대 1, 병력 1,263명	–	수송기편대 1		〃
12	남아프리카공화국	826	–	–	전투비행대대		〃
13	에티오피아	3,518	보병대대 1, 병력 1,271명	–	–		〃
14	콜롬비아	5,100	보병대대 1, 병력 1,068명	프리킷함 1척	–		〃
15	벨기에	3,498	보병대대 1, 병력 900명	–	–		〃
16	룩셈부르크	83	보병소대 1, 병력 44명 (48)	–	–		〃
17	스웨덴	160	지원부대 및 시설 : 적십자병원			의료 지원국	
18	인도	627	지원부대 및 시설 : 제60야전병원				〃
19	덴마크	630	지원부대 및 시설 : 병원선				〃
20	노르웨이	623	지원부대 및 시설 : 이동외과병원				〃
21	이탈리아	128	지원부대 및 시설 : 제68적십자병원				〃

□ 피해현황

(단위 : 명)

연번	국 가 명	전사/사망	부 상	실 종	포 로	계
계		178,569	555,022	28,611	14,158	776,360
1	한국	137,899	450,742	24,495	8,343	621,479
2	미국	36,940	92,134	3,737	4,439	137,250
3	영국	1,078	2,674	179	977	4,908
4	오스트레일리아	339	1,216	3	26	1,584
5	네덜란드	120	645	–	3	768
6	캐나다	312	1,212	1	32	1,557
7	뉴질랜드	23	79	1	–	103
8	프랑스	262	1,008	7	12	1,289
9	필리핀	112	229	16	41	398
10	터키	741	2,068	163	244	3,216
11	태국	129	1,139	5	–	1,273
12	그리스	192	543	–	3	738
13	남아프리카공화국	34	–		9	43
14	벨기에	99	336	4	1	440
15	룩셈부르크	2	13	–	–	15
16	콜롬비아	163	448	–	28	639
17	에티오피아	121	536	–	–	657
18	노르웨이	3	–	–	–	3

4

즐거운 프로그램 운영

1. 프로그램 운영을 설계하는 설문조사

설문조사를 할 때마다 설레곤 한다. 결과가 궁금하기 때문이기도 하지만, 과연 의도한 바대로 결과가 나올 것인지 기대되기 때문이기도 하다. '의도한 바'라고 해서 의심의 눈초리를 가질 필요는 없다.

설문조사는 주로 프로그램 운영이나 신설을 앞두고 실시하는 경우가 많다. 다시 말해서 정당성을 확보하기 위한 설문조사가 대부분이다. 보통은 1년에 한 번 하는 것이 원칙이고, 문항수는 10개 내외가 좋다. 문항이 많으면 사람들이 싫어하고 정확도가 떨어진다. 대상은 동네 주민과 단체원 그리고 프로그램 수강생으로 한정한다.

내용은 일반적인 사항과 진짜 묻고 싶은 사항으로 구성한다. 일반적인 사항에서는 성별, 연령, 거주지, 거주기간이 필수다. 거주지를 묻는 이유는 통계 때문인데, 프로그램 운영의 경우 우리 동네 주민의 몇 퍼센트가 수강하고 있는지를 알 수 있다. 예를 들어 참여 주민이 35%라고 하면 나머지 65%를 다른 동 주민으로 채워야 한다. 어떻게? 홍보밖에 없다. 다른 동에 가서 홍보해야 한다. 아니면 폐강되거나 개강을 미룰 수밖에 없다.

진짜 묻고 싶은 사항은 대개 신설을 희망하는 경우인데, 문항을 그룹으로 엮는다. 예를 들어 배움의 기회를 놓친 어르신들을 위한 한글교실, 영어, 일본어, 중국어 등은 언어그룹으로 만들어 그중 1개를 선택하게 한다. 다음으로는 캘리그라피, 사군자, 서예, 한지공예, 닥종이교실 등 전시그룹을 둔다. 풍물, 기타, 밸리댄스, 가야금, 거문고, 연극 등은 공연그룹을 엮을 수 있다. 특화 프로그램이라고 할 수 있는 인문학그룹은 글쓰기, 창작시, 시조교실 등을 여건에 맞게 설계하면 된다. 특히 글쓰기교실을 개설한다면 가급적 마을신문을 만드는 것도 염두에 두는 것이 좋다. 바꿔 말하면 마을신문 만들기를 목표로 할 경우 반드시 글쓰기교실을 개설해야 한다는 것이다. 동네 사람 몇몇이 의기투합하여 신문을 만들겠다고 하면 만들 수야 있지만 오래 가지 않는다. 마을신문은 열정만 가지고 만들 수 있는 것이 아니다. 시스템으로 만들어야 오래 갈 수 있으므로 글쓰기교실을 먼저 만들고 수강생들 가운데서 동 주민을 기자로 충원하고 안 되면 다른 동 주민으로 보충해야 한다. 그러니까 먼저 기자를 충원할 수 있는 글쓰기교실이 있어야 한다. 개설 시 주중과 주말 그리고 오전, 오후, 저녁으로 나누어 시간대를 안배해야 하는 것은 물론이다.

설문조사 후에는 신설강좌에 대한 프로그램 설계를 하게 되는데, 제일 먼저 강사를 확보해야 한다. 보통의 경우 채용공고로 해결하는데, 내 경우에는 주민자치에 입문해서 현재까지 채용공고를 내본 적이 없다. 문화재단이나 평생학습센터에서 강사를 담당하는 직원의 협조를 받거나 나만의 강사풀로 이 문제를 해결해왔다. 평균 3개월마다 배부되는 수강생 모집 안내문을 보고 주민센터를 방문하는 강사가 2~3명씩 있다. 이들의 이력서를 보고 나름의 강사풀을 작성하여 활용하고 있다. 물론 몇 마디 대화로 성실성을 판단해서 상중하로 등급을 매기는 실례(?)를 범하고 있지만, 현재까지 별 문제 없이 진행해왔다.

다음은 강사와의 본격적인 협상이다. 강사 입장에서는 1회당 2시간, 주당 2회 이상의 출강을 희망하지만 센터의 입장을 따져봐야 한다. 예를 들어 1회당 2시간에 주당 2회이라고 하면 부천시의 경우 조례기준에 따라 1시간당 25,000원씩 월 40만원의 강사수당을 지급할 수 있어야 한다. 그런데 신설되는 프로그램의 수강생모집결과가 15명이라고 하면 수강료 수입이 1인당 18,000원씩 월 27만원이 되므로 매월 13만원의 적자를 감수해야 한다. 이럴 경우 주민자치위원회의 안건으로 상정하기에 무리이다. 그렇다면 주 2회라도 회당 1.5시간으로 하여 강사에게 30만원을 지급하고 3만원의 적자를 감수하는 것으로 조정할 수 있으며, 추후에 인지도 향상으로 약간의 흑자까지도 기대할 수 있게 된다. 이처럼 프로그램을 설계할 때에는 예상수입액(수강료)과 예상지출액(강사수당)에 대한 수지균형점을 냉정하게 검토해야 한다. 내가 주로 취하는 방식은 원칙적으로 주 1회, 회당 2시간 강의를 원칙으로 하되 감당할 수 있는 범위에서 주 2회, 회당 2시간(또는 1.5시간)으로 운영하고 있다.

참고로 설문조사 결과와 실제 등록의 차이를 공개한다. 설문조사에서 어느 특정과목을 희망하는 사람이 100명 있다고 하면 실제로 등록하는 사람은 20명 미만에 불과하다. 프로그램 활성화를 위해 전화로도 등록 접수를 해봤는데도 접수자의 30% 정도는 등록을 포기했다. 포기한 경우의 대부분은 (조금 미안한 표현이지만) 즉흥적인 충동으로 부화뇌동하여 신청했을 때이다. 이를 거울삼아 등록신청은 방문접수를 원칙으로 하는 것이 좋다. 또한 프로그램 수강 신청서에 이메일 기재란을 두어 각종 프로그램 관련 행사 홍보에 도움이 되도록 하는 것이 좋다.

앞에서 '의도한 바'라고 해서 의심의 눈초리를 가질 필요가 없다고 했는데, 의도한 바는 다른 게 아니라 설문조사의 그룹별 순서를 말한다. 예를 들어 인문학그룹에서 마을신문을 염두에 두고 1번 항목에 글쓰기교실을 배치하는 경우이다. 다른 항목보다 글쓰기교실을 택할 가능성을 높이려는 의도라고 할 수 있는데, 사람 심리가 가까운 항목에 시선이 더 가기 때문이다. 결국 시선을 많이 받는 항목에 관심을 더 가지게 된다는 것이다. 이는 선거에서도 증명이 되고 있다. 모든 출마자가 1번이나 앞의 번호를 선호한다는 것이다.

설문조사를 위한 설문서를 배부할 때 어떻게 하면 더 효과적일지 고민하게 된다. 가령 슈퍼마켓과 미용실이 있다고 하자. 어느 곳이 나을까? 당신이 미용실을 택했다면 안목이 있다고 할 수 있다. 슈퍼마켓은 생활용품을 파는 곳이라 사람들이 기다리지 않고 물건만 사고 얼른 가기 때문에 설문조사를 해달라고 부탁하면 싫어하다 못해 짜증까지 낸다. 반면 미용실은 기다리는 시간, 즉 대기시간이 많아 설문조사를 하기에 유리하다. 미용실 원장과 아는 사이라면 더 나을 것이다. 원장의 말 한마디에 단골손님이 즉석에서 써준다. 매번 발령지가 바뀔 때마다 나는 미용실을 자주 이용했다. 이발도 하고 설문조사도 부탁하기 위해.

다음은 원미2동에 근무할 때 만든 수강생모집 안내문과 장소별 프로그램 운영현황이다. 주의 깊게 살펴봐야 할 대목이 있다. 수강생모집 안내문인데, 다른 동의 주민들을 수강생으로 확보하고 싶다면 대중교통편을 기재하고, 동아리나 모임을 주재하는 사람이 프로그램에 관심 있다면 이메일로도 보내주겠다는 내용을 덧붙인다. 나는 대중교통편을 직접 확인하기 위해 1시간씩 기다리기도 했고, 혹시 노선번호가 바뀌지 않았

느지 일일이 발품을 팔기도 했다. 장소별 프로그램 현황을 설명하는 것은 프로그램 관리를 잘하자는 의미이다. 발령지마다 항상 느끼는 사항인데, 수강생모집 안내문은 곧잘 만들지만 장소별 프로그램 운영현황은 없는 동이 많다. 그만큼 관심이 없다는 것이다. 하지만 수강생모집 안내문뿐만 아니라 장소별 프로그램 운영현황 또한 일목요연하게 만들어서 체계적으로 관리해야 한다. 2가지를 앞면과 뒷면에 넣어 한 장으로 관리하게 되면 청사개방이나 신설 프로그램 설계에 도움이 된다. 한눈에 파악할 수 있게 하는 사람이 바로 내공 있는 사람이다. 그에 반해 아마추어는 쓸데없이 여러 장에 분산시켜 관리한다.

2013년 주민자치센터 프로그램 수강생 모집

운영장소	프로그램명(과정)	운영일시	인원	수강료 (월)	강사	강사약력
회의실 (洞2층)	스포츠댄스 (3개월)	수/금 (12:00~14:00)	15	20,000	조지은	서울 이화동 주민센터 등
	DIY목공인테리어 (3개월)	화 (10:00~12:00)	15	20,000	이유미	부평 동중학교 목공소품만들기 부천여성청소년센터 강사
	연극교실 (중·고생)	일 (11:00~13:00)	20	5,000	경기예고	경기예고 학생 강사
	요가교실 (연중)	월/수/금 (09:30~10:30)	15	15,000	서미석	서울시립 북부복지관 등
	미술교실 (초등학생)	일 (10:00~12:00)	15	무료	경기예고	경기예고 학생 강사
문화교실 (洞2층)	민요교실 (3개월)	목 (15:00~17:00)	15	20,000	박혜옥	부천문화원, 부평사물국악원 등
	POP예쁜글씨 (3개월)	목 (19:00~21:00)	15	20,000	이부성	한국POP디자인협회 부천지부장 부천대학교 문화센터 출강
	생활영어교실 (3개월)	화/목 (13:00~14:30)	15	20,000	이근복	종로엠학원 강사역임 입시학원 강사역임
	기타교실 (3개월)	금 (15:00~17:00)	15	20,000	박성철	작곡가 노래강사 + 기타강사
	서예교실	화 (10:00~12:00)	15	15,000	윤병일	원미2동 강사
	사군자교실	금 (10:00~12:00)	15	15,000	전순덕	원미2동 강사
만남의방 (洞2층)	만화교실 (초등학생)	일 (10:00~12:00)	15	무료	경기예고	경기예고 학생 강사
	글쓰기 교실 (3개월)	수 (10:00~12:00)	15	15,000	박창수	신문/잡지/사보 취재기자 KBS라디오 출연중
소심원 문화센터	한지공예 (3개월)	수 (14:00~16:00)	15	15,000	이선옥	(사)전통공예협회 원장 각급 학교, 주민센터 강사

※ 유의사항

○ 수강 신청인원이 모집인원 대비 80% 이하일 경우 폐강될 수 있음
○ 모집내용은 사정에 따라 일부 변경될 수 있으며, 교육재료 및 교재비는 수강생 본인부담임
   ⇨ 기타교실은 6월부터 매주 금요일 15:00 ~ 17:00까지 운영예정임
○ 수강료 감면사항(50%) : 증빙서 지참자에 한함
   • 국민기초생활수급자, 등록장애인, 한부모가족, 국가유공자(유족 포함), 만 65세 이상자

※ 프로그램 문의

• 원미2동 주민센터 (032) 625-5681~3
• 이메일 : deokdeok@korea.kr ☞ 이메일로 안내문 발송요청 시 활용

※ 교통편 안내(버스 하차 후 5분 소요 : 부흥시장 부근)

• 대성병원 앞 : 5-5, 8, 11, 12, 50, 70-2, 71, 75, 606, 661
• 원미동 풍림아파트 앞 : 013-2, 3, 3-1, 5-5, 56, 56-1

□ 장소별 프로그램 운영현황(기존 프로그램 및 단체회의 포함)

2013. 06월부터

장소	시간대	월	화	수	목	금	일	비고
회의실 (洞2층)	09:00~10:00							
	10:00~11:00	요가(신규) 09:30~10:30 요가(기존) 10:50~11:50	DIY생활인테리어	요가(신규) 09:30~10:30 요가(기존) 10:50~11:50		요가(신규) 09:30~10:30 요가(기존) 10:50~11:50		
	11:00~12:00						연극교실 (11:00~13:00)	
	12:00~13:00							
	13:00~14:00			스포츠댄스		스포츠댄스		
	14:00~15:00			(한지공예)				
	15:00~16:00							
	16:00~17:00							
	18:00~19:00				주민자치			
	19:00~21:00		자방대		새마을(협)			
문화교실 (洞2층)	10:00~11:00		서예교실					
	11:00~12:00		서예교실	노래교실		사군자교실	미술교실 (10:00~12:00)	
	13:00~14:30		생활영어	생활영어				
	15:00~17:00				민요교실	기타교실		
	16:00~17:00	부녀회			민요교실	기타교실		
	19:00~21:00			자연보호	POP 예쁜글씨			
만남의방 (洞2층)	10:00~11:00			글쓰기교실				
	11:00~12:00			글쓰기교실			만화교실	
	13:00~15:00							
	16:00~21:00							
소심원 문화센터	13:00~14:00			한지공예 14:00~16:00				
	14:00~16:00							
	16:00~18:00							

※ 단체회의

- 주민자치 : 매월 둘째주 목(18:00)
- (새)협의회 : 홀수달 둘째주 목(19:00)
- 자연보호 : 매월 첫째주 수(19:00)
- 방위협의회 : 매월 셋째주 화(18:30)
- 통 친 회 : 매월 25일(17:00)
- (새)부녀회 : 매월 마지막주 월(16:00)
- 자 방 대 : 홀수달 셋째주 화(19:00)
- 자전거사랑회 : 수시

2. 수강료로 무엇을 충당해야 하나

주민자치센터에서는 여러 가지 프로그램들로 행사를 진행한다. 대표적인 것이 전시와 공연이다. 당연히 비용을 수반하는데, 수강료로 이를 감당해야 한다. 여기에도 공식이 있다.

수강료의 쓰임은 한두 가지가 아니다. 강사수당을 비롯해서 전시와 공연에 참여하는 각각의 프로그램에 대한 반대급부를 일부 또는 전부를 제공하며, 수강생모집 안내문 리플릿 제작비와 수도와 전기 등의 공공요금도 부담해야 한다. 경우에 따라서는 자원봉사자나 유급간사의 수당(월급)도 지급해야 한다. 좀 더 세세하게는 A4용지, 볼펜 등의 문구류와 총계정원장과 현금출납부 양식도 구입해야 한다. 이 모든 비용을 수강료로 충당하는 것이 제대로 된 주민자치위원회의 모습이라고 할 수 있다. 전화요금과 신문구독비 또한 당연히 지출할 사항이다. 이것을 공식으로 표현하면 아래와 같다.

수강료 = 강사수당(해당 위원회의 유급간사 급여 포함) + 행사지원비 + 공공요금 등 수강료는 위에서 살펴본 바와 같이 여러 항목에 사용되기에 올바른 프로그램 운영을 희망한다면 민간기업의 사장과 같은 자세로 고객인 수강생을 맞이해야 하며, 그만큼 홍보에도 많은 노력을 기울여야 한다.

다행인 것은 최근에 와서 수강료의 현실화에 대한 인식이 많이 바뀌고 있다는 점이다. 하지만 여전히 공공성 차원에서 주민자치센터의 프로그램은 '저렴해야' 하며 그래야 다닐 수 있다고 생각하는 분들이 적지 않다. 여러 지출사항을 인정한다면 이제라도 저렴한 수강료에 대한 조례의 재검토가 필요하다. 저렴한 수강료는 훌륭한 강사초빙의 기회를 막을뿐더러 강좌의 질을 담보하는 한계가 있기 때문이다.

수강료로는 강사수당도 지급하지 못할 경우에 시군구에서 별도의 강사수당이 지원되기도 하는데, 전액이 세금이다. 이는 문제가 있다. 국민의 세금으로 운영되는 프로그램에 생업이 바쁜 사람들은 참여할 수 없고 그렇지 않은 수강생들에게만 세금의 혜택을 주는 것은 고민해봐야 할 문제다. 수강료 금액도 18,000원 이하 대신 20,000원 이하 등으로 5,000원이나 10,000원 단위로 바꾸는 것을 검토해야 할 것이다.

강사수당 얘기가 나온 김에 한마디 더해야겠다. 주민자치 업계에 오래 있으면서 느낀 점이다. 수강료의 현실화와 더불어 강사수당도 현실화되어야 한다. 강사가 기업이나 공기업에 출강하면 시간당 최소 4만원 이상을 받는다. 학교에 가도 3만원을 받는데, 주민자치센터에서만 3만원 이하를 받는다. 주민자치센터에 오는 강사들은 전임강사가 아니고 여러 군데를 다녀야 하기에 대부분 자가용을 이용한다. 시간당 2만원이나 2만 5천원을 받는다면 기름값과 차의 감가상각비를 고려할 때 너무 짜다고 할 수 있다. 시·군·구 의원이나 시장·군수·구청장의 아내가 강사라면 어땠을까 하는 생각도 하게 된다. 정확한 강사수당의 산출공식이 없어서 곤란하다면 관련단체의 강사수당을 참고하거나 함께 새로운 기준 마련을 위해 노력하면 정답은 못 구해도 서로 공감할 수 있는 방안을 마련할 수 있으리라 본다.

3. 프로그램 운영의 3가지 원칙

주민자치와 관련한 프로그램을 운영할 때는 3가지 원칙을 준수해야 한다.

주민자치센터는 교육전문기관이 아니며,
민간부문 영역과의 충돌을 최소화하고,
수익자 부담의 원칙을 지켜야 한다.

이를 꼭 지켜야 한다.

먼저 주민자치센터는 전문교육기관이 아니므로 보편타당한 일반 소양 과목을 다루어야 한다. 다른 말로 평생학습의 기회를 제공해야 한다는 것이다. 간혹 누군가의 후광을 업고 위세를 부리며 특정 프로그램을 개설해달라는 주문도 받게 되지만, 예외 없이 설문조사 후 결과에 따라 진행하는 것이 좋다. 주민자치센터도 지자체에 준하는 기관이므로 공정성을 꼭 지켜야 한다. 지역에 따라 초급반, 중급반, 고급반으로 나누어 프로그램을 운영하는 경우를 볼 수 있는데, 민간부문에서도 배울 수 있다면 원칙적으로 초급반만 운영하는 것이 민간부문에 대한 예의이다. 간혹 주민자치센터에서 배우는 것이 편리하고 수강료도 저렴하다고 해서 막무가내로 프로그램 개설을 요구하는 경우도 있는데, 역지사지해보면 답은 자명하다. 개설을 요구하는 사람의 집에서 특정 강좌를 개최한다고 하면 그것을 칭찬하는 사람이 몇 명이나 될까? 아무리 가깝고 저렴해도 개인적으로 강좌 개설을 요구해서는 안 된다. 그럼에도 불구하고 예외가 있다면, 지역 여건에 따른 특화 프로그램으로 지역 내 공감대가 이루어지면 개최가 가능하다.

다음은 민간부문 영역과의 충돌을 최소화하는 것이다. 앞에서 잠깐 언급했지만, 현재 운영 중이거나 개설을 고려하는 강좌가 민간부문 영역과 충돌을 빚어서는 안 된다. 공공부문은 세금지원이라는 혜택을 받기에 운영상에서 큰 어려움이 없지만, 민간부문은 곧 생계의 터전이기도 하다. 민간의 생계를 위협하는 일이 없어야 한다. 피해를 주지 않는다는 실태조사가 있다면 이해할 수도 있으나 그렇지 않은 경우에는 신중을 기해야 한다. 마찰을 최소화시키는 방법은 해당 강좌의 초급반만 운영하는 것이다.

마지막으로 수익자 부담의 원칙이다. 주민자치 프로그램의 운영에는 알게 모르게 세금으로 조성된 예산이 지원된다. 결과적으로 전체 주민이 내는 세금의 혜택은 수강생들에게만 돌아간다. 대다수의 주민은 프로그램 운영으로 혜택을 받지 못하게 된다. 생업에 종사하느라 하루 중 몇 시간도 할애하기가 힘들기 때문이다. 물론 시간 할애가 안 되어 혜택을 받지 못하는 것은 본인이 감당해야 할 문제이긴 하나, 소수만 혜택을 보는 것은 문제의 소지가 있다. 상황이 이러하므로 예산지원을 받는다는 이유만으로 수강료를 너무 낮게 책정하는 것은 전체 납세자들에 대한 도리가 아니다. 적합한 수강료 책정 문제는 수강료 공식을 따르면 해결된다. 그렇게 해서 남는 돈이 있으면 각종 공모사업에 사용하거나 새로운 자체 사업을 추진하는 데 사용하면 된다. 수강료가 저렴해서 부담이 없다고 자랑해서는 안 되는 까닭이다. 결국 수강료와 강사수당의 현실화는 조례에 의해 해결할 수 있다. 담당자의 열의만 있으면 지자체 내에 있는 물가심의위원회에 상정안건으로 올리면 된다.

4. 프로그램 수강생을 누가 모집해야 하나

   수강생 모집은 당연한 일이나 실천하기가 만만치 않다. 프로그램 운영을 주관하는 주민자치위원회에서 모집하면 되지만 민간인들이라 결집력이 약하다. 주민자치가 아닌 관치에 의존하는 위원회라면 주민센터의 도움을 받으면 된다. 주민센터에서 통담당제를 운영하고 있어 동장을 제외한 모두가 통담당 업무를 수행하는데, 공무원마다 통 2개 내외를 담당하여 통장에게 여러 가지 안내문과 지역상황 등의 소식을 전달하므로 공무원의 도움을 받으면 프로그램 수강생모집 안내문을 배부할 수 있다. 문제는 인근 동이라는 관외지역인데, 이는 자치위원들이 몇 개 조로 나누어 안내문 배부를 분담하면 가능하다. 위원회가 잘 조직되어 있다면 임원과 프로그램 담당 분과위에서 수행하는 것도 좋다.

   주민자치위원회가 제대로 활성화되어 있지 않은 동에서 근무할 때의 일이다. 3개월마다 일주일 정도씩 위원회의 임원이나 분과장 등을 불러서 함께 안내문을 배부했다. 처음 당하는 자치위원은 '뭐 이런 사람이 있냐'는 떨떠름한 표정을 짓기도 했으나 같이 다니면서 관치는 뭐고 자치는 이런 거라는 얘기를 하다 보면 조금씩 부드러운 표정으로 바뀌곤 했다.

   수강생모집 안내문은 2종류를 원칙으로 했다. 컬러 A4용지와 흑백 A4

용지였다. 나름의 노하우라고 할 수 있는데, 컬러용지는 아파트용으로 아파트관리사무소를 방문하여 공문과 함께 라인별 게첨대 수량만큼 배부했다. 흑백용지는 4분의 1 크기로 접은 다음 50매 정도를 고무줄로 묶어 쇼핑백이나 장바구니에 담아서 주택가를 돌며 우편함이 있는 집에 투입했다. 찌라시(전단지) 돌리듯 남의 집에 그냥 투입하는 것은 영 볼썽사나웠기 때문이다. 그렇게 3개월마다 뿌린 흑백용지는 대략 1만매 정도였다. 처음 수강생모집 안내문을 들고 나갔을 때가 2월이었던 것 같은데, 아직 봄이 오지 않은 탓에 추웠다. 하루가 지나니 이 짓을 계속해야 하나, 공무원이 할 일인가 하는 의구심이 들었다. 그래도 계속했다. 당시 강의실로 사용할 수 있는 공간은 6개였는데, 2개는 1년 내내 열쇠가 채워져 있었고 나머지 4개는 오전에만 사용하고 오후에는 무뚝뚝한 사람마냥 굳게 입을 다물고 있었다. 이를 살아 있는 공간으로 만들고 싶었다. 설문조사와 강사섭외를 거쳐 당시 운영하던 8개 프로그램 외에 3월부터 신규 프로그램 11개를 만들기로 결정하고, 신규 프로그램 수강생에 대한 오리엔테이션을 개최하기로 했다. 결국 내가 만든 일로 10일가량 홍보에 매달릴 수밖에 없었다. 마침내 오리엔테이션 당일, 주민 70여 명이 자리를 함께했다. 모두가 좋아했다. 이날 이후 열쇠가 채워진 2개의 강의실이 열리고, 나머지 4개도 오후에 수강생들이 이용하게 되었다. 야간강좌까지 개설했다. 하지만 직원들의 보이지 않는 눈총도 받아야 했다. 야간 프로그램 때문에 주중에 하루는 남아 있어야 했기 때문이다. 나중에 연말 평가에서 3등 안에 들자 언제 그랬냐는 듯 직원들이 좋아했다.

개강 후 몇 개월 지나자 프로그램 운영이 어느 정도 안정되었다. 자치위원회 임원도 수강생모집 안내문 배부에 동참했다. 프로그램이 활성화

되자 자치위원들도 달라졌다. 하면 된다는 것을 느끼고 한번 해보자는 결의도 보였다. 분과위도 활성화되어 2012년에는 전국주민자치박람회에서 1차 심사를 통과하는 괴력을 발휘했다. 출품한 대표사례 제목은 '주민에게 다가가는 작은 평생학습원'이었다.

프로그램 수강생모집 안내문은 2011년부터 3개월마다 배부하여 2016년 2월 현재까지 계속되고 있다. 만 5년이다. 이 기간 동안 홍보활동을 하지 못한 것은 딱 한 번이었다. 4년 연속 전국주민자치박람회 1차 심사를 통과하다가(2차 심사인 인터뷰에서 번번이 고배를 마셨음) 2015년 상2동에서 근무할 때 2차 심사마저 통과하면서 상2동 주민자치위원회가 평생학습 분야에 진출하게 되어 전국의 44개 읍면동과 함께 전시권을 획득하여 처음으로 부스를 꾸미고 리플릿을 만드느라 시간이 여의치 않았기 때문이다.

안내문 배부 같은 홍보활동을 할 때 가장 큰 고역은 무더위와 추위이다. 8월 삼복더위에 걷다 보면 온몸에서 땀이 줄줄 흘러내린다. 그늘만 보면 쉬고 싶어진다. 그러다가도 시상(詩想)이 떠오르면 가지고 있는 수첩에 볼펜으로 몇 자를 적는다. 가장 행복한 때이다. 담배 한 모금으로 공직의 자세를 새로이 하고 시상도 챙길 수 있는 나로서는 참으로 소중한 시간이었다. 설문조사를 할 때 안내문을 보고 프로그램을 수강하게 되었다는 비율이 30%를 넘은 것을 알게 된 때에는 스스로에게 고마움을 느끼기도 했다. 무더위와 추위에 굴하지 않은 보람과 자부심이 깊은 곳에서 올라오곤 했다.

부천시에는 36개의 주민센터가 있다. 내가 속한 원미구에 20개, 소사구에 9개 그리고 오정구에 7개가 있다. 안내문은 구도시에서 근무할 때

20개 동을, 신도시에서는 10개 동을 다니면서 배부했다. 이웃한 소사구나 오정구에는 아파트단지가 밀집한 지역 위주로 컬러용지를 배부했다. 그렇게 해서 키운 동(洞)인데도 다른 곳으로 옮기고 나면 슬슬 무너지곤 했다. 누군가는 키우고 또 다른 누군가는 무너뜨리는 현실이 조금은 서글프기도 했다. 주민자치는 저절로 생명이 유지되지 않는다. 애정과 열정으로 키우는 사람이 더 많아져야 한다.

5. 다양한 프로그램이 주는 즐거움

　주민자치센터의 프로그램은 즐거움을 준다. 어떻게 보면 어린이와 닮았다. 관심과 애정을 주면 어린이처럼 쑥쑥 자란다. 처음에 들어오는 수강생은 익히기에 바쁘다. 처음 배우니 낯선 것이 많고 배울 것이 많기 때문이다. 대략 3개월이나 6개월 정도 지나면 어느 정도 여유가 생긴다. 슬슬 주민자치센터 게시판도 살펴보고 필요한 홍보물도 집어간다. 간간이 물어보기까지 한다. 이후에는 프로그램별 총무나 회장으로 참여하기도 하며 각종 주민자치 행사에도 관심을 보인다. 먼저 배운 수강생을 따라 전시나 공연에 참여하게 되고 설레임도 갖게 된다. 혹시 내가 실수하면 어쩌지 하며 잠을 설치기도 한다. 한 1년 정도 지나면 말도 늘고 권리도 요구한다. 그런 성장과정을 옆에서 지켜보는 위원회의 임원이나 행정팀장은 대견함을 느낀다. 이제 말상대를 할 수 있다며.

　관치에서 자치로의 권한이양에 관여하는 행정팀장 입장에서는 프로그램 활성화가 마냥 즐겁다. 우선 수강료 수입이 증대되어 재정력이 튼실하게 된다. 프로그램이 다양하면 한 사람의 수강생이 2~3개의 프로그램도 동시에 수강한다. 요즘 문화센터에서 일주일 내내 살고 있다는 말을 자주 듣는데 주민자치센터도 그런 공간이 되어가는 중이다. 한 사람이

한 강의만 듣다가 여러 개의 강의를 듣게 되면서 재정수입이 좋아지는데 친구까지 데리고 온다고 생각해봐라. 얼마나 멋진가. 다친 제비의 다리를 고쳐주었더니 호박씨를 물고 온 격이 아닌가. 그야말로 호박이 넝쿨째로 들어오는데 즐거울 수밖에 없다.

재정수입 증대에 이어 또 다른 즐거움은 다양한 프로그램 운영으로 자체행사나 외부행사 참여가 가능하다는 것이다. 이 글을 읽는 귀하가 공직이건 자치위원이건 불문하고 내 손으로 키운 프로그램이 작품전시회를 개최하거나 무대에 올려진다고 생각해보라. 어린아이를 어린이집에 맡긴 것이 엊그제인 것 같은데 발표회장에서 엄마와 아빠를 보고 웃으며 반기는 모습을 상상해보라. 프로그램을 운영하면 그런 즐거움을 누릴 수 있다.

나는 주민자치와 관련해서 늘 3가지를 염두에 둔다. 주민자치위원회 활성화와 주민자치센터 운영 연말평가 그리고 전국주민자치박람회 진출이 그것이다. 이 중에서 주민자치센터 운영 연말평가 항목에 프로그램 관련사항이 몇 가지 있다. 자체행사 개최 여부와 시단위를 넘는 전국단위 진출에 대해 점수를 부여한다. 주민자치가 부실한 동(洞)에서 근무할 때 구단위 경연대회조차 참여하지 못한 적이 있었다. 프로그램이 활성화되어 있지 않았기 때문인데, 원미구 20개 동에서 13개 동이 참여했다. 참으로 서글펐다. 전시와 공연은 주민자치 활동에서 늘 따라다니는 약방의 감초 아닌가. 매년 참여할 수 있고 해야 하는 전시와 공연을 왜 미리 준비하지 못한 것일까? 이런 과거(?) 때문에 늘 준비하는 마음가짐으로 일했다. 한 번의 쓴맛을 떠올리며 미래에 대비하는 마음으로 자체 작품 전시회나 공연을 준비했더니 슬슬 참여하거나 개최하는 행사가 늘게 되었다. 행사에 참여하는 수강생의 기쁨은 말로 표현할 수가 없다. 옆에서 지켜보는 자치위원이나 행정팀장도 이때가 가장 기분 좋다.

또 다른 즐거움은 프로그램 활성화로 다양한 강사를 만나게 되어 일반상식이 늘어난다는 것이다. 분야별로 다양하니 저절로 많은 분야를 가볍게라도 섭렵하게 된다. 이런 것이 쌓여 내공을 다지게 된다. 또 수강생 중에는 수강생이 아닌 수강생이 더러 있다. 특정 분야의 강사가 유사 분야나 꼭 배우고 싶은 분야에 수강생으로 오는 경우가 있는데, 그들은 곧내 강사풀로 등록된다. 강사를 모집할 때 공모가 필요치 않은 이유이다.

마지막으로, 동네를 걷거나 다른 지역에 출장갔을 때 나는 모르는데 상대방이 먼저 인사를 하는 경우이다. 그들로부터 프로그램을 개설해주어서 고맙다는 인사를 받을 때면 나도 모르게 어깨가 으쓱해진다. 고생한 보람을 느끼게 되는 이 순간은 높은 분의 격려보다 더 큰 가치로 다가온다. 이런 즐거움을 귀하도 느꼈으면 좋겠다.

6. 수강생의 또 다른 신분, 예비 주민자치위원

이 내용은 다양한 프로그램이 주는 즐거움과 함께 다루려 했으나 자치위원에게 해당되어 별도로 설명하게 되었다. 프로그램을 활성화하면 많은 수강생을 접하게 되는데, 나는 수강생들에게 프로그램별 회장과 총무를 뽑게 하여 수강생과 위원회 (또는 행정팀장)의 중간 역할을 수행하도록 권한다. 이후 프로그램별 임원과 수강생들을 관찰하여 우리 동 거주자와 다른 동 거주자를 구분하여 자치위원 영입작업을 진행한다.

자치위원은 말 그대로 '참 봉사자'이기에 신중하게 선출해야 한다. 미안한 표현이지만, 미꾸라지 한 마리가 개천을 분탕질하도록 놔둘 수는 없기 때문이다. 분과위, 월례회의, 교육, 행사 참석을 관리하는 마일리지제를 염두에 두어야 하고, 분과위별로 안배하는 것도 고려해야 한다. 무작정 사람만 데려오는 것이 아니라 분과위별로 적합한 인재를 발굴해야 한다. 인재영입을 세밀하게 하는 위원회의 경우 식당업이나 노래방 업종에 대해서는 아예 위원회 가입을 불허하기도 한다. 일부 업종에 대한 배척은 형평성 위배나 직업 차별의 경우에 해당될 수 있지만, 운영세칙이나 운영회칙으로 제한하는 것은 허용된다고 하겠다.

자치위원을 모집할 때는 공개모집이 원칙인데, 원칙을 잘 지키지 않는 경우가 있다. 공개해서 쓴맛을 본 경험 때문이다. 어느 자리나 적합한 사람이 있고 그렇지 않은 사람도 있게 마련이다. 봉사활동을 하기 위해 위원회에 입회한다고 지원신청서를 제출하지만 순수성을 의심받는 사람에게는 입회를 불허해야 한다. 당사자 입장에서는 억울하다고 주장할 수 있으나 오랫동안 주민자치에 몸담고 있는 사람의 눈에는 보인다. 본인이 운영하는 사업체의 영리를 위하거나, 은퇴 후 명함이 없어 사회생활이 불편해서, 또는 시의원에 출마하기 위해 지명도를 높일 목적으로 지원하는 경우가 있다. 그런데 탈락된 사람이 위원회를 비롯하여 동장이나 행정팀장을 괴롭히곤 한다. 이른바 민원 넣기이다. 떨어진 이유를 대라는 것은 기본이고, 왜 그것 때문에 떨어뜨리느냐, 말도 안 된다며 끝내 육두문자도 내뱉는다. 그렇기에 신중할 수밖에 없지만, 그래도 공개모집은 추진되어야 한다.

위원회에서 영입을 기피하는 사람이 있다. 시민단체에 종사하는 사람이다. 이유는 시민단체원 출신은 외골수여서 설득이 어려우며 조직에 순응하기보다 튀는 것을 좋아한다는 평가를 받기 때문이다. 실제로도 시민단체원이 위원회에 입회한 후 오랫동안 활동하는 것을 본 적이 없다. 역으로 시민단체원도 위원회에 호감을 느끼지 못하는 편이다. 너무 관료적이고 폐쇄적이며 합리적이지 않다는 것이다. 결국 상생의 길을 모색해야 마을의 발전을 이룰 수 있다.

여기서 주민자치의 모범으로 평가받는 남양주시 호평동의 사례를 살펴보자. 호평동은 읍면동이 참여할 수 있는 전국주민자치박람회 4개 분야(작년부터는 시군구가 참여하는 제도 분야가 없어졌음) 모두에서 장려상 이상의 실적을 기록했다. 요즘 말로 얘기하면 그랜드슬램을 달성한 셈이다. 누가 보더라도 100% 주민자치를 실시한다. 문서작성에서부터 행사진행은 물론이고, 예산까지 자체적으로 확보한다. 어디 그뿐인가. 동네민원도 해결한다. 예산이 많이 드는 경우에는 남양주시 중장기 발전계획에 포함시켜 단계별로 추진사항을 점검하며, 못미더우면 공청회나 토론회도 열자고 시에 건의한다. 적은 예산이 들거나 아예 예산이 안 드는 경우에는 주민센터와 행정복지센터 등과 협력하여 조기에 해결한다. 자치위원은 통별로 안분하여 배치하며, 최근에는 자치위원 인턴제도 시행하고 있다. 자치위원 인턴제는 정식 자치위원이 되기 전에 3개월이라는 수습기간을 거치도록 하는 것이다. 뭔가 다르지 않은가. 짜릿하다.

7. 강사와 수강생 군기잡기

흔히들 프로그램을 활성화하면 피곤해진다고 한다. 상대할 사람도 많고 곤란한 요구사항도 많아져 지친다고 한다. 그래서 적당한 게 좋으니 너무 많이 만들지 말자고 주장하는 이도 있다. 이해는 하지만 올바른 처사는 아니다.

프로그램 운영은 주민자치위원회(관치인 경우에는 행정팀장)가 한다. 그리고 수강생, 강사와의 삼각관계가 형성된다. 강사는 전임강사가 아니기에 가급적 수강생들에게 영향을 미쳐 최대한의 이익을 추구하려 한다. 보통은 수업진행에 필요한 물품을 요청하는 것이 대부분인데, 이는 수용이 가능한 사항으로 문제가 되지 않는다. 문제는 수강생이 많아졌으니 분반을 해달라거나 강의시간을 확대해야 한다고 요구하는 경우이다. 이런 경우에는 앞에서 언급한 것처럼 수강료 공식에 따라 대응하면 된다. 이와는 또 다르게 프로그램별 운영일지와 출석부 기재 요구에 불응하는 경우도 있다. 전에 담당했던 간사는 그런 것을 요구하지 않았는데 왜 그러냐며 부당한 것이 아니냐고 반발한다.

이런 문제를 미연에 방지하는 방법은 채용계약서를 체결하는 것이다. 딱 1년간만. 그래야 강사가 긴장한다. 채용계약서에 운영일지와 출석부 기재를 의무화하고 이를 이행하지 않을 경우에는 강사수당을 지급할 수 없다는 내용을 명시한다. 어느 동에 근무할 때의 일이다. 운영일지와 출석부가 비치되어 있는데도 작성하지 않는 강사들이 있었다. 확인해보니 예전부터 운영일지와 출석부는 작성하건 말건 참견하는 사람이 없어서 그랬다는 것이다. 이후 강사 채용계약서를 작성하면서 운영일지와 출석부 기재는 강사가 지켜야 할 예의이자 의무임을 설명하고 내용을 명시했더니 더 이상 그런 모습을 보이지 않았다.

강의가 시작되기 전이나 끝날 때 강의실을 방문하는 것도 좋은 방법이다. 일찍 오는 수강생에게 강사에 대한 평판이나 수강을 통해 향상된 실력 수준을 확인하면 기획하고 있는 전시나 공연 스케줄에 도움을 받을 수 있다. 또한 1년에 1회 이상 강사에 대한 평가를 실시하는 것이 좋다. 평가는 너무 지나치다며 반대하는 사람도 있는데 몰라도 한참 모르는 소리다. 강사평가를 왜 못하는가. 나는 주민자치센터 프로그램운영 평가계획을 매년 작성해서 실천한다. 평가내용은 기본사항, 학습내용, 기타사항이다. 기본사항으로는 프로그램별로 적합한 복장을 하고 있는가, 학습내용을 잘 전달하는가를 묻고, 학습내용으로는 교재 사용 여부의 적정성, 월별 학습진도 이행을 확인한다. 기타사항으로는 강사와 수강생의 상호신뢰도, 수강료 미납자 수강 여부와 운영일지 작성을 점검한다. 프로그램별 9개월간(1월부터 3월까지 3개월 단위로 수강료를 납부하기 때문)의 수강료 수입과 지출항목인 강사수당과의 비교자료를 활용하는 것은 물론이다. 이렇게 2가지를 사용하면 강사가 착한 강사와 능력 있는 강사로 탈바꿈한다. 뒤에 예시한 주민자치센터 프로그램 강사 평가표를 참고하여 더 좋은 평가표를 만들 수 있기를 바란다.

다음은 수강생을 다루는 방법이다. 원칙적으로는 수강생들 스스로 회장과 총무를 뽑아 그들끼리 상대하도록 해야 한다. 그래야 프로그램이 잘 돌아가기 때문이다. 임원을 뽑아놓고 다른 수강생들을 상대하는 것은 곤란하다. 위원장을 선출해놓고 위원장으로 인정하지 못하겠다는 것과 다를 것이 없지 않은가. 수강생들로부터 얻는 정보도 대략적인 것이어야 하지 특정한 결정사항에 대해 자문 얻듯 하면 안 된다. 그것이 선출된 임원을 존중하는 방식이다.

그런데 간혹 임원이 오버페이스를 하는 경우가 있다. 대표적으로 수강생은 주민이므로 주민이 원하면 들어줘야 하는 것 아니냐는 말을 들 수 있다. 빔프로젝트가 오래되었으니 바꿔달라, 노래방기계도 낡았다, 당신이 오기 전에는 우리 교실이 프로그램비로 1년에 한 번씩은 자매결연을 맺은 지방에 갔는데 왜 올해는 안 가느냐 등등. 건의가 아니라 당연한 요구라고 생각한다. 이럴 때 당신이라면 어떻게 처리하겠는가. 주민이 원하니까 내 월급이라도 내어 써야 할까? 물론 아니다. 건의나 요청은 얼마든지 할 수 있지만 다 해결해줄 수는 없다. 재정의 한계 때문이다. 꼭 필요한 경우라면 올해 요구하여 내년도 본예산에 반영시키는 것이 올바른 방법이다. 특히 비용이 많이 드는 자산취득비가 그렇다. 적은 예산이 소요되는 것은 수강료로 조성된 프로그램비에서 충당하는 것이 맞지만, 그전에 요구한 교실이 적자교실인지 흑자교실인지부터 따져봐야 한다.

프로그램을 운영하다 보면 적자가 나서 구조조정을 해야만 하는 경우가 있다. 10명 이하로 프로그램을 운영하는 경우가 여기에 해당되는데, 운영자 입장에서는 마지막에 쓰는 카드라고 할 수 있다. 이때 수강생들이 민원을 제기하여 운영자를 괴롭히는 경우를 본다. 이는 세금 무

서운 줄 모르고 여러 사람이 납부하는 세금의 혜택을 혼자만 끝까지 보겠다는 심사와 같다. 수강료 인상이나 폐강은 운영자가 마지막으로 쓰는 카드라는 점을 인식하고 반발이나 민원으로 해결할 성질이 아니라는 점을 알아야 한다. 본인이 운영하는 가계가 매월 적자라면 당신은 어떻게 하겠는가.

허용이 어려운 경우가 또 있다. 자매결연이다, 합동워크숍이다, 한마음 단합대회다 해서 수강료로 충당하려는 위원회가 일부 있는데, 이를 허용해서는 곤란하다. 지출과 관련하여 위원회에서 쓸 수 있는 항목은 따로 있다. 세금으로 조성된 지원예산과 수강료로 받은 프로그램비, 자치위원이 납부한 자체회비, 여러 평가에서 받은 시상금이 지출항목인데, 각각의 지출 기준을 준수해야 한다. 위원회에서 의결하면 그것이 법이라고 주장하며 무리한 지출을 감행하려는 위원이 있는데, 위험천만한 발상이다. 지켜야 할 것은 지키는 것이 도리이고 순리이다.

어찌 되었건 수강생들이 요청하는 사항은 검토되어야 하지만, 철저히 검토되어야 마땅하다. 재정에 대해 잘 몰라 요청하는 경우에 대해서는 수강료 공식에 대한 이해를 구하면 더 이상 불편해지는 일이 없게 될 것이다.

충돌은 대개 서로의 입장이 다르기 때문에 빚어진다. 어떤 경우에건 상대방의 입장을 헤아릴 수 있는 기회로 삼는다면 오히려 서로의 관계가 더욱 돈독해지는 계기가 될 수 있다는 것을 기억해야 한다.

【주민자치센터 프로그램 강사 평가표】

	강좌명	강사명	정원	등록인원(10月)	당일 수강자
기본사항	기타교실 (중급)	서OO	25	18	

	최근 10개월간 수입·지출내역				
기본사항	구 분	계	수강인원 / 수강료		
	수 입 (수강료)	3,244천원	• 수강료 징수액 : 3,385,530원 • 수강료 환불액 : 140,625원		
	지 출 (강사수당)	3,650천원	• 3,650,000원		
	재정진단	• 9개월간 405천원의 적자로 • 월평균 45,000원의 적자 프로그램임(3명 부족)			

	시간준수	복장상태	전달성(말씨)	수업분위기 (수강생 태도)	회장/총무 선정여부
학습내용	양호 / 미흡	양호 / 미흡	양호 / 미흡	양호 / 미흡	
	교재사용 여부	월별 학습목표 설정여부	학습 기자재 사용 유무	필요한 학습 기자재 유무	기타사항
	사용 / 미사용				

	학습일지 작성 여부	강사와 수강생 호응도	수강료 미납자 여부	기타사항	
기타내용	양호 / 미흡	양호 / 미흡	명		

2015. 12. .

평가자	직) 자치위원장	성명) 방OO	(인)
	직) 자치운영분과장	성명) 이OO	(인)
	직) 문화교육분과장	성명) 신OO	(인)
	직) 행정팀장	성명) 박OO	(인)

5
주민이 즐거워하는 공모사업

솥단지에는 장작이 있듯이
자치위원은 주민을 즐겁게 만들어야 한다.

1. 참여 가능한 공모사업

공모사업은 나를 설레게 만든다. 이름 그대로 공개모집에서 선정되는 것을 목표로 하기 때문이다. 좀 더 솔직하게 말하면 선정되는 상상을 하기 때문이다. 상2동 주민센터에서 근무할 때 시·구·도는 물론 교육부까지 총 6개 사업에 선정된 적이 있었는데, 회계담당이 각종 사업추진에 따른 서류작성과 사업관리에 애를 먹기도 했지만, 막상 나는 사업을 추진하는 내내 즐거웠다.

공모사업은 예산을 받아오는 사업이다. 흔히들 돈이 없어서, 우리 동이 가난해서 사업을 추진할 수 없다고들 말한다. 돈은 지혜와 같다. 내가 지혜가 부족하면 남의 지혜를 빌리면 되듯 돈도 없으면 남의 돈을 가져오면 된다. 남의 돈을 가져올 수 있는 것이 바로 공모사업이다. 당장 수중에 없어도 보이지 않는 돈이 있다는 말이다. 그러니 공모사업은 뒷돈이자 내가 쓸 수 있는 돈인 것이다. 그러나 보이지 않는 돈이기에 이를 볼 수 있는 지혜가 필요하다. 지혜는 관심을 가져야 보인다. 재정이 튼튼한데도 공모사업을 늘 염두에 두는 위원회가 있다. 부러운 위원회이다.

또한 공모사업은 제출하기 전과 후의 결과에서 많은 것을 배우게 된다. 제출하기 전에는 동의 전체 사업을 총괄적으로 살피면서 연간 및 월간 일정을 재정비하는 기회를 가질 수 있다. 기획력 향상은 덤이다. 선정되었을 때의 쾌감은 이루 말할 수 없다. 자기 스스로 열심히 한 것에 대한 자긍심을 느낄 수 있어서이다. 어느 누구의 칭찬보다 더한 짜릿함을 느낄 수 있다. 아울러 예산이 확보되어 주민의 삶의 질이 그만큼 더 높아지는 계기가 된다. 어차피 참 봉사를 하기 위해서 위원회에 들어온 것이니 공모사업과 자치위원은 불가분의 관계이다.

참고로 각종 공모사업은 위원회의 분과장을 포함한 임원들의 몫이기에 항상 공부하는 자세가 되어 있어야 한다. 상근자는 손과 발은 될 수 있어도 머리는 아니므로 상근자에게 미루는 위원회는 제대로 된 위원회라고 할 수 없다.

다음은 부천시를 중심으로 여러 가지 공모사업을 간략하게 정리한 것이다. 자세한 내용은 해당 홈페이지를 참고하면 된다. 이를 바탕으로 해당 지역의 여건에서 참여 가능한 공모사업을 정리해두면 좋겠다.

□ 각종 공모사업의 종류

연번	주 관	공모사업명	내 용	비 고
1	경기도 부천시 (원미구)	행복한 마을 만들기	• 7개 분야 : 가로경관 가꾸기, 문화예술, 마을공동체 및 마을 공간 가꾸기, 사람중심의 공동체 형성, 생태문화 네트워크, 장애인 편의시설, 기타분야	
2	경기도 부천시 (원도심지원과)	행복한 마을 만들기	• 신규사업 : 공동체분야 • 계속사업 : 소규모 생활환경 개선분야 • 기획공모 : 건강마을	
3	경기도 부천시 (참여소통과)	주민자치센터 특화전략 프로그램	• 5개 분야 : 주민자치, 지역복지, 주민편익, 시민교육, 지역사회진흥	
4	경기도 부천시 (평생교육과)	평생학습	• 민간경상보조사업 • 시민제안 프로그램	
5	경기도	따복공동체	• 공간조성 지원사업 • 공간활동 지원사업 • 새싹활동 지원사업	※ 따복 : 따뜻하고 복된
6	교육부	지역 평생교육 활성화 지원사업	• 행복학습센터 선정	강사비 지원
7	행정자치부	희망마을 만들기 및 지역공동체 활성화사업	• 시설조성사업 − 생활편익 확충형 − 소득사업 추구형 • 공동체 활성화 프로그램 지원	
8 9	문화체육관광부	생활문화 공동체 만들기	• 문화예술활동을 매개로 한 마을공동체 형성 지원	후원 : 복권위원회
10		문화가 있는 날 『동(洞)! 동(童)! 동(動)! 문화놀이터』민간예술단체 어린이프로그램	• 매월 마지막 수요일 『문화가 있는 날』에 어린이 대상 프로그램 공연개최 비용 전액 지원	제출처 : 국가문화예술 지원시스템
11	농림축산식품부	녹색농촌 체험마을 지정 (도농교류촉진법)	• 체험 휴양마을 사업자 등록	20가구 이상
10	시·도(시·군·구) 문화재단	각종 문화사업	• 각종 문화사업	
11	복권기금위원회	복권기금위원회 홈페이지 활용	• 문화예술사업 등	

2. 동네 한 바퀴 돌기(인적·물적 자원 발굴)

'동네 한 바퀴 돌자'는 말이 전국을 휩쓴 적이 있다. 지역에 따라서는 지금도 진행되고 있으리라 본다. 원칙적으로 동의한다. 자치위원이라고 해서 자기 동네의 경계를 다 알고 있지는 않기 때문이다. 동네 한 바퀴 돌기는 마음을 모으는 의식행사이다. 일체감을 조성한다. 스스로 참 봉사를 실천하는 즐거움도 느낄 수 있어 좋다.

그러나 동네 한 바퀴 돌기는 단순히 물적자원만 확인하는 행위가 아니다. 실제로 해본 사람은 안다. 동네를 돌다보면 지역 내에서 활동하는 다양한 인적자원을 만나게 된다. 같이 돌면서 저 땅은, 저 건물은, 저 가게는 어떻고 누구네 거라는 얘기가 자연스럽게 나온다. 지역에 오래 살고 있는 분들도 있어 마을내력을 알게 되는 행운도 건진다. 나는 이를 '품평회'라고 부른다. 저 가게는 누구네 가게인데 언제부터 뭐 하던 사람이라는 정보가 공개되기 때문이다.

나는 새로운 발령지에 갈 때마다 일주일 안에 동네를 한 바퀴 도는 '의식'을 치른다. 사진기를 들고 필요한 사진도 찍는다. 나도 남들과 똑같이 하루 24시간을 살기에 가급적이면 효율적으로 일하려고 사진기와 수첩 그리고 볼펜을 항상 소지하고 다닌다. 돌면서 만나는 장면은 다양하다. 나무뿌리로 인해 솟아나온 보도블럭이나 꺼진 도로는 주민불편사항으로 항시 체크대상이다. 주민자치 업무를 담당하는 사람으로 전시와 공연 공간 마련을 염두에 두고 사전확인도 한다. 또한 마을의 각종 문화와 관련된 업소도 체크해서 훗날의 참여대상으로 점찍어 두기도 한다. 어디 그뿐인가. 주민자치는 종합예술과 같아서 문화에 종사하는 사람은 자치위원 영입대상 영순위이다. 그런 인재를 만나는 즐거움이 동네 한 바퀴 돌기에 있다. 마음이 심란할 때나 공모사업을 혼자서 정리할 때 역시 많은 도움을 받는다.

다시 한 번 정리하면, 동네 한 바퀴 돌기는 물적자원을 확인하는 행위이자, 인적자원을 정리하는 행위인 동시에 인재양성을 목적으로 하는 활동이다. 마음을 모으는 단합은 덤이다.

3. 요즘 주목받는 장소

주목받는다는 것은 즐거운 일이다. 하지만 알고 보면 그 이면에는 무수한 고생이 있었다.

요즘 주목받는 장소가 많아졌다. 대표적인 곳이 부산광역시 감천문화마을이다. 처음에는 저소득층 주거지였으나 2009년 마을미술 프로젝트인 '꿈꾸는 부산의 맞추픽추' 사업과 2010년 콘텐츠 융합형 관광협력사업인 '미로미로 골목길 프로젝트' 사업으로 환경정비와 벽화사업이 이루어져 전국적 명성을 얻은 곳이다. 이후 전국이 벽화사업에 몰두하다시피 열풍을 일으키기도 했다.

미술을 소재로 뜬 곳도 있다. 주로 달동네나 연립주택, 오래된 골목이 있는 장소이다. 서울의 월곡동, 망원동 등이 대표적인데, 화가들 사이에서 사라지는 것의 역사성을 기록하고자 하는 움직임이 일면서 나타나게 되었다.

소설이나 시(詩)로 유명해진 마을도 있다. 강원도 원주시 단구동에 있는 박경리 문학공원은 대하소설 《토지》로 유명해졌으며, 전북 고창군 부안면 선운리의 미당시문학관과 이효석의 단편소설 《메밀꽃 필 무렵》의 배경인 강원도 평창군 봉평면은 전국에서 몰려드는 관광인파로 몸살을 않을 정도다. 특히 평창군은 2009년 효석문화제 기간 동안 150억원의 관광수익을 올리기도 했다. 강원도 춘천시 신동면 증리는 소설가 김유정으로 유명하다. 김유정문학촌이 있고 2004년 기존의 기차역인 신남역을 김유정역으로 바꾸면서 한국에서 유일하게 인명(人名)으로 된 기차역이라는 명성을 얻게도 되었다. 경기도 양평군 수종리의 소나기마을은 소설가 황순원으로, 충북 옥천군은 향수(鄕愁)의 시인 정지용으로 수많은 관광객들을 불러모으고 있다. 이처럼 문학적 특성을 활용하여 주민의 삶의 질을 높이려는 지자체의 노력에는 하나같이 깊은 애향심과 열정이 깔려 있다. 그럼에도 불구하고 문학에 대한 몰이해로 아직 관심조차 없는 지자체들도 있는데, 하루 속히 안목과 식견을 갖춘 직원을 발굴하여 있는 자원을 활용할 수 있기를 기대한다.

지자체의 노력은 이뿐만이 아니다. 경기도 용인시 처인구 두창리에서는 폐교 위기에 처한 시골 분교를 본교로 만들어 큰 관심을 모았으며, 곳곳에서 중고품이 아닌 창작품을 파는 프리마켓을 열어 예술시장이라 불리며 해당 지역에 활기를 불어넣고 있다. 홍대앞 놀이터의 프리마켓, 신촌의 창창시장, 대전광역시의 닷찌 프리마켓, 부산광역시의 아마존과 광안리 아트마켓 등이 문화와 예술이 어우러진 대표적인 시장으로 꼽힌다.

주목받는 것은 장소만이 아니다. 충북 청원군 문의면 소전1리 벌랏한지마을은 닥나무를 이용하여 한지를 만들어 전통도 잇고 마을도 살리고 있다. 농촌진흥청이 주관한 '살고 싶고 가보고 싶은 농촌마을 100선'에 뽑히기도 했다. 개관 13개월 만에 관람객 10만 명을 모은 경기도 양평군립미술관도 있다. '농촌으로 유학 간다'는 말을 유행시킨 농촌유학센터도 있다. 농촌유학센터는 2012년 현재 전국에 20개가 분포되어 있는

데, 6개월에서 1년 과정으로 아이들이 실컷 뛰어 놀고 자기 진로를 스스로 깨닫게 해준다. 부모의 동의하에 아이의 주민등록을 농촌으로 옮겨 시골 초등학교에서 정규과목을 배울 수 있게 한 것이다. 전북 장수군 동화분교 등이 대표적으로, 자세한 자료는 농촌유학전국협의회에서 확인할 수 있다. 시민천사 108명이 농사짓고 돼지 키워 마련한 장학금을 지급하는 경기도 파주시 파평면의 참사랑장학회, 한여름 구들에 불을 지펴 관광수입을 올리는 강원도 평창군 백옥포2리의 '황토구들마을', 농촌에서 일자리 400개를 만든 노기보 신부의 김제자활센터, 주부 8명이 주축이 되어 엄마의 손맛으로 '마을반찬사업'을 추진하여 2013년에 28억원 매출을 올린 전남 완도군 소안도의 '소안참다시마영농조합법인'은 우리에게 시사하는 바가 크다.

최근에는 경제침체에 따른 전통시장 살리기가 한창이다. 작품과 상품의 만남으로 잠자던 시장을 살려낸 광주광역시 동구 대인시장의 '광주 대인예술시장', 경기도 구리시 수택동 구리전통시장의 '보이는 라디오'는 막연한 전통시장 이용하기 구호에서 벗어난 생생한 성공 사례로 주목을 받았다.

주민자치의 사업추진과 관련해서 또 하나 주목해야 할 부분이 있다. 현재의 주민자치위원회시대에서는 수익사업 추진에 한계가 있으나, 2017년부터 주민자치회시대로 바뀌면서 권한과 재정이 강화된다고 한다. 그런 차원에서 헌책방을 주목했으면 한다. 보통 정가의 10% 가격으로 매입하여 50% 내외의 가격으로 판매하는 것이 일반적인데, 그만큼 수익성이 있는 것이다. 더구나 헌책방은 동네에서 이웃과의 소통공간으로 자리매김하기에 적합하여 사회관계를 복원시키는 기능도 있다. 수익성과 사회관계 복원을 위해서는 대화가 가능한 공간조성이 필수이다. 2015년 11월 28일 오바마 미국 대통령이 두 딸과 함께 소형서점인 스트리트 북스를 방문하여 "책 9권을 샀다"며 SNS에 올리기도 했는데, 현재 미국에서는 이와 같은 체인점이 계속 늘고 있는 추세이다.

책을 가까이하는 것은 문화시민의 예의이기도 하다. 귀하는 1년에 책을 몇 권이나 읽는가?

4. 인맥관리로 얻는 것들

'삼연(三緣)'이라는 말이 있다. 학연과 혈연 그리고 지연이다. 삼연은 인맥의 핵심이라고 할 수 있다. 그런데 막상 어떻게 관리하고 있는지 물으면 주저한다. 직장생활을 어느 정도 한 사람은 몇 마디 하지만 대부분은 "글쎄요" 한다.

내 경우에는 인맥의 대상을 3가지로 분류한다. 상중하가 그것이다. 지금도 그렇고 나중에도 인연이 계속되어야 할 사람을 상(上)으로 분류하고, 현재 거래관계에서만 유지되어야 할 사람을 중(中), 현재나 미래에도 관계가 지속되기를 희망하지 않는 경우에는 하(下)로 분류한다. 이 분류방법은 다른 사람들도 채택하고 있을 것이다.

다음으로는 관리방법인데, 처음 인사를 나누는 경우에는 예외 없이 명함을 교환한다. 그리고 명함에 이메일이 있는지 여부를 확인하고 없으면 그 자리에서 알려달라고 한다. 이메일을 중요시하는 이유는 업무 때문이기도 한데, 공직에 있다 보니 사람을 만날 때 시간 내기가 용이하지 않아 혹시 모를 자료교환을 염두에 두는 것이다. 지금은 동(洞) 주민센터에서만 근무해서 덜한 편이지만 구청이나 시청에서 근무하게 되면 한번 출장으로 웬만한 것을 다 파악해야 한다. 아무튼 명함을 나눌 때 이메일 확인을 습관화하는 것이 좋다. 이렇게 해서 수집한 이메일은 컴퓨터에 분야별 또는 강사, 단체원 등의 신분별로 폴더를 구성해서 필요할 때마다 사용한다.

사람을 만날 때는 가급적 점심시간을 활용한다. 예외적으로 저녁시간에 만나는 경우도 있다. 일반적으로 식사와 술로 친교를 맺지만, 나는 원칙적으로 이메일을 통한 자료교환과 책 선물을 우선한다. 경조사는 금전으로 대체하지만 영전이나 승진의 경우에는 예외 없이 책을 선물한다. 남들이 안 하는 책 선물이 나만의 특화된 트레이드마크가 되는 것도 좋지만, 무엇보다 출판문화의 장려에 일조한다는 마음가짐 때문이다. 조금은 이상하게 들릴지도 모르겠으나, '글쟁이'라는 작가들의 평균연봉이 낮은 수준이라는 사실을 익히 알기 때문이다. 정확한 통계는 아니지만 아직도 연봉이 2,000만원이 안 되는 것으로 알고 있다. 잘나가는 베스트셀러 작가는 전국의 작가들 중 5% 미만이다. 다시 말하면 글쟁이들 중에서 5%만 상위소득자로 먹고살 만하고 나머지 대부분은 배가 고픈 현실이다. 작가에게 시집가지 말고 사업가에게 시집가라는 말이 괜히 나온 것이 아니다. 그래서 책 선물은 더 의미가 있다. 더구나 책 선물은 상대방의 성격과 장단점을 헤아려 어떤 분야의 책을 선택해야 하는지를 살피는 정성의 표시이기도 하다. 그래서인지 아직까지는 서운하다는 의사표시나 항의를 받은 적은 없다.

주의할 점은 핸드폰번호나 이메일을 확보했다고 해서 이를 남발해서는 안 된다는 것이다. 간혹 명절이나 주민자치 특별행사 때 문자나 이메일을 대상자 구분 없이 보내는 경우가 있는데, 예의가 아니다. 꼭 보낼 사람에게만 보내는 것이 좋으며 불특정다수에게는 게시판이나 강사 등을 통한 별도의 방법을 모색해야 한다.

인맥관리의 으뜸은 뭐니뭐니해도 방문이다. 얼굴 인사만 하지 말고 악수를 하면 더욱 좋다. 일종의 스킨십이다. 사람들은 보통 아주 친한 사이가 아니면 자기 위치에서 30센티미터 안에 누군가가 들어오면 침범하는 것으로 간주하여 경계하게 된다고 하는데, 악수를 하면 그 경계가 무너지면서 친밀도가 상승하게 된다. 악수가 이른바 스킨십 효과를 일으키기 때문이다. 여자들이 악수하는 경우 손의 일부만 살짝 내미는 모습을 볼 수 있는데, 마지못해 악수한다는 인상을 주어 오히려 불쾌감을 유발할 수 있으니 재고해보기를 권한다.

인맥관리는 결국 협상이고 상품관리이다. 우리 자신이 상품이라고 가정할 때 잘 팔리는 상품과 진열만 되는 상품 그리고 창고에 쌓여 있는 상품 중에서 어느 상품이 기분이 좋을까? "나는 상관없어!"라는 식의 말은 하지 말자. 남들이 이미 당신을 읽고 있다. 당신이 어떤 상품인지를.

5. 쓸모 있는 여러 가지 법칙과 주의

주민자치와 글쓰기에 유익하게 쓸 수 있는 여러 가지 법칙과 기술 등에 대해 보고 배우고 느꼈던 내용을 간략하게 소개하려고 한다.

아래에서 자치위원에게 전하는 내용은 2015년 전국주민자치박람회의 평생학습 분야에서 장려상을 받은 부천시 상2동 부스에 새겨놓았던 문구를 중심으로 한 것이다. 대부분의 관람객은 그냥 지나쳤지만, 부스 안으로 들어와 사진촬영은 물론 글자를 일일이 확인하는 사람들도 있었다. 평소 자치위원들에게 느꼈던 점들을 정리한 내용으로, 박람회에 진출한 동이든 아니든 울림이 있는 느낌으로 다가가기를 희망한다. 비단 특정 분야만이 아니라 일과 삶을 대하는 올바른 자세로도 읽힐 수 있을 것이라고 본다.

주민자치 관련(공무원에게)

- 자치위원에게 전해줄 내공이 없다면 먼저 배워라.
- 내공 증진은 신문과 책에서 배워라.
- 칼퇴근을 포기하면 주민이 즐겁다.
- 공무원은 자치위원에게 자치역량을 전수해줘야 한다.

- 자생력이나 자치역량은 자치위원이 알아서 할 일이 아니다. 시청이나 구청에 주민자치팀이 있고, 행정팀장(또는 사무장)의 업무분장표에도 자치위원회 행정지원이 있기 때문이다.
- 갑질하는 자치위원은 공무원이 그렇게 만든 것이다.
- 자치위원에게 역량을 키워주는 것은 공직의 기본 의무이다.
- 자치위원의 역량을 높이려 해도 안 된다고 하지 말고 먼저 해봐라.
- 무능한 동장을 탓하지 마라. 당신부터 점검해라.
- 내공 있는 행정팀장은 동장에게 끌려 다니지 않는다.
- 무식한 자치위원장에게도 앞장서는 장점이 있다. 주민자치에 대해서만 무식할 뿐이니 주민자치에 대한 책을 선물하라.
- 자생력을 키워주는 대가가 바로 당신의 월급이다.

주민자치 관련(자치위원에게)

- 완장은 가짜, 참 봉사는 진짜!
- 관치는 퇴보, 자치는 발전
- 안 되면 공무원 탓, 잘 되면 자치위원 탓!(아직도?)
- 안건 마련은 공무원, 결정은 자치위원!(아직도?)
- 참여 없는 자치위원, 지속 관치 원인 된다.
- 공무원 참여로 전국주민자치박람회 최우수상! 공무원 전근가면 1차 탈락!
- 아직도 공무원에게 의지하세요?
- 나그네(공직)에게 집안 살림(주민자치)을 맡기는 주인(자치위원은)은 영혼 없는 주인이다.

- 공무원이 없는 회의를 합시다.
- 임원이나 고문은 공직과 동료 자치위원에게 삽질하는 존재가 아니다. 할 말은 먼저 대신 나중에 말하라.
- 당신의 참여로 주민자치 활짝 핀다.
- 내가 참여하면 주민이 즐겁다.
- 귀하를 기다렸어요. 주민자치가.
- 우리 한번 해볼까요? 진짜 주민자치를!
- 리더의 덕목은 열정과 비전이다.

글쓰기 관련

- 나는 글을 쓸 때 내 안에 있는 진정한 나를 만난다.
- 어려운 삶 속에 있기에 그의 일부인 글쓰기는 만만한 것이다.
- 어렵게 느끼는 것은 생각하기 나름이다.
- 말은 하면서 글은 못 쓴다는 것은 몸과 마음이 따로 놀기 때문이다.
- 신문이나 책도 안 보면서 글을 쓸 수는 없다.
- 글쓰기는 타인에게도 즐거움을 준다.
- 자녀도 글 쓰는 부모를 좋아한다.
- 글 쓰는 부모에게 효자 있다.
- 글 쓰는 부모, 글 읽는 자녀에게는 어려움도 비켜간다.

여러 가지 법칙

- **머피의 법칙**

  발생 확률이 거의 없는데도 불구하고 자신에게 불리한 상황이 반복

되어 나타나는 현상을 비유하는 말로, 주민자치를 하면서 기초가 부실한 것도 모르고 계속해서 일을 만들어나가면 일이 자꾸 꼬여 머피의 법칙을 실감할 수 있다.

- **샐리의 법칙**

  머피의 법칙과 반대로, 일어날 가능성이 적은데도 불구하고 좋은 일이 계속 이어지는 경우를 말하며, 주민자치에서 보면 안 하던 분과위를 했더니 연말평가가 좋게 나오고 전국주민자치박람회까지 진출하는 경우가 이에 해당한다.

- **메라비언의 법칙**

  말하는 사람의 이미지가 말보다 강하며, 몸이 입보다 더 많은 말을 한다는 이론으로, 앨버트 메라비언 UCLA 심리학과 교수가 발표했다.

- **시소의 법칙**

  빈 시소 위에 있는 나무 열매는 힘들여 빈 시소 위로 올라간 원숭이만 따 먹을 수 있다는 것으로, 삶에서 위험을 감수하지 않는 자에게는 수익이 없다는 뜻으로 쓰인다.

- **하인리히의 법칙**

  대형사고는 일어나기 전에 여러 가지 작은 사고와 징후를 보인다는 것으로, 300번의 사소한 징후와 29번의 작은 사고를 거치면 1번의 대형사고가 발생한다는 사실을 밝힌 법칙이다. 주민자치에서는 위원회가 화려한 비전이나 목표, 핵심가치를 제시하지 말고 함께 실천할 수 있는 구체적 목표를 설정하는 노력이 필요하다. 독단적인 업무추진에는 반드시 내부에 경고음이 울리므로 항상 내부경고음에 귀를 기울일 줄 알아야 한다.

- **깨진 유리창의 법칙**

건물의 깨진 유리창 하나를 방치하면 행인들이 관리를 포기한 건물로 알고 나머지 유리창도 모두 깨뜨리게 되며 각종 범죄가 발생하게 된다는 내용이다. 주민자치에서도 이와 같은 일이 일어난다. 자치위원이 월례회의에서의 안건처리는 물론이고 분과위에서도 안건마련을 잘하다가 게으름이나 방심 탓에 분과위 개최를 포기할 경우 그동안 쌓아놓은 명성이나 업적이 하루아침에 무너진다.

- **1만 시간 법칙**

성공하려면 하루 3시간, 1주일에 20시간씩 10년 동안 노력해야 한다는 내용으로, 주민자치에서도 잘나가는 위원회를 부러워하거나 시기하지 말고 꾸준한 노력을 기울이면 뜻하는 바를 성취할 수 있다.

- **파레토 법칙**

전체 결과의 80%가 전체 원인의 20%에서 일어나는 현상을 일컫는다. 20%의 고객이 백화점 전체 매출의 80%를 점유한다고 하여 2 대 8 법칙이라고도 한다. 주민자치에서는 각종 회의에서 고문을 포함한 임원이 의사결정을 지배하는 경우가 이에 해당한다. 임원이 각종 안건에 대한 의견을 먼저 제시하면 위원회에 입회한지 얼마 안 되는 신입위원들은 기가 죽어서 자기 의견을 내놓지 못하고 부화뇌동하게 되어 민주적인 의사결정이 이루어지지 않는다.

- **파킨슨의 법칙**

공무원의 수가 업무의 많고 적음에 관계없이 증가한다는 것으로, 특히 내공이 적은 동장이나 행정팀장이 염두에 두어야 할 말이다. 공직에 꼭 필요한 존재인지 자체 점검하는 기회로 삼았으면 좋겠다.

- **나비 효과**

　작은 변화가 연쇄로 일어나 큰 변화를 일으키는 것을 말하며, 비록 지금은 행정팀장에게 의지하는 관치 단계이나 내공을 차곡차곡 쌓으면 진짜 주민자치를 이룰 수 있다는 말로 이해할 수 있다.

- **메기 효과(또는 이케아 효과)**

　미꾸라지들이 있는 논에 메기 한 마리를 넣어두면 미꾸라지들이 메기를 피해 다니느라 생존력이 높아진다는 내용으로, 주민자치의 경우 위원장 혼자가 아니라 분과장 체제로 운영하면 더욱 효과적이다.

- **피그말리온 효과**

　다른 사람의 기대나 관심으로 능률이 오르거나 결과가 좋아지는 현상을 말하며, 선생님의 관심으로 학생의 성적이 좋아지거나 다른 공부는 못하지만 성격이 착하며 특정 과목 하나는 잘하는 자녀가 부모의 지소적인 응원과 신뢰로 큰 인물로 성장한 사례가 여기에 해당한다. 주민자치에서도 고문과 임원들이 신입 위원을 배려하고 지원하면 차세대 주자로 성장시킬 수 있다. 결코 잘난 체하거나 위원회를 좌지우지해서는 안 된다.

- **스티그마 효과(낙인 효과)**

　긍정적인 효과를 가져오는 피그말리온 효과와 달리 다른 사람에게 무시당하고 부당한 대우를 당할수록 부정적으로 변하게 되는 현상으로, 부모가 자녀에게 "너는 커서 뭐가 되려고 하느냐?"고 구박을 하면 자녀가 부정적으로 변하게 된다. 주민자치는 스티그마 효과 대신 피그말리온 효과를 일으키는 방향으로 나아가야 한다.

- **플라시보 효과(기대 효과)**

  실제 치료에 도움이 되는 약이 아닌데도 불구하고 환자 스스로 치료가 된다고 믿음으로써 병세가 호전되는 현상을 말하는데, 주민자치에서도 이런 기대나 자기암시로 위원회의 단합과 위상을 올릴 수 있다.

- **에펠탑 효과**

  먼 친척보다 가까운 이웃이 좋다는 뜻으로도 사용된다. 처음 에펠탑을 지을 때 사람들은 흉물이라 여겨 반대했으나 결국 완성되고 사람들에게도 익숙해져 프랑스에 없어서는 안 될 관광자원이 되었다. 이처럼 자주 접할수록 점점 정이 들고 호감이 커지는 현상을 에펠탑 효과라고 말하는데, 미인과 결혼한 못생긴 남자의 이야기도 이러한 효과로 해석할 수 있다. 호감이 안 가던 어느 자치위원에 대해서도 만남의 횟수가 잦아지면 인상이 달라지고 특정 분야의 전문가라는 사실을 알게 되면서 호의적으로 변하는 경우가 종종 있다.

- **펠츠만 효과**

  운전자가 차의 안전장치를 믿고 더 난폭하게 운전하여 차량사고가 더 늘어나게 되는 현상을 일컫는다. 지나친 믿음이 위험을 초래한다. 잘나가는 주민자치위원회가 자만하여 우물 안 개구리로 전락하는 사례에 비유된다.

- **밤비 신드롬(또는 월트디즈니 신드롬)**

  아기 사슴을 사람들이 만지면 사람 냄새가 배어 어미 사슴이 아기 사슴을 받아주지 않아 결국 아기 사슴이 굶어 죽게 되는 현상을 말한다. 행정에 의존하는 관치의 주민자치위원회도 아기 사슴의 운명과 다르지 않다.

- **파이크 신드롬**

  기존의 가치체계에 안주하여 변화를 받아들이지 못하는 상황을 표현하는 말이다. 월례회의에서 안건을 처리하므로 안건을 만드는 분과위는 필요 없다거나 위원회가 잘하면 결국 공무원들만 덕을 본다며 끝까지 관치 단계에 머물 것을 주장하는 위원회의 모습과도 같다.

- **마초 신드롬**

  남자로 태어난 것이 마치 여자를 지배하기 위한 특권인 듯 행동하는 것을 말한다. 주민자치에서 남자가 위원장이었을 때는 잠잠하다가 여자로 바뀌면 태클이나 무시로 일관하는 경향도 마초 신드롬으로 볼 수 있다. 남자든 여자든 일단 위원장으로 선출되면 인정하는 자세를 보여야 할 것이다.

- **시마(詩魔) 증후군**

  시인이 한 편의 시(詩)를 쓰기 위해 세상사의 비밀을 찾아 깊이 파고드는 증상이다. 몰입의 중요성을 강조하는 말로, 무릇 참 봉사를 하겠다는 주민자치의 임원이나 행정팀장에게도 필요한 증상이다.

- **파랑새증후군**

  장래의 행복만을 꿈꾸며 현재의 일에는 일절 관심이 없는 증세를 말한다. 가정에서는 과잉보호를 받아 정신적 성장이 더딘 자녀에게서 주로 관찰된다. 심하면 현재의 직업이나 직장에 만족하지 못하게 되기도 한다. 주민자치에서는 자치역량 확보나 자생력 강화보다 능력 있는 행정팀장에게만 의존하는 모습으로 나타난다. 결국 관치에 길들여져 주민자치가 아니라 기생자치로 전락하게 된다.

- **피터팬증후군**

　신체는 성인이면서도 어린이나 소년이 되기를 희망하는 심리상태 또는 그러한 행동을 말한다. 파랑새증후군과 마찬가지로 정상적인 위원회에서는 볼 수 없는 현상이다.

- **죄수의 딜레마**

　두 사람이 협력하면 모두에게 최선이 될 수 있음에도 불구하고 자신의 이익만을 위한 선택으로 자신뿐만 아니라 상대방에게도 나쁜 결과를 초래하는 현상을 말하며, 주민자치에서도 서로 불신하여 전체에 해를 끼치는 경우가 있다.

6

『전국구』 주민자치위원회와
전국주민자치박람회

1. 전국에서 내로라하는 주민자치위원회는 무엇이 다른가

어느 위원회나 전국에서 최고라는 말을 듣고 싶어 한다. 그러면서도 잘나가는 위원회를 보면 부러워하다 못해 시기를 하기도 한다. 여건이 좋아서 그렇다고. 과연 여건이 좋으면 다들 잘할까? 내 대답은 '아니다'이다.

결론부터 얘기하면, 전국에서 상위권에 든다는 평가를 받는 위원회에는 상근자가 있다. 그리고 분과위, 소위원회, 월례회의라는 회의의 3단계를 이행한다. 특히 분과위 활동이 활발하다. 아울러 센터 사무실이 별도로 존재하며, 마지막으로 인재가 있다.

먼저 상근자를 살펴보자. 자치위원은 동네를 잘 아는 사람이다. 대부분 주부이거나 백수 또는 자유업 종사자이거나 현직에서 은퇴한 사람으로 구성되어 있다. 시민단체나 금융업에 종사하는 사람이 있다면 운이 좋은 편이다. 대부분 생업에 종사하는 위원들은 마일리지 항목인 분과위, 월례회의, 교육, 행사에만 나와도 역할을 충분히 하는 것으로 봐야 한다. 그래서 회의안건의 결과인 추진사항을 정리하고 서류화하는 사람이 필요한데, 바로 상근자이다. 상근자가 없는 위원회는 하루빨리 상근자를 확보해야 한다. 그래야 제대로 돌아갈 수 있다. 물론 상근자를 육성하는 사람은 위원회의 리더와 행정팀장(또는 동장)이다. 그들이 '인재'

역할을 해야 한다.

다음은 분과위 활동 여부이다. 안건처리는 위원이 하는데 위원이 아닌 사람이 안건을 마련한다고 하면 학생들도 웃는다. 안건은 학생들에게 숙제와도 같은 것으로, 자기 숙제를 스스로 안 하고 다른 사람이 하는 격이니 학생들도 웃을 수밖에 없는 것이다. 분과위를 수시로 연다고 말하는 경우에도 엉터리가 적지 않다. 그 동네 위원은 머리가 좋아 3개월이라는 기간을 예견하는 지혜가 있는지 모르겠으나 내가 봐서는 아니다. 5년을 주민자치업계에 종사한 나로서도 3개월간의 안건을 한 번에 마련할 재주는 없다. 아마도 자치위원들이 생업에 종사하므로 자주 모이지 않기로 담합하여 그런 묘수 아닌 묘수를 쓰는 것 같은데, 영원히 관치에 머물겠다는 불쌍한 의지로밖에 보이지 않는다. 진정한 주민자치가 무엇인지에 대한 성찰이 필요하다.

사람이 모이려면 장소가 있어야 한다. 안건마련이나 회의를 해야 하는데 장소가 없다면 '주민자치'에 다가갈 수 없다. 자치위원이 방랑시인 김삿갓이 아니라면 말이다. 장소가 없다면 지자체의 단체장이나 시군구 의회에서 적극 나서서 해결할 것을 권한다. 간혹 시군구 의원들 중에서 자치위원이나 위원장을 잠재적 라이벌로 의식하고 지원을 꺼리며 형식적으로만 존재하기를 바라는 경향을 보이는 이들이 있는데, 적반하장도 유분수다. 의원도 주민자치의 큰 틀 속에 존재하는 사람이며, 주민들의 삶의 질 향상과 동네발전을 위해 노력하는 위원회를 견제하는 것은 어불성설이기 때문이다. 오히려 라이벌이 있어 더 노력하게 되므로 주민들이 즐거워진다는 인식의 전환이 필요하다. 그래야 의원도 롱런할 수 있다. 노력하지 않는 의원은 의원 자격이 없다. 센터 사무실은 단체장이나 의원의 몫이지 결코 자치위원의 몫이 아니다. 한편 위원장이라고 해서 민선인 의원을 무시하는 태도를 보이는 경우도 있는데, 이 또한 올바른 자세가 아니다. 협의로 보면 주민자치는 의원과 위원이라는 두 바퀴가 온전해야 전진할 수 있다.

앞에서 위원회의 리더와 행정팀장(또는 동장)이 인재가 되어 상근자를 육성해야 한다고 말했다. 경험으로 말하면, 내공 있는 행정팀장이 실력과 열정으로 위원회를 감동시키고 그 바통을 누군가가 받아서 위원회를 활성화하는 경우가 자연스럽다. 그 누군가는 대체로 위원장이거나 간사이다. 내공이 없는 행정팀장이 많은데, 이는 공직의 특성상 이해할 수 있는 측면이 있다. 보통 팀장은 시군구 단위에서는 지방직 6급으로, 바로 전 직급은 7급이다. 7급 시절에 문화행정이나 자치행정 업무를 본 경험이 있다면 좋겠으나 그것이 뜻대로 되지 않는다. 이는 자치위원이라고 해서 자치역량이 있다고 보기에 어려운 것과 마찬가지이다. 그러므로 주민자치를 담당하게 된 행정팀장은 스스로 진단하여 소양이 부족하면 채우는 노력을 해야 한다. 단기간에 채울 수 있는 가장 좋은 방법은 주변의 내공 있는 동료를 찾아 배우는 것이다. 장기적으로는 신문과 책에서 배워야 한다. 벤치마킹이나 워크숍 참가 또는 외부강사 초빙을 통한 배움도 중요하다. 일률적이지는 않지만 보통 6급 행정팀장의 경우 일에 대한 실적 여부에 상관없이 2년여가 지나면 상급기관으로의 영전이 보장된다. 그래서 동에 있을 때 주민자치 업무를 담당한다 해도 위원회의 자치능력 향상 등에 무관심한 태도로 일관하며 시간만 보내면서 주민자치를 곪게 만드는 요인으로 작용하는 경우를 보게 된다. 만만한 공직인지 공직을 만만하게 보는 것인지 알 수 없으나, 가슴에 손을 얹고 지나온 길과 앞으로 나아갈 진로를 스스로 성찰하는 기회를 가졌으면 좋겠다.

주민자치위원회에 대한 행정지원은 행정팀장의 힘만으로 할 수 없다. 바로 행정팀장 위에 있는 동장 때문이다. 동장은 예전에는 고을원님 또는 사또로 불렸다. 세월이 바뀌었음에도 불구하고 일부 동장들은 아직도 옛날 생각에 젖어 동네일을 전적으로 행사하려는 경향이 있다. 위원의 자치역량을 키우려는 행정팀장에게 계급이 하나 더 높다며 몽니를 부리는 경우도 있다. 주민자치가 무엇이고 어떻게 하면 위원회가 자치역량을 키울 수 있을까를 고민하는 것이 아니라 무조건 동장이 결정하겠다고 나서는데, 그런 동장을 보좌하는 역할을 수행하는 행정팀장으로서는 여간 곤혹스러운 것이 아니다. 나도 그런 동장을 만나 설득하는 데 많은 시간을 들인 적이 있었다. 그래도 설득이 안 되면 마지막 처방인 '다른 동 가기'를 선택하기도 했다. 물론 동장과 손발이 잘 맞아 신바람 난 시절도 있었다.

결국 인재가 있어야 한다는 것은 '3박자'를 말한다. 자치위원장(또는 간사)과 동장 그리고 행정팀장이 박자를 어떻게 맞추느냐에 따라 망하기도 하고 흥하기도 한다. 당신의 경우는 어느 3박자인가?

다음의 표는 특정 기준으로 작성한 것이 아니다. 여러 위원회를 방문하고 몇 년간 업무 노하우를 축적하면서 나름의 기준으로 이런 것이 있어야 진짜 위원회라고 생각하여 작성한 지극히 개인적인 내용이다. 그럼에도 불구하고 공개하는 것은 이렇게 고민하면서 주민자치를 수행하는 것이 올바른 자세라는 생각과 더불어 이보다 더 훌륭한 기준을 마련하여 관치에 머물지 말고 누구나 부러워하는 주민자치로 성장하기를 바라는 희망 때문이다.

표는 있어야 하거나 해야 하는 경우(○), 하면 좋고 아직 안 해도 되는 경우(△), 없어야 하거나 안 해야 하는 경우(×)로 구분했다.

내공 있는 주민자치위원회란? 공무원이 일절 참여하지 않아야 합니다.

구 분		내공 동	비고
주민자치센터	센터 현판 부착	O	
	센터 사무실 별도 존재	O	
	센터 전용 전화기(팩스기) 여부	O	
	역대 자치위원장 사진 게첨	O	
	캐릭터 유무	O	
자치위원	공개모집	O	
	역량인재 영입(이메일 가능 등)	O	
	자생단체장 포함 여부	X	
	회의 3단계 이행(분과〉소위〉월례)	O	
	회의 10분 전 참석	O	
	회의자료 지참귀가	O	
	회의 참석 및 불참 사전통보	O	
	마일리지제 적용	O	
	벌금제(회의 불참)	O	
	회비 균등납부(고문~위원)	O	
	서류 작성능력 보유	O	
	비전을 제시하는 자치위원 유무	O	
주민자치위원회	운영세칙 및 회칙 제정 유무	O	
	(회의) 분과위 매월 1회 이상 개최	O	
	(회의) 소위원회 매월 1회 이상 개최	O	
	(회의) 각종 회의시 공무원 참석여부	X	
	위원회 자체 문서작성 및 공문발송	O	
	자치위원회에서 자체 회의안건 마련	O	
	상정안건 처리대장 유무	O	
	자치위원 교육 관리카드 유무	O	
	상근자(유급간사)	O	
	간사 역할(위원회 중심역할)	O	
	각종 행사시 위원회 자체 사회자 보유	O	
	단체복	O	
	워크숍 위원회에서 자체추진	O	
	방문교류 추진(권장대상)	O	
	자매결연 추진(지양대상)	X	
	지역자원 연계(특화학교, NGO 등)	O	
	월간행사 포함한 연간행사 일정표 유무	O	
	보도자료철 구비 여부	O	
	사업계획서 매년 작성(주민자치센터 운영)	O	
	사업예산서 매년 작성	O	
프로그램 운영	자치위원(회) 관리여부 : 운영일지 등	O	
	자치위원회에서 프로그램 홍보활동	O	
	프로그램 다양화(야간, 주말, 단기강좌 등)	O	
	수강료 영수증 발급	O	
	수강료 카드납부 허용	O	
	자치위원회에서 강사 섭외	O	
	자치위원회에서 회계장부 작성	O	
특수시책 추진	자치위원회에서 자체추진	O	
	작품전시회 개최, 문화공연 등	O	
	각종 외부행사 참여(프로그램 등)	O	
	마을신문(또는 별도의 소식지) 발간	O	
	카페(또는 홈페이지)운영(권장대상)	O	
	장학회 운영	O	
	수익사업	O	
	해외 견학	O	
	기타사업 등	O	

2. 나만의 주민자치 추진방식

프로는 아마추어와 다르다. 그런데 요즘에는 아마추어가 프로를 평가하려고 한다. 그래도 프로는 그런 아마추어의 평가에 살짝 미소를 보이면서 "음, 노력하고 있군" 이렇게 한마디 정도 하고는 연연하지 않아야 한다.

주민자치는 금방 익힐 수 있는 분야가 아니다. 무엇보다 관심이 있어야 하며 끝없는 열정을 가져야 한다. 스스로 신문과 책으로 지식을 쌓아야 하며, 독수리보다 더 날카로운 눈매로 벤치마킹에 임해야 한다. 그것뿐이겠는가. 남의 행사장에 가서도 관람객이 아니라 주최 측의 입장으로 구석구석을 살펴야 한다. 공무원이라면 감사하듯이, 위원이라면 내가 한다면 이렇게 할까를 생각하며. 항상 수첩과 볼펜을 소지하고 사진기를 갖추어야 겨우 세미프로라고 할 수 있다.

그렇다면 진짜 프로는 어떨까? 컴퓨터와 책상에 자료관리가 잘되어 있고 열정이 넘쳐 옆에만 가도 알 수 있을 뿐만 아니라 비전까지 제시할 수 있어야 한다. 단기와 중기 그리고 장기 목표와 계획을 가지고 있어야 프로라고 할 수 있고, 프로의 선생님격인 진정한 프로는 남에게 드러내 보이려 애쓰지 않아야 한다. 낭중지추(囊中之錐), 군계일학(群鷄一鶴)이라는 말도 있듯이 그림자처럼 운신해도 드러나게 된다. 왜? 프로는 프로가 알아보기 때문이다. 어느 정도 아는 것이 있다고 나서는 사람은 프로가 아니다.

프로 또는 진정한 프로를 추구해왔던 나만의 주민자치 추진방식을 소개한다. 물론 이것이 사관학교에서 배우는 것과 같은 정규과정이라고는 생각하지 않는다. 참고해서 본인 나름의 과정을 개발하여 실천하기를 바라는 마음이다. 누구나 자신만의 추진방식을 터득하여 실천하다 보면 프로 또는 진정한 프로의 세계로 들어서는 득도(得道)의 경지를 체험하게 된다. 따지고 보면 주민자치는 득도의 과정이기도 하다.

먼저 프로그램을 활성화하여 재정수입을 튼튼하게 함과 동시에 작품 전시회나 공연에 참가할 분위기를 조성하고, 우리 동네에 거주하는 수강생들을 눈여겨보다가 자치위원으로 스카우트한다. 다음으로 분과위를 활성화하여 안건처리만 하는 것이 아니라 안건마련도 할 수 있는 자치역량을 키운다. 분과장을 중심으로 아이디어 만들기나 자료 찾는 방법(대부분 신문이나 책이지만)을 알려준다. 이어서 '잽'을 날린다. 분과위, 월례회의, 교육, 행사라는 4가지 항목으로 패키지를 꾸려서 마일리지제 여행을 보내는 것이다. 바로 마일리지제를 시행하는 것인데, 이때 "참여를 잘하는 사람도 있는데 자주 빠지면 위원회의 활동 분위기를 해치니 참봉사정신에 맞춰 실시하자!"고 하면 약발이 먹힌다. 마일리지제 시행 결과를 연말에 재위촉할 때 기초자료로 써먹을 수 있음은 물론이다.

전체 위원에게는 한 권의 바인더를 주는데, 그 안에는 자치위원의 역할, 분과위와 분과별 상시사업과 수시사업의 구분 등 위원회 소개, 분과위에서 안건 만드는 요령, 우리 동의 프로그램 총괄표, 연·월간 일정,

2017년부터 행정자치부에서 추진한다는 주민자치회에 대한 개략적인 자료, 분과 회의서식, 해당연도 주민자치센터 운영계획, 주민자치센터 설치 및 운영조례와 시행규칙 그리고 동(洞) 운영세칙(동 운영회칙이 있는 경우에는 회칙도 포함)이 들어 있다. 나는 여기에다 전국주민자치박람회에서 심사위원으로 활동하고 있는 이혜경 강사의 특강자료인 '지역공동체와 주민자치위원의 역할', '마을공동체 만들기와 주민자치위원회 역할', 주민자치회 제도와 관련한 마을의 준비를 중심으로 한 '주민자치, 어디까지 왔나'를 포함시켰다. 또 10쪽 내외로 가장 최근에 나온 '전국주민자치박람회 우수사례 공모신청서'도 제공했다.

다음은 체질개선이다. 관치에 머물러 있는 위원회는 행정팀장이 달라져야 한다고 아무리 외쳐도 조금 달라질 뿐 체질개선이 되지 않는다. 혹여 능력 있는 팀장이 와서 평가를 잘 받더라도 운이 좋아서 그런 것 아니냐며 몽니에서부터 앙탈까지 부리는 등 다양한 형태로 자치에 대한 거부감을 드러낸다. 자치위원이 주민자치가 싫으면 떠나야 하는데 떠나지도 않는다. 속된 말로 지방의 토호세력으로 가짜이면서 진짜인 척한다. 따라서 위원들의 의식을 바꾸어야 한다. 나는 이혜경 강사를 등판시켰다. 그는 부드러우면서도 깨달음을 주는 강의로 은근히 가짜 자치위원 역할은 그만하라고 압박한다. 공직은 나그네이며 주민이 주인이라는 점을 스스로 깨닫게 해주는 누님 같은 설명에 토를 다는 사람이 없다. 칭찬하면서 "그래도 이것은 하셔야 됩니다. 꼭 하실 거죠?" 웃으면서 부드럽게 말하는데 누가 몽니를 부리겠는가. 강의를 듣고 나면 슬슬 달라지려고 노력하는 모습이 보인다.

이후 6개월 내외의 기간이 경과하면 마지막 '약'을 투여한다. 경기도 남양주시 호평동 주민자치위원회를 벤치마킹하게 만드는 것이다. 그곳은 100% 원단이다. 그렇게 주민자치를 잘하는 곳은 본 적도 들은 적도 없다. 아래층에 있는 주민센터와의 소통은 문서로 한다. 위원장의 직인을 찍어 주민센터로 내려 보낸다. 문서등록대장, 상정안건처리대장, 전국주민자치박람회 우수사례 공모신청서 등의 기본 서류작성부터 분과위 회의소집과 안건 만들기, 분과별 사업발표 및 공모사업 추진은 물론, 내년도 사업계획과 예산안 확정까지 모든 업무를 민간인인 자치위원들이 수행한다. 안규영 고문이 방문한 위원들에게 말했다. "처음에는 공무원에게 의지했지만 주민자치가 아니라는 것을 알고부터는 더 이상 공무원에게 의지하지도 않고, 잘못되었다고 공무원 탓도 안 한다!" 이 말에 시쳇말로 뿅 갔다. 이보다 더 짜릿한 말을 들어본 적이 없다.

3. 전국주민자치박람회 진출에 대하여

2000년부터 시작된 주민자치센터는 햇수로 17년이 되었고, 2001년 시작된 전국주민자치박람회는 2016년에 15회 생일을 맞는다. 처음 주민자치 업무를 담당할 때는 모르지만 전국주민자치박람회에 한 번이라도 우수사례 공모신청서를 제출해보면 박람회의 매력을 느끼게 된다. 조금 과장하면 로또에 견줄 만하다. 행정팀장인 내가 또는 우리 동 주민자치위원회가 전국 무대에 나가면 어떤 점수를 받을까? 흥분이 된다. 가슴 저 밑바닥에서부터 뭔가 알 수 없는 꿈틀거림이 느껴지곤 한다.

박람회는 원래 읍면동이 참여하는 4개 분야에 주민자치, 센터활성화, 지역활성화, 평생학습이 있었고, 시군구가 참여하는 주민자치제도 정책 등 총 5개 분야가 있었다. 2015년부터는 시군구가 참여하는 주민자치제도 정책 분야가 제외되었는데, 제외 사유는 명확하지 않다.

참여범위는 2014년 행정자치부 통계자료를 기준으로 전국의 읍면동 주민자치위원회 2,765개이며, 2015년 박람회에는 289개소가 응모했다. 대략 11%로 이 중에서 42개소만 2차 심사를 통과했다. 결국 89%의 주민자치위원회는 아직도 헤매고 있다고 진단할 수 있다. 그렇다면 처방전도 내놔야 하지 않을까? 대체로 주민자치 분야와 지역활성화 분야에는 응모를 많이 한다. 그런 까닭에 센터활성화와 평생학습 분야에 응모한 위원회가 1차와 2차 심사를 통과하는 비율이 높은 편이다. 2014년까지 총14회의 결과를 지역적으로 살펴보면, 부산광역시, 광주광역시, 경기도가 강세를 보였다. 시군구 단위로는 광주광역시 북구와 경기도 남양주시를 비롯해서 부천시가 단골로 참가했다. 박람회를 염두에 둔 위원회라면 최소한 이 정도의 기초자료는 있어야 하며, 각 분야별 특징을 파악해서 준비하는 것이 필요하다.

박람회에 진출했다고 해서 주민자치위원회의 기초체력이라고 할 수 있는 문서등록대장, 각종 문서기안 등이 제대로 되어 있다고 볼 수는 없다. 분과위를 매월 개최한다고 볼 수도 없다. 최근에 우수 또는 최우수를 받은 몇 개의 위원회는 확인 결과 분과위를 매월 하지 않고 분기별한 번 정도로 수시로 하고 있어 주민자치가 아니라 아직 관치 수준 아니냐는 의혹을 받기도 했다. 공직에 의존하지 말고 하루빨리 참된 주민자치로의 이행이 필요하다.

나의 경우에는 심곡3동에 근무할 때인 2012년부터 박람회와 인연을 맺어오고 있다. 2012년 처음으로(물론 2011년부터 프로그램활성화 등 기반을 다져놨지만) 박람회 평생학습 분야에 '주민에게 다가가는 작은 평생학습원'이라는 제목으로 우수사례 신청서를 제출했는데, 운 좋게도 1차 서류심사를 통과했다. 인터뷰심사인 2차 심사에서는 떨어졌다. 어찌되었건 그해 심곡3동이 속해 있는 원미구의 20개 동 가운데 심곡3동만 1차 심사를 통과했던 것이다. 당연히 기분이 좋았다. 최종적으로 2차에서는 떨어졌지만 처녀출전으로 1차 심사를 통과했으니 어찌 기분이 좋지 않겠는가.

2013년부터 2014년까지 원미2동에 근무하게 되어 마을신문인 〈원미마루〉를 발판으로 다시 박람회에 도전했다. 센터활성화 분야에서 '열정(熱情)이라는 단어 만들기'라는 사례명으로 도전했는데, 전년과 마찬가지로 1차 심사만 통과했다. 이어 2014년에도 평생학습 분야에서 '작은 평생학습원 만들기"로 도전했으나 또 2차 심사에서 떨어지고 말았다.

2014년 7월 1일자 상2동으로 발령받았다. 연이은 세 번의 1차 심사 통과와 2차 심사 탈락은 내게 오기를 심어주었다. 가만히 2년 정도 근무하면 구청으로 영전할 수 있는데도 포기하고(사실 몇 해 전에 그랬지만) 이번에는 아예 시청이어도 안 가겠다고 선포까지 했다. 또 처음부터 다시 시작이었다. 주민자치위원회에서 잘하는 것과 못하는 것을 면밀히 검토한 후 장점에 방점을 찍었다. 그렇게 해서 2015년에 제출한 우수사례 신청서는 평생학습 분야의 '배워서 남 주자'였다. 그런데 예년에 비해 2차 심사를 위한 전시부스가 10여 개나 줄어들었다. 심사장의 전시공간이 좁아 40개소만 통과시켜야 한다는 것이었다. 약간의 항의와 소란 끝에 최종적으로 난 결정은 42개소였다. 그 42라는 숫자 안에 내가 포함되어 있었다! 네 번의 도전 끝에 이루어낸 2차 심사 통과! 얼마나 기뻤는지 모른다. 덕분에 위원회도 튼실해졌다. 프로그램 활성화와 마일리지제 적용 그리고 매월 개최되는 3개 분과위회의와 함께 내 손으로 처음 만든 마을신문 〈상2동 상상마을〉이 눈앞에 아른거렸다.

4. 그래도 전국주민자치박람회는 참여해야 한다

전국주민자치박람회는 많은 이야깃거리를 만든다. 긍정과 부정의 시선이 혼재한다. 긍정의 경우는 꿈나무를 육성한다, 주민자치의 전국단위 행사로 유일하다, 볼거리가 많아 아이디어와 자료를 얻을 수 있다, 다른 지역 사람들과의 교류가 가능하다 등이다. 이와는 달리 부정적인 시선은 민주주의의 풀뿌리인 전국 읍면동의 주민자치위원회를 소홀히 한다는 것이다. 이는 2013년부터 개최된 대한민국 지방자치박람회와 관련이 있다. 전국주민자치박람회와 대한민국지방자치박람회를 동시에 같은 장소에서 열다 보니 지방자치박람회에 더 큰 비중을 두게 된 것이다. 주민자치박람회는 관람객의 동선과 떨어진 구석에 배치하고, 행사장 입구에서 가까운 곳은 지방자치박람회가 차지하고 있다. 또 주민자치박람회 행사 마지막 날에 장려, 우수, 최우수 및 대상을 발표하고 시상식을 거행하는데 행사를 주최하는 행정자치부의 장관이나 관계자가 참석하지 않는다. 관계부서에서 귀담아 들어야 할 내용이다.

행사의 형식에 대한 불만 외에 내용의 문제도 있다. 우수사례의 주인공인 본선진출 위원회의 경우 분과위를 매월이 아닌 수시로 개최하는 곳이 있다는 것이다. 이는 풀뿌리 민주주의에 대한 이해나 애정이 없는 것으로 심사위원들의 자질마저 의심하게 만든다. 관치를 조장하는 것 아니냐는 질문에 무슨 말로 답할지 궁금하다. 아울러 지역선정에도 의구심이 든다. 전국적인 행사라고 해서 형평성을 따져서는 곤란하다. 그럼에도 불구하도 전국행사라는 이유로 잘하건 못하건 불문하고 무조건 1개소를 진출시킨다고 하는데, 정해진 기준에 따라 선정하면 되는 것이지 특정 지역이 많이 선정되었다 아니다를 따지게 되면 공정성을 해치는 결과를 낳는다. 가령 경기도 남양주시의 16개 읍면동과 부천시 36개 동만 선정되었다면 그대로 발표하면 되지, 그럴 경우 경기도 주민자치위원회만 오기 때문에 안 된다며 '묘수'를 부릴 필요가 없다. 그 묘수가 당장은 묘수(妙手)로 작용할지 모르겠으나 나중에는 악수(惡手)가 되어 부메랑으로 돌아와 결국 풀뿌리 주민자치를 죽게 만든다. 박람회와 관련한 이러한 이야기들이 단순한 소문이거나 오해였기를 바란다.

온갖 오해와 의구심에도 불구하고 주민자치 평가에서 상위권으로 인정받는 위원회들은 늘 전국주민자치박람회를 기다린다. 꼭 더 좋은 평가를 받겠다는 것만은 아니다. 전국대회가 하나밖에 없으니 후배들에게 학습의 기회를 제공해주기 위해서이다. 여하한 이유로 박람회 참가를 포기하면 주민자치 활성화가 중단될 수 있다는 사실을 알기 때문이다. 위원장이 은퇴하면 간사가 뒤를 잇고, 간사 뒤는 분과장이, 그리고 분과장의 뒤를 신입 위원이 이어가야 풀뿌리 민주주의가 안착되지 않겠는가.

주민자치는 선거와 닮았다. 내가 어느 후보가 싫다며 투표를 포기하면 기권자가 되듯 주민자치를 포기하면 관치가 된다. 당신은 어느 쪽을 선택하겠는가.

7

부록

물레방아는
그냥 돌아가지 않는다.

1. 문서의 작성 및 시행방법

1 문서의 작성기준

가. 숫자 등의 표시

1) 숫자 : 아라비아숫자로 쓴다(영 제7조제4항).

2) 날짜 : 숫자로 표기하되 연, 월, 일의 글자는 생략하고 그 자리에 온점을 찍어 표시한다(영 제7조제5항).

〈예시〉 2013. 12. 12.

3) 시간 : 시·분은 24시각제에 따라 숫자로 표기하되, 시·분의 글자는 생략하고 그 사이에 쌍점(:)을 찍어 구분한다(영 제7조제5항).

〈예시〉 오후 3시 20분 (×) → 15:20 (○)

4) 금액 : 금액을 표시할 때에는 아라비아숫자로 쓰되, 숫자 다음에 괄호를 하고 한글로 기재한다(규칙 제2조제2항).

〈예시〉 금113,560원(금일십일만삼천오백육십원)

나. 발의자 및 보고자의 표시

정책실명제를 실현하기 위하여 1998. 7. 1. 「사무관리규정」을 개정하여 기안문에 발의자와 보고자를 표시하도록 규정하였다(영 제8조 제4항/규칙 제6조제1항).

1) 표시기호 및 표시방법(규칙 제6조제1항)

　가) 발의자는 '★'로, 보고자는 '◉'로 표시하고, 발의자와 보고자가 동일인 인 경우에는 '★', '◉'를 함께 표시한다.

　나) 기호는 기안문의 해당 직위나 직급의 앞 또는 위에 표시한다.

다. 항목의 구분

1) 항목의 표시

문서의 내용을 둘 이상의 항목으로 구분할 필요가 있으면 다음 구분에 따라 그 항목을 순서대로 표시하되, 필요한 경우에는 ㅁ, ㅇ, -, •등과 같은 특수한 기호로 표시할 수 있다(규칙 제2조제1항).

구 분	항 목 기 호	비 고
첫째 항목 둘째 항목 셋째 항목 넷째 항목 다섯째 항목 여섯째 항목 일곱째 항목 여덟째 항목	1., 2., 3., 4., … 가., 나., 다., 라., … 1), 2), 3), 4), … 가), 나), 다), 라), … (1), (2), (3), (4), … (가), (나), (다), (라), … ①, ②, ③, ④, … ㉮, ㉯, ㉰, ㉱, …	둘째, 넷째, 여섯째, 여덟째 항목의 경우, 하., 하), (하), ⓗ 이상 계속되는 때에는 거., 거), (거), 거, 너., 너), (너), 너… 로 표시

2) 표시위치 및 띄우기

　가) 첫째 항목기호는 제목의 첫 글자와 같은 위치에서 시작한다.

　나) 둘째 항목부터는 상위 항목 위치에서 오른쪽으로 2타씩 옮겨 시작한다.

　다) 항목기호와 그 항목의 내용 사이에는 1타를 띄운다.

　라) 하나의 항목만 있는 경우에는 항목기호를 부여하지 아니한다.

```
수신∨∨○○○장관(○○○과장)
(경유)
제목∨∨○○○○○

        1.∨○○○○○○○○○○
      ∨∨가.∨○○○○○○○○○
        ∨∨1)∨○○○○○○○○○
          ∨∨가)∨○○○○○○○○○
            ∨∨(1)∨○○○○○○○○○
              ∨∨(가)∨○○○○○○○○○○
        2.∨○○○○○○○○○○
```

※ 2타(∨∨ 표시)는 한글 1자, 영문·숫자 2자에 해당함

2 문서의 구성체계

가. 문서의 구성

1) 일반기안문(규칙 제3조제1항, 별지 제1호서식)

일반적으로 사용하는 기안문·시행문은 두문·본문·결문으로 구성
한다.

나. 두문(규칙 제4조제2항)

1) 행정기관명의 표시

그 문서를 기안한 부서가 속한 행정기관 명칭을 표시하되, 다른 행
정기관과 명칭이 동일한 경우에는 바로 위 상급기관 명칭을 함께
표시할 수 있다.

〈예시 1〉 중구 ⇒ 서울특별시 중구, 부산광역시 중구

〈예시 2〉 남면 ⇒ 인제군 남면, 연기군 남면 등

2) 수신자의 표시

　가) 수신자가 없는 내부결재문서의 수신란에는 "내부결재"로 표시한다.

　　〈예시〉 수신 내부결재

　나) 독임제기관의 장 또는 합의제기관의 장의 권한에 관한 사항인 경우에
　　는 수신란에 해당 기관의 장의 직위(수신명)를 쓰고, 그다음에 이어서
　　(　)안에 그 업무를 처리할 보조기관이나 보좌기관의 직위를 쓴다. 다
　　만, 보조기관이나 보좌기관의 직위가 분명하지 아니한 경우에는 ○○
　　업무담당과장 등으로 표시할 수 있다.

　　〈예시 1〉 수신 행정안전부장관(행정제도과장)

　　〈예시 2〉 수신 방송통신위원회위원장(정보공개업무담당과장)

　다) 합의제기관의 권한에 관한 사항인 경우에는 수신란에 해당 기관의 명
　　칭을 표시한다.

　　〈예시 1〉 수신 방송통신위원회(○○과장)

　　〈예시 2〉 수신 금융감독위원회(○○업무담당과장)

　라) 민원회신문서에는 수신란에 민원인의 성명을 먼저 쓰고 이어서 (　)안
　　에 우편번호와 도로명주소를 쓴다.

　　〈예시〉 수신 ○○○ (우110-760 서울시 종로구 세종대로 209)

　마) 수신자가 많아 본문의 내용을 기재할 난이 줄어들어 본문의 내용을
　　첫 장에서 파악하기 곤란한 경우에는 두문의 수신란에 "수신자 참조"
　　라고 쓰고, 결문의 발신명의 다음 줄의 왼쪽 한계선에 맞추어 수신자
　　란을 따로 설치하여 수신자명을 표시한다.

　　〈예시〉 (두문) 수신 수신자 참조(문서관리업무담당과장)(결문) 수신자
　　　　기획재정부장관, 교육과학기술부장관, …………

3) 로고·상징 등 표시

가) 기안문 및 시행문에는 가능하면 행정기관의 로고·상징·마크·홍보문구
등을 표시하여 행정기관의 이미지를 높일 수 있도록 하여야 한다(영 제
28조제5항/규칙 제4조제2항).

나) 로고(상징)는 문서 상단의 '행정기관명' 표시줄의 왼쪽 끝에 2㎝×2㎝ 범
위 내에서 표시하고, 홍보문구는 행정기관명 바로 위에 표시한다.

다. 본문(규칙 제4조제3항)

1) 제목

그 문서의 내용을 쉽게 알 수 있도록 간단하고 명확하게 기재한다.

2) 첨부물의 표시(규칙 제4조제4항)

문서에 서식·유가증권·참고서류, 그 밖의 문서나 물품이 첨부되
는 때에는 본문이 끝난 줄 다음에 "붙임"의 표시를 하고 첨부물의
명칭과 수량을 쓰되, 첨부물이 두 가지 이상인 때에는 항목을 구
분하여 표시한다.

```
(본문) ·······················································주시기 바랍니다.
붙임ＶＶ1.Ｖ○○○계획서 1부.
        2.Ｖ○○○서류 1부.ＶＶ끝.
```

☞ 기안문에 첨부되는 계산서·통계표·도표 등 작성상의 책임을 밝힐 필요
가 있다고 인정되는 첨부물에는 그 여백에 작성자를 표시하여야 함(규
칙 제6조제2항)

3) 문서의 "끝" 표시(규칙 제4조제5항)

가) 본문 내용의 마지막 글자에서 한 글자(2타) 띄우고 "끝" 표시를 한다.

〈예시〉 …… 주시기 바랍니다.∨∨끝.

나) 첨부물이 있으면 붙임 표시문 다음에 한 글자(2타) 띄우고 표시한다.

〈예시〉 붙임 1. 서식승인 목록 1부.

2. 승인서식 2부.∨∨끝.

다) 본문 또는 붙임 표시문이 오른쪽 한계선에서 끝났을 경우에는 그다음 줄의 왼쪽 한계선에서 한 글자(2타) 띄우고 "끝" 표시를 한다.

〈예시〉 (본문 내용) ……………………………… 주시기 바랍니다.

∨∨끝.

라) 본문이 표로 끝나는 경우

(1) 표의 마지막 칸까지 작성되는 경우: 표 아래 왼쪽 한계선에서 한 글 자 띄우고 "끝" 표시

응시번호	성 명	생년월일	주 소
10	김○○	1980. 3. 8.	서울시 종로구 ○○로 12
21	박○○	1982. 5. 1.	부산시 서구 ○○로 5

∨∨끝.

(2) 표의 중간에서 기재사항이 끝나는 경우: "끝" 표시를 하지 않고 마 지막으로 작성된 칸의 다음 칸에 "이하 빈칸" 표시

응시번호	성 명	생년월일	주 소
10	김○○	1980. 3. 8.	서울시 종로구 ○○로 12
이하 빈칸			

라. 결문(규칙 제4조제6항)

1) 발신명의의 표시

가) 행정기관의 장의 권한인 경우에는 해당 행정기관의 장의 명의로 발신한다(영 제13조제1항).

〈예시〉 ○○○○부장관, ○○시장, ○○군수, ○○위원회위원장 등

나) 합의제기관의 권한에 속하는 사항은 그 합의제기관 명의로 발신한다(영 제13조제1항).

〈예시〉 ○○위원회

다) 법령에 의하여 행정권한이 위임·위탁된 경우에는 그 위임 또는 위탁을 받은 자(수임자 또는 수탁자)의 명의로 발신한다(영 제5조 및 제13조제1항).

라) 행정기관 내의 보조기관 및 보좌기관 상호간에 발신하는 문서(대내문서)는 해당 보조기관 또는 보좌기관 명의로 발신한다(영 제13조제2항).

〈예시〉 ○○과장, ○○담당관, ○○실장 등

마) 발신할 필요가 없는 내부결재문서에는 발신명의를 표시하지 아니한다(영 제13조제3항).

3 문서의 시행

가. 문서시행의 의의

1) 문서시행의 개념

문서시행이라 함은 내부적으로 성립한 행정기관의 의사를 외부로 표시하는 단계로서 문서의 효력을 발생하게 하는 절차를 말한다.

2) 문서시행의 절차

문서를 시행하기 위해서는 일반적으로 시행문의 작성, 관인 날인 또는 서명, 문서 발신 등의 절차를 거친다.

3) 문서시행의 방법

문서를 시행하는 방법으로는 발신, 홈페이지 게시, 관보 게재, 고시·공고, 교부 등이 있다.

나. 시행문의 작성

1) 일반사항

결재받은 문서 중 발신할 문서는 시행문을 작성하여야 하는데, 2004년부터 기안문과 시행문이 하나로 통합됨에 따라 별도의 시행문 서식은 없다(영 제12조제1항/규칙 제9조제1항). 따라서 결재가 끝난 일반기안문(별지 제1호서식)에 관인을 찍으면 시행문이 된다. 다만, 수신자의 개인정보보호 등을 위하여 필요할 때에는 수신자별로 시행문을 작성, 시행하여야 한다(영 제12조제2항).

가) 전자문서 : 업무관리시스템 또는 전자문서시스템에서 전자이미지관인을 찍으면 시행문이 된다.

나) 종이문서 : 결재받은 기안문을 복사하여 관인을 찍으면 시행문이 된다.

2) 예외사항

가) 전신·전신타자·전화 발신 문서

전신·전신타자·전화로 발신하는 문서는 시행문을 작성하지 아니하나, 시행문 형식으로 발신한다.

나) 생산(접수)등록번호란·수신란 등이 설계된 서식으로 작성한 문서

서식 자체를 기안문·시행문으로 갈음할 수 있도록 설계된 서식으로 기안한 경우에도 별도의 시행문을 작성하지 아니하고 해당 문서의 발신 명의란에 관인(전자이미지관인 포함)을 찍거나 행정기관의 장이 서명(전자이미지서명 포함)하여 시행할 수 있다.

다. 관인 날인 또는 서명 등

1) 관인을 날인하거나 서명하는 문서

가) 행정기관의 장 또는 합의제기관의 명의로 발신하는 문서

시행문, 고시·공고 문서, 임용장·상장 및 각종 증명서에 속하는 문서에는 관인(전자이미지관인 포함)을 찍거나 행정기관의 장이 서명(전자이미지관인 포함)한다(영 제14조제1항).

관인은 발신명의 표시의 마지막 글자가 인영의 가운데 오도록 찍는다. 다만, 등·초본 등 민원서류를 발급할 때 사용하는 직인은 발신명의 표시의 오른쪽에 찍을 수 있다(규칙 제11조제1항).

☞ 관인날인 대신 행정기관의 장이 직접 서명하여 시행하거나 발급할 수 있는 경우는 행정기관의 장이 직접 결재한 문서로 한정한다.

나) 보조기관 또는 보좌기관의 명의로 발신하는 문서

발신명의 표시의 마지막 글자 위에 보조기관 또는 보좌기관이 서명(전자이미지서명, 전자문자서명 및 행정전자서명 포함)하여 시행하되, 전자이미지서명, 전자문자서명, 행정전자서명은 전자적으로 자동 생성되도록 하여야 한다.

다만, 보조기관이나 보좌기관의 직무를 대리하는 사람이 서명을 하는 경우에는 서명 앞에 "직무대리"의 표시를 하여야 한다(영 14조제2항/규칙 제11조제3항).

2) 관인 날인 또는 서명을 생략하는 문서

　가) 생략 표시를 하지 않는 문서(영 제14조제3항)

　　관보나 신문 등에 실리는 문서

　나) 생략 표시를 해야 하는 문서(영 제14조제3항/규칙 제11조제4항)

　　(1) 대상문서

　　　(가) 일일명령 등 단순 업무처리에 관한 지시문서

　　　(나) 행정기관 또는 보조(보좌)기관 간의 단순한 자료요구, 업무연락,

　　　　통보 등을 위한 문서

　　(2) 표시위치 : 발신명의 표시의 오른쪽

　　　(가) 관인날인 생략의 표시 : 행정기관장 및 합의제기관 명의의 발

　　　　신문서

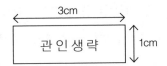

　　　(나) 서명 생략의 표시 : 보조(보좌)기관 상호간 발신문서

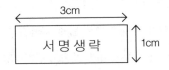

(일반기안문 예시1)

안전행정부

수신 정부청사관리소장(관리총괄과장)
(경유)
제목 회의장소 사용 및 통신장비 설치 협조

　「행정업무의 효율적 운영에 관한 규정」 개정내용 설명회 개최에 따라 회의장소 사용 및 통신장비 설치 등의 협조를 요청하오니 조치하여 주시기 바랍니다.
　　　1. 설명회 개요
　　　　가. 일시: 2011. 12. 21. (수) 11:00～18:00
　　　　나. 장소: 정부중앙청사 회의실(8층 810호)
　　　　다. 참석: 35명
　　　2. 협조요청 사항
　　　　가. 참석자용 책상 35개 및 의자 40개(배석자 포함) 배치
　　　　나. 강의 시설(마이크, 빔프로젝트, 스크린 등) 설치

붙임 「행정업무의 효율적 운영에 관한 규정」 개정내용 설명회 개최 계획 1부. 끝.

안 전 행 정 부 장 관

전결 12/15

행정사무관 홍○○   행정제도과장 하○○   제도정책관 정○○
협조자
시행 행정제도과–904　　　　　　접수
우 110–760 서울특별시 종로구 세종대로 209 (정부중앙청사 11층 1104호)　　 /　 www.mopas.go.kr
전화번호 (02)2100–3424 팩스번호 (02)2100–4259　 /　 dream1004@mopas.go.kr　 /　 공개

※ 작성 시 유의사항

1. 법령명을 인용하고 있는 경우에는 법령명 앞뒤에 낫표(「 」)를 사용하여 본문의 다른 부분과 구별한다.
2. 문서의 "끝" 표시(규칙 제4조제5항)
　가. 본문 내용의 마지막 글자에서 한 글자(2타) 띄우고 "끝" 표시를 한다.
　　〈예시〉 …… 주시기 바랍니다.ＶＶ끝.
　나. 첨부물이 있으면 붙임 표시문 다음에 한 글자(2타) 띄우고 표시한다.
　　〈예시〉 붙임ＶＶ1. 서식승인 목록 1부.
　　　　　　　　2. 승인서식 1부.ＶＶ끝.
3. 문장부호 가운데 쌍점(:)은 앞말에 붙여 쓴다.
　－ '한글 맞춤법(문장부호)'에서는 '쌍점'의 용례로 '문장부호: 마침표, 쉼표, 따옴표, 묶음표/문방사우: 붓, 먹, 벼루, 종이'을 제시하고 있습니다. 따라서 '쌍점'을 앞말과 붙여 표기합니다.

(일반기안문 예시2)

정부 3.0, 국민과의 약속

안전행정부

수신 수신자 참조(문서관리업무담당과장)
(경유)
제목 「행정업무의 효율적 운영에 관한 규정」 일부개정령안 입법예고 알림

　「행정업무의 효율적 운영에 관한 규정」 일부개정령안의 입법예고가 2011. 12. 9.자 관보,
안전행정부 홈페이지(www.mospa.go.kr)를 통해 실시되고 있음을 알려드립니다.

붙임 「행정업무의 효율적 운영에 관한 규정」 전부개정령안 1부. 끝.

안 전 행 정 부 장 관

수신자 서울특별시장, 부산광역시장, 대구광역시장, 인천광역시장, 광주광역시장, 대전광역시장, 울산광
역시장, 경기도지사, 강원도지사, 충청북도지사, 충청남도지사, ……………

전결 12/14

행정사무관 홍ㅇㅇ　서기관 **박**ㅇㅇ　행정제도과장 **하**ㅇㅇ
협조자
시행 행정제도과–283(2011. 12. 14.)　　　　접수
우 110–760 서울특별시 종로구 세종대로 209 (정부중앙청사 11층 1104호)　/　www.mopas.go.kr
전화번호 (02)2100–3424 팩스번호 (02)2100–4259 / dream1004@mopas.go.kr / 대국민공개

※ 작성 시 유의사항

　1. 법령 조문을 인용하는 경우 조, 항, 호, 목 등은 붙여 쓴다.
　　– 제5조제2항제4호가목
　　※ '같은∨법, 같은∨조, 같은∨항'의 경우는 한글 맞춤법에 따라 띄어 쓴다.
　2. 문서나 물품이 첨부되는 때에는 본문이 끝난 줄 다음에 "붙임"의 표시를 한다. 첨부(×)
　3. 붙임 표시문 다음에 한 글자(2타) 띄우고 표시한다. 쌍점(:)은 쓰지 않는다.
　　〈예시〉 붙임∨∨0000계획서 1부.∨∨끝. (○), 붙임 : 0000계획서 1부. 끝. (×)
　4. 문서나 물품이 첨부되는 때에는 본문이 끝난 줄 다음에 "붙임"의 표시를 하고 첨부물
　　의 명칭과 수량을 쓰되, 첨부물이 두 가지 이상인 때에는 항목을 구분하여 표시한다.

> (본문) ……………………………………………주시기 바랍니다.
> 붙임∨∨**1.**∨ㅇㅇㅇ계획서 1부.
> 　　　**2.**∨ㅇㅇㅇ서류 1부.∨∨끝.

　※ 첨부물이 하나일 때 → 붙임 1. 000계획서 1부. 끝. (×), 붙임 000계획서 1부. 끝. (○)

(일반기안문 작성방법)

작성방법

1. 행정기관명: 그 문서를 기안한 부서가 속한 행정기관명을 기재한다. 행정기관 명이 다른 행정기관명과 같은 경우에는 바로 위 상급 행정기관명을 함께 표시 할 수 있다.

2. 수신: 수신자명을 표시하고 그다음에 이어서 괄호 안에 업무를 처리할 보조·보 좌 기관의 직위를 표시하되, 그 직위가 분명하지 않으면 ○○업무담당과장 등으 로 쓸 수 있다. 다만, 수신자가 많은 경우에는 두문의 수신란에 '수신자 참조'라 고 표시하고 결문의 발신명의 다음 줄의 왼쪽 한계선에 맞추어 수신자란을 따 로 설치하여 수신자명을 표시한다.

3. (경유): 경유문서인 경우에 '이 문서의 경유기관의 장은 ○○○(또는 제1차 경유 기관의 장은 ○○○, 제2차 경유기관의 장은 ○○○)이고, 최종 수신기관의 장은 ○○○입니다.'라고 표시하고, 경유기관의 장은 제목란에 '경유문서의 이송'이라 고 표시하여 순차적으로 이송하여야 한다.

4. 제목: 그 문서의 내용을 쉽게 알 수 있도록 간단하고, 명확하게 기재한다.

5. 발신명의: 합의제 또는 독임제 행정기관의 장의 명의를 기재하고, 보조기관 또 는 보좌기관 상호간에 발신하는 문서는 그 보조기관 또는 보좌기관의 명의를 기재한다. 시행할 필요가 없는 내부결재문서는 발신명의를 표시하지 않는다.

6. 기안자·검토자·협조자·결재권자의 직위/직급: 직위가 있는 경우에는 직위를, 직위가 없는 경우에는 직급(각급 행정기관이 6급 이하 공무원의 직급을 대신하 여 사용할 수 있도록 정한 대외직명을 포함한다. 이하 이 서식에서 같다)을 온 전하게 쓴다. 다만, 기관장과 부기관장의 직위는 간략하게 쓴다.

7. 시행 처리과명-연도별 일련번호(시행일), 접수 처리과명-연도별 일련번호(접수 일): 처리과명(처리과가 없는 행정기관은 10자 이내의 행정기관명 약칭)을 기재 하고, 시행일과 접수일란에는 연월일을 각각 온점(.)을 찍어 숫자로 기재한다. 다만, 민원문서인 경우로서 필요한 경우에는 시행일과 접수일란에 시·분까지 기재한다.

8. 우 도로명주소: 우편번호를 기재한 다음, 행정기관이 위치한 도로명 및 건물 번호 등을 기재하고 괄호 안에 건물명칭과 사무실이 위치한 층수와 호수를 기 재한다.

(예) 우110-760 서울특별시 종로구 세종대로 209 (정부중앙청사 11층 1104호)

작성방법

9. 홈페이지 주소: 행정기관의 홈페이지 주소를 기재한다.
(예) www.mopas.go.kr

10. 전화번호( ), 팩스번호( ): 전화번호와 팩스번호를 각각 기재하되, (   )안에는 지역번호를 기재한다. 기관 내부문서의 경우는 구내 전화번호를 기재할 수 있다.

11. 공무원의 전자우편주소: 행정기관에서 공무원에게 부여한 전자우편주소를 기재한다.

12. 공개구분: 공개, 부분공개, 비공개로 구분하여 표시한다. 부분공개 또는 비공개인 경우에는 「공공기록물 관리에 관한 법률 시행규칙」 제18조에 따라 '부분공개( )' 또는 '비공개( )'로 표시하고, 「공공기관의 정보공개에 관한 법률」 제9조 제1항 각 호의 번호 중 해당 번호를 괄호 안에 표시한다.

13. 관인생략 등 표시: 발신명의의 오른쪽에 관인생략 또는 서명생략을 표시한다.

※ 기안자·검토자 및 결재권자(직위/직급) 서명: '기안자'·'검토자'·'결재권자' 및 '직위(직급)'의 용어는 표시하지 아니하고, 기안자·검토자 및 결재권자의 직위/직급을 쓰고 서명하되, 직위/직급 및 서명란의 수와 크기는 필요에 따라 조정하여 사용할 수 있다.

※ 협조자(직위/직급) 서명: '협조자'의 용어를 표시한 다음, 이어서 직위/직급을 쓰고 서명한다.

※ 전결 및 서명 표시 위치: 「행정업무의 효율적 운영에 관한 규정」 제10조제2항 및 동 시행규칙 제7조제2항에 따라 결재권이 위임된 사항을 전결하는 경우에는 전결하는 사람의 서명란에 '전결' 표시를 한 후 서명하되, 서명하지 아니하는 사람의 서명란은 설치하지 아니한다.

※ 대결 및 서명 표시 위치: 「행정업무의 효율적 운영에 관한 규정」 제10조제3항 및 동 시행규칙 제7조제3항에 따라 대결하는 경우에는 대결하는 사람의 서명란에 '대결' 표시를 하고 서명하며, 위임전결사항을 대결하는 경우에는 전결권자의 서명란에 '전결' 표시를 한 후 대결하는 사람의 서명란에 '대결' 표시를 하고 서명한다. 이때 서명하지 아니하거나 '전결' 표시를 하지 아니하는 사람의 서명란은 설치하지 아니한다.

※ 발의자(★)와 보고자(◉)의 표시는 직위/직급의 앞 또는 위에 하되, 보고자의 표시는 직접 결재권자에게 보고하는 경우에만 표시한다.

2. 전국주민자치박람회 우수사례 공모신청서

제11회 전국주민자치박람회 우수사례 공모신청서

―평생학습 분야―

접수번호:

(접수번호는 기재하지 마세요)

(구)주민자치 센터	경기도 부천시 원미구 심곡3동주민센터	담 당	박00
소 재 지	(우: 420 – 736) 경기도 부천시 원미구 부일로 393(심곡3동)		
연 락 처	**전 화** (032)625–5641	**팩 스**	(032)625–5659
	E-mail deokdeok@korea.kr	**홈페이지**	
사 례 명	주민에게 다가가는 작은 평생 학습원		
내용 요약	– 시민이 원하는 프로그램 선정 : 설문조사 – 발로 뛰는 홍보, 빠른 이메일 홍보 – 프로그램 적응을 위한 오리엔테이션 개최 – 작은 공간 넓게 쓰기 – 또 다른 내일을 위하여 : 만족도 조사		
증빙자료 목록 (증빙자료는 돌 려받으실 수 없 습니다)	〈관련 증빙〉 – 별첨참조		

제11회 전국주민자치박람회 우수사례 공모에 신청합니다.

2012년 8월 2일

신청인 박00

제11회 전국주민자치박람회 사무국 귀중

1. 기본 현황

1) 소재지 : 경기도 부천시원미구 심곡3동 352-3

2) (구)주민자치센터 개소일 : 2000. 6. 1.

　주민자치위원회 구성일　: 2000. 6. 28.

3) 인구, 주거형태, 문화적 특성, 공공시설 현황

　○ 인　　구 : 15,096명(남 : 7,736명 / 여 : 7,360명)　※ 6월말 현재

　○ 주거형태 : 대부분이 빌라 및 단독주택이며, 아파트단지는 2개 동
　　　　　　　의 1개소로 대표적 구도심 지역임

　○ 문화특성 : 관내에는 소규모 단체인 극단들뫼, 부천시CSK예술
　　　　　　　단이 있으며, 서울과 인천 및 경기도 타시군으로의
　　　　　　　진출이 가능한 교통요충지임

　○ 공공시설 : 부천상공회의소, 심곡초교, KT부천지사, 심곡우체
　　　　　　　국, 새마을금고

2. 일반 현황

1) 프로그램 운영

※ 문화여가 프로그램

연번	프로그램명	대상	참여 수	운영 시간	구분		동아리 활동		비고
					문화여가	기타	유	무	
1	헬스교실	전계층	100	06:00~21:00		○		○	
2	스포츠댄스	성인	18	10:00~11:00	○			○	
3	요가교실	여성	21	10:30~12:00		○		○	
4	노래교실	여성	20	10:00~12:00	○			○	
5	영어교실	성인	8	19:00~20:30		○		○	
6	중국어교실	성인	10	16:00~18:00		○	○		카페
7	한글(초급)	성인	13	15:30~18:00		○		○	
8	한글(중급)	성인	13	09:30~12:00		○		○	
9	한문(초급)	성인	12	10:00~12:00		○		○	
10	한문(중급)	성인	12	10:00~12:00		○		○	
11	기타교실	성인	16	10:00~12:00	○			○	
12	POP예쁜글씨	성인	14	10:00~12:00	○			○	
13	생활미술	성인	10	13:30~15:30	○			○	
14	옷만들기	여성	12	10:00~12:00	○			○	
15	컴퓨터기초	성인	13	10:00~12:00		○		○	
16	연극교실	중고생	20	11:00~13:00	○		○		
17	창의수학교실	초등생	9	11:00~12:30		○		○	
18	교실 없는 친화학교	초등생	8	10:00~12:00		○		○	
19	말랑말랑한 영어교실	초등생	19	10:00~12:00		○		○	

※ 주민자치사업이나 지역복지사업에 대하여 서술하시오.

연번	사업명	대상	참여수 (주민, 자원 봉사자)	기간	사업 특성	사업 내용	비고
1	소외계층 신나는 문화체험사업	소외 계층	234명 (11회)	2011. 1월 ~ 지속	부천관내 테마시설 연중 무료관람	- 소외계층의 문화 체험욕구 제공 - 웅진플레이도시 등 4개소	
2	소외계층 생활분야 추진사업	소외 계층	2011년 651명(27회) 2012년 추진중	2011. 2월 ~ 지속	관내 재능 및 기부문화 독지가 참여	점심, 영정사진, 이발, 빵 제공	
3	사랑 나눔 행복 더하기 먹적골 운동 추진계획	소외 계층	1,974명	2012년	소외계층 총괄 지원사업 추진	- 총 10개 사업추진	
4	부천둘레길 지킴이 먹적골 탐방단운영	주민자치 위원	23명	연중 (2012년)	36개 주민자치 센터 중 유일하게 참여	- 성주산 자연정화 활동	
5	독거노인 밑반찬지원	독거노인 20명	240명	연중	주민자치센터 프로그램 수입금 활용	- 2012. 상반기 : 5회/887천원	
6	청소년 프로그램 운영	초·중 ·고 교생	235명	연중 (2012년)	자원봉사단체 활용 (무료강사 지원)	- 주말(놀토) 다양한 프로그램 운영 : 연극교실, 교실 없는 자연친화 학교 등	

2) 자원 연계

구분 \ 교실명	연극교실	교실 없는 자연친화학교	말랑말랑한 영어교실	비고
운영기간	2012. 05. 12 ~ 12월	2012. 05. 19 ~ 12월	2012. 07. 25 ~ 12월	
운영일시	매주(토) 11:00~13:00	매주(토) 10:00~12:00	매주(수) 15:00~17:00 매주(토) 10:00~12:00	
운영장소	동 청사 2층 대회의실 (극단믈뫼 연습실 병행)	야외체험 및 실내수업 (동 청사 3층 다목적방)	동 청사 3층 전산교육실	
참여대상	중·고등학생	초등학생	초등학생	
참여인원	20명	10명	19명	
수강료	무료(재료비 본인부담)	무료(재료비 본인부담)	무료(재료비 본인부담)	
연계단체	극단믈뫼	부천시여성회관	부천시여성회관 (주)알앤씨네트웍스	

3) 자원봉사 활동현황

활동 내용	수혜자수	자원봉사자수	활동회수	기타
독거노인 밑반찬 만들기 등	240명	114	14회	
가로화단 조성 등		102	13회	
야간 청소년 선도활동 등		86	192회	주 4회

4) 관계자 교육

○ 2011. 주민자치위원 자치역량강화 워크숍 참석 : 2011. 08. 25, 4명

○ 2011. 주민자치센터 자체 워크숍 개최 : 2011. 11. 14

○ 2012. 주민자치센터운영 회계실무 교육 참석 : 2012. 01. 31, 5명

○ 경기도인재개발원 2012. 주민자치위원 역량 UP과정 참석 : 2012. 03. 15~03.16, 2명

○ 우수주민자치센터 벤치마킹 및 문화탐방 : 2012. 05. 25, 3명

5) 홍보

○ 주민자치위원 공개모집 : 2011. 09. 20.

○ 홍보사항 : 주민화합을 위한 윷놀이 대회 개최 등 다수(보도자료 참조)

6) 전담 실무자 배치

○ 전담자 배치 여부, 역할 분담, 현장 참여 정도

실무자 명칭	역할	참여도	비고
주민자치위 간사	주민자치위 재정 및 운영 실무	정례회의 안건 정리 각종 행사 사전조율 물품구입 등	
주무(행정6급)	행정지원	프로그램 운영 등 홍보	

7) 재정

○ 재정 운영의 투명성

 – 주민자치센터 수입·지출현황 공고 : 연 2회

 – 주민자치센터 프로그램 수입·지출내역 보고 : 매월 1회

○ 수익 지역 환원 내용 등

 – 독거노인 밑반찬 지원사업

 – 이웃돕기 실시

II. 주민자치위원회

1. 위원 선정 및 위촉

○ 실질적인 위촉 방식 및 절차 : 공개모집과 추천병행 및 정례회의
  심의안건 상정으로 결정

○ 평균위촉기간에 대하여 서술 : 2년

2. 구성현황

• 총인원: 27명(남 : 17명 / 여 : 10명) • 소위원회 및 분과 : 3개

※ 선정방법의 예 : 공개모집 응모자 전무로 추천 및 정례회의 심의

연번	성별	나이	직업	소속단체	센터 내 직책	위촉년도	선정방법	비고
1	남	51	부동산업	주민자치위	위원장	2007	추천	
2	남	53	가구업	〃	부위원장	2006	〃	
3	남	50	시의원	부천시의회	고문	2010	〃	
4	남	71	무	주민자치위	고문	2006	〃	
5	남	63	금융업	새마을금고	고문	2009	〃	
6	남	57	상업	주민자치위	감사	2009	〃	
7	여	61	가사	〃	간사	2004	〃	
8	남	51	전기업	〃	문화프로그램 분과장	2004	〃	

9	여	54	가사	〃	위원	2009	〃	
10	여	55	평생학습사	부천문화재단	위원	2010	〃	
11	여	56	POP 예쁜글씨 강사	주민자치위	위원	2010	〃	
12	여	61	가사	〃	위원	2010	〃	
13	여	55	가사	〃	위원	2011	〃	
14	남	58	상공업	부천상공회의소	위원	2011	〃	
15	남	49	제조업	주민자치위	총무체육분과장	2011	〃	
16	남	47	군무원	심곡3동 예비군중대본부	위원	2011	〃	
17	남	50	상업	주민자치위	위원	2011	〃	
18	남	49	IT업	KT부천지사	위원	2012	〃	
19	남	53	사진업	주민자치위	위원	2012	〃	
20	여	55	가사	통장협의회	환경봉사분과장	2011	〃	
21	남	50	설비업	새마을협의회	위원	2012	〃	
22	여	46	가사	새마을부녀회	위원	2012	〃	
23	여	52	가사	바르게살기	위원	2007	〃	
24	여	54	가사	자연보호위원회	위원	2012	〃	
25	남	47	제조업	자유총연맹	위원	2012	〃	
26	남	60	제조업	방위협의회	위원	2012	〃	
27	남	45	서비스업	자율방범대	위원	2012	〃	

3. 주민자치위원회 운영

- 주민자치위원회의 월례회의 및 위원회 운영에 대하여 서술

    ○ 참석율 : 90% 이상(불참 시 3만원 벌금제)

    ○ 회의록 작성 : 매월 작성 및 결과보고 확행

    ○ 안건 발의 및 토론 내용 등

- 분과운영위원회 또는 소위원회 운영 방식 및 활동 내용 서술

    ○ 분과위원회 : 매월 말일까지 1회 회의, 소위원회 상정안건 채택

    ○ 소위원회 및 단체장회의 : 매월 첫째주 월요일 18:30 개최, 정례회의

    안건 사전조율

- 주민자치센터 운영과 관련한 위원회의 권한 및 역할에 대하여 구체적으로 서술

① 예산 관리 및 집행 권한

: 재정보고 및 안건심의로 예산집행 및 수강료 관리

② 프로그램 개설 결정에 대한 권한

: 프로그램 개설 전 설문조사 참여 및 개설 프로그램 사전심의 후 확정

③ 주관사업 기획 및 운영, 사업 결정에 대한 권한

: 분과위 심의, 소위원회 검토, 정례회의 시 채택 여부 결정

※ 회의록 증빙자료로 제출(2011년 12월 ~ 2012년 4월)

※ 주민자치센터 운영 세칙 제출

III. 프로그램 운영

1. 프로그램 운영

- 기획 및 추진과정, 독창성, 주민 참여, 지역 욕구 반영 등

※ 교육·문화여가 프로그램 및 다문화사업, 환경교육 프로그램, 생활 체육 프로그램 등도 포함.

○ 시민이 원하는 프로그램 선정 : 설문조사

○ 동네 구석구석 발로 뛰는 홍보, 동네 밖 야금야금 이메일 홍보 : 홍보계획

○ 프로그램 적응을 위한 오리엔테이션 개최 : 5월 개강

○ 작은 공간 넓게 쓰기 : 1개 강의실 1개 강좌 사용에서 4개 강좌 사용

○ 또 다른 내일을 위하여 : 만족도 조사

2. 지역특성, 주민욕구, 평가 반영

1) 지역특성 반영

- 프로그램을 기획·실행함에 있어 지역의 인구, 사회, 경제, 문화적 특성을 어떻게 반영하고 특성을 살리고 있는지에 대하여 서술

○ 연령대 반영

- 성인 프로그램　　: 15개 강좌(스포츠댄스 등)
- 중·고생 프로그램　: 1개 강좌(연극교실)
- 초등학생 프로그램 : 3개 강좌(교실 없는 자연친화학교, 말랑말랑한 영어교실, 창의 수학교실)

○ 경제적 특성 반영

- POP 예쁜글씨교실 : 중·소기업 및 소규모 자영업자 강의수료 후 현업 연계로 매출증대 도모
- 옷(아동복)만들기교실 : 헌옷 재사용과 하나밖에 없는 엄마가 만든 소중한 옷 착용으로 과소비문화 억제 및 웃음 넘치는 가족사랑 실천 분위기 확산

○ 문화적 특성 반영

- 생활미술교실(데생+유화+수채화), 스포츠댄스, 중국어, 영어교실(야간강좌) 신설
- 어학 습득 및 문화욕구 충족기회 제공
- 주민욕구 및 지역특성을 반영하기 위한 설문조사, 설명회, 공청회, 간담회 등의 내용 서술(진행방식 및 과정, 활용프로그램기획에 반영 정도 등을 서술).

※ 주민욕구조사지 증빙자료로 제출(2회분)

○ 설문조사

   - 설문기간 : 2011. 12. 26 ～ 12. 31(6일간)

   - 설문내용 : 2012. 5월 개강 프로그램 반영함

○ 간담회 개최

   - 강사 간담회 : 2011. 12. 14.

   - 강사 및 프로그램 회장 간담회 : 회장(2012. 06. 18.), 강사(2012. 06. 22.)

   - 개최결과 프로그램 운영 반영

2) 프로그램 평가 반영

○ 프로그램 참여주민을 대상으로 프로그램 만족도 조사(설문조사, 간담회 등)내용 서술(평가방식, 진행과정, 평가결과, 활용-프로그램 기획에 반영 등의 내용을 중심으로 서술).

   - 조사기간 : 2012. 06. 07 ～ 06. 13(7일간)

   - 결과반영 : 주민자치 월례회의 안건 상정 등

○ 프로그램 강사, 담당자, 자원봉사자, 주민자치위원 등이 일상적으로 평가를 실시하는지와 이에 대한 반영 정도에 대해 서술

※ <u>참여자들 평가지 제출(2회분)</u>

   - 평가실시 : 만족도조사 서면평가(정례회의 시)

3. 동아리 운영현황

- 동아리 수, 동아리 구성 및 운영방식, 정기성 정도 등에 대해 서술

  ○ 동아리 수 : 2개(부천중국어회화교실, 심곡3동 연극교실)

  ○ 운영내용

   - 동아리 성격, 활동내용(축제 등의 지역사업에 참여 등), 동아리 구성방

식, 센터의 지원 정도, 센터와의 관계 등에 대해 서술

구 분	부천중국어회화교실	심곡3동 연극교실	비 고
인 원	9명(성인)	17명(중·고생)	
운영방식	카페지기 주도 회원(수강생) 과반 이상으로 의사결정	극단믈뫼 소속 뮤지컬 배우 '이미지' 주도로 학생 협의 후 의사결정	
정 기 성	주 2회 정기학습모임 (월·수 16:00~18:00)	매주 (토) 11:00~13:00	

구 분	부천중국어회화교실	심곡3동 연극교실	비고
성 격	주민센터 프로그램의 하나인 '중국어교실' 회원 모임	주민센터 청소년 프로그램의 하나인 '연극교실' 회원 모임	
활동내용	카페(http://cafe.daum.net/ chinese-school)를 운영하면서 중국어학습 및 중국여행 경험담 교환	노래, 춤 등 연극공연에 필요한 스킬연마 및 각종 경연대회 출전	
구성방식	주민센터 '중국어교실' 회원	주민센터 '연극교실' 회원	
센터지원	간담회(강사 및 회장) 수시개최로 건의 및 애로사항 수렴	각종 경연대회 사전안내 및 내년도 강사수당 지원예정 (금년에는 무료 자원봉사)	
센터와의 관계	주민센터 프로그램의 일부임	주민센터 프로그램의 일부이나 극단믈뫼의 순수 무료 지원사업임	

IV. 대표 사례

1. 사례명

시민에게 다가가는 "작은 평생학습원"

2. 추진주체

심곡3동주민자치위원회

3. 추진기간

2011. 07. 01 ~ 2012. 06. 30(1년간)

4. 지역특성

15,096명이 대부분 빌라 및 단독주택에 거주하며, 아파트단지는 2개 동의 1개소로 대표적 구도심 지역이며, 서울과 인천 및 경기도 타시군 으로의 진출이 가능한 교통요충지임

5. 추진배경 및 목적

○ 구도심 지역의 낙후된 문화시설을 대체할 평생학습 과목을 추가 신설하여

○ 동(洞)단위 주민자치센터에서 시민의 삶의 질 향상 및 주민자치 활성화 기여

6. 추진과정 및 내용

– 주민욕구조사 및 의견수렴 과정, 기획에서부터 실행, 평가에 대하 여 구체적으로 서술

○ 시민이 원하는 프로그램 선정 : 설문조사

○ 발로 뛰는 홍보, 빠른 이메일 홍보

○ 프로그램 적응을 위한 오리엔테이션 개최

○ 작은 공간 넓게 쓰기

○ 또 따른 내일을 위하여 : 만족도 조사

7. 성과 및 지역사회 기여

- 해당 사례의 파급 효과 서술, 지역사회 변화, 자치위원회 강화 등의 내용 기술

  ○ 2011년 기준 평생학습 종목은 한글, 한문, 컴퓨터기초, 노래교실 등 4개 강좌였으나

  ○ 2012년 5월 확대 개강 이후

  - 예·체능 분야로 생활미술(데생+유화+수채화), 기타, 스포츠댄스교실을 신규개설하였으며,
  - 어학 분야로 영어교실(야간반), 중국어교실(오후반)을 추가하였음
  - 지역경제활성화 분야로 아동복 만들기교실과 POP예쁜글씨교실을 신설하였으며
  - 미래의 꿈나무인 청소년들을 위한 프로그램으로 주로 토요일에 중·고생이 참여하는 연극교실, 초등학생이 참여하는 창의 수학교실, 교실 없는 자연친화학교, 말랑말랑한 영어교실 등을 구비하여 이른바 전계층에 대한 평생학습원 체제를 구축하여 대시민 서비스를 제공하고 있음

8. 기타 : 증빙서류(별첨)

제12회 전국주민자치박람회 우수사례 공모신청서

―센터활성화 분야―

접수번호:

(접수번호는 기재하지 마세요)

(구)주민자치 센터	경기도 부천시 원미구 원미2동 주민자치센터	담 당	박 00
소 재 지	(우: 420 – 112) 경기도 부천시 원미구 조종로 36번길 26(원미동 126-4)		
연 락 처	전 화	(032) 625-5681	팩 스	(032) 625-5689
	E-mail	deokdeok@korea.kr	홈페이지	wonmi2.bucheon.go.kr

사 례 명	열정(熱情)이라는 단어 만들기
내용 요약	주민자치센터 본래 기능에 맞춰 충실한 운영을 기하고 시대의 흐름을 선도하는 주민자치센터를 만들고자 추진한 사항임 1. 있는 자원 발굴하기 : 주민자치기능 2. 예산이 없다면 공모사업으로 해결하자 : 문화여가기능 3. 돈이 안 드는 것도 있더라 : 주민편익기능, 지역사회 진흥기능 4. 열정을 품으니 되더라 : 지역복지기능, 시민교육기능
증빙자료 목록 (증빙자료는 돌려받으실 수 없습니다)	〈관련 증빙〉 – 별첨 참조

제12회 전국주민자치박람회 우수사례 공모에 신청합니다.

2013년 7월 일

신청인 부천시 원미구 원미2동 주민자치위원장 성 00 (인)

부천시 원미구 원 미 2 동 장 윤 00 (인)

제12회 전국주민자치박람회 사무국 귀중

1. 기본 현황

1) 소재지 : 경기도 부천시 원미구 원미동 126-4(조종로 36번길 26)

2) (구)주민자치센터 개소일 : 2000. 7. 28

　주민자치위원회 구성일 : 2000. 9. 13

3) 인구, 주거형태, 문화적 특성, 공공시설 현황

○ 인　　구 : 15,035명(남 : 7,676명 / 여 : 7,359명)　※ 6월말 현재

○ 주거형태

- 원미산 아래 위치한 지역으로 0.51㎢에 인구 15,035명이 살고 있는 전형적인 구도심 지역으로 「원미동 사람들」로 널리 알려진 마을로 대부분이 빌라 및 단독주택지역임

- 중·상동 신도시 개발 이전에는 부천의 중심지였으나 현재는 원미2동 전체가 뉴타운 개발지역(3개소)에 포함되어 있어 현재는 뉴타운 개발 포기에 따른 출구전략이 마땅치 않아 인심 좋은 동네에서 서로 믿지 못하는 반목현상도 있어 소통하는 자세가 절실히 요구되고 있음

○ 문화특성

　: 관내에는 '심초 먹그림 화실', '(사)예사랑 문화원 :한지공예 강습소', '전통공예 체험관', '진영 종합고예', 'FM실용음악학원'이 있으나 전부 개인 사업체이며, 서울과 인천 및 경기도 타시군으로의 전출이 가능한 교통 요충지임

○ 공공시설 : 새마을금고, 수협이 있으며, 소공원 3개가 전부임

2. 일반 현황

1) 프로그램 운영

※ 문화여가 프로그램

| 연번 | 프로그램명 | 대상 | 참여수 | 운영시간 | 구분 | | 동아리 활동 | | 비고 |
					문화여가	기타	유	무	
계			182		10	5			
1	스포츠댄스	성인	23	12:00~14:00	○			○	
2	DIY목공	〃	14	10:00~12:00	○			○	
3	요가(기초)	〃	12	09:30~10:30	○			○	
4	요가(중급)	〃	12	11:00~12:00	○			○	
5	민요	〃	10	15:00~17:00	○			○	
6	POP예쁜글씨	〃	15	19:00~21:00		○		○	
7	생활영어	〃	8	13:00~14:30		○		○	
8	기타	〃	10	15:00~17:00	○			○	
9	서예	〃	15	10:00~12:00	○			○	
10	사군자	〃	12	10:00~12:00	○			○	
11	한지공예	〃	10	14:00~16:00		○		○	
12	글쓰기	〃	10	10:00~12:00		○	○		원미마루
13	연극교실	중·고생	11	11:00~13:00	○		○		
14	미술교실	초등학생	10	10:00~12:00	○			○	
15	만화교실	초등학생	10	10:00~12:00		○		○	

※ 주민자치사업이나 지역복지사업에 대하여 서술하시오.

연번	사업명	대상	참여수 (주민, 봉사자)	기간	사업 특성	사업 내용	비고
계			2,119				
1	주민자치신문 발간	주민	9	2011.10 ~현재	주민 소통공간 마련	• 주민자치위 주관 • 글쓰기교실 수강생 기자발굴 및 현장취재	
2	그린마을 가꾸기 사업	3,15통	750	2012.4 ~12	행정안전부, 새마을운동 중앙회 주관	• 부천시 시범동 • 에너지절약 : 전기, 가스, 수도 • 자원절약, 생태환경 조성 등	
3	행복한 마을 만들기	소공원 등	90	2013.3 ~현재	원미구청 공모사업	• 창작시 공모전 개최 • 시화판 및 시트코팅 게시	
4	주민자치센터 전략특화사업	주민	120	2013.3 ~현재	부천시청 공모사업	• 재능나눔장터 운영 • 8월 10일 개최(예정)	
5	동전의 경제 교실 운영	주민	139	2012.12 ~현재	안쓰는 동전 모으기	• 동전으로 만든 장학금 전달 : 중학생 4명 각 20만원씩	
6	외국동전 기부하기	주민	59	2013.4 ~5	외국동전으로 국격도높이기	• 유니세프 기부 • 동전 571개, 지폐 16장	
7	만화문고 활성화	학생	900	2012.2 ~현재	학생 건전한 여가문화 조성	• 주민센터 전체 건물 만화 공간 조성	
8	자전거타기 생활화	주민	12	2013.1 ~현재	대중교통 생활화	• 대중교통 생활화로 녹색 동네 만들기	
9	사랑의 야쿠르트 배달	소외 계층	20	2012 ~현재	소외계층 보듬기	• 어르신 20명에게 매일 전달	
10	홀몸 어르신 생신상 차리기	소외 계층	10	2012 ~현재	〃	• 연 2회, 회당 10명씩 생신상 및 선물 제공	
11	사랑의 빨래방 운영	소외 계층	10	2012 ~현재	〃	• 소외계층 외투 빨래 서비스 실시	

2) 자원 연계 : 타 센터-기관-시민단체와의 연계, 프로그램 협력 및 조정, 정보 교류 및 협력 내용

구 분 \ 교실명	미술교실	만화교실	비 고
운영기간	2013. 5. 12 ~ 12. 23	2013. 5. 12 ~ 12. 23	
운영일시	매주 일요일 10:00~12:00	매주 일요일 10:00~12:00	
운영장소	동(洞) 회의실	동(洞) 회의실	
참여대상	초등학생	초등학생	
참여인원	10명	10명	
수 강 료	무료	무료	
강 사	경기예고 학생(6명)	경기예고 학생(3명)	
연계기관	경기예술고등학교	경기예술고등학교	

3) 자원봉사 활동현황

활 동 내 용	수혜자수	자원봉사자수	활동회수	기 타
계	19,552	306	978	
경로잔치 행사 지원	300	8	9	
관내 제설작업		18	19	
김장담그기	70	15	15	
독거노인 생활편의지원(목욕, 이미용, 세탁, 청소 등)	20	18	18	
독거노인 방문 및 말벗	2	2	2	
마을공원 환경정비		22	53	
감자 파종		15	15	
만화교실 수업지도	20	1	1	
문화, 예술, 체육행사 보조(프로그램 홍보물 배부)		1	1	
미술교실 수업지도	15	4	4	
불법광고물 정비		11	46	
야간 자율방범활동	6,343	42	274	세대수
원미2동주민센터 업무보조		7	60	
원미2동주민센터 업무보조(원미마루 제작)	6,343	5	52	세대수
원미2동 환경정화활동		23	135	
자연보호 활동		15	17	
자연보호 캠페인, 에너지절약 캠페인 등		3	3	
저소득층 김장지원	80	13	19	
주거지 개선(도배, 장판, 전기, 보일러, 도색 등)	1	5	5	
방역활동		13	83	세대수
취약계층 물품지원	5	5	5	
환경미화, 정비		30	58	

4) 관계자 교육

연번	주관	교육대상 (인원)	교육주제	교육효과	비고
계		46명(자치위원40 , 공무원6)			
1	원미구	위원4, 공무원2	자치센터 운영 활성화교육	모범 자치센터관 선행학습	1/31
2	부천시	위원3, 공무원1	지속가능한 도시 뒤집어보기	습관 깨기를 통한 상상학습	3/26
3	부천시	위원2	2013. 부천시민대학 마음의 발견, 삶의 디자인	나의 재발견 및 지역사회 참여	3/5~6/18 (45시간)
4	부천시	위원장1	읍면동 주민자치센터 기능전환 관련 설명회	기능전환에 따른 자세 재정립	4/17
5	원미구	위원4, 공무원1	2013. 원미구 주민자치위원 역량강화교육	짧은 시간으로 큰 효과 보기	4/24
6	원미구	위원장1, 공무원 1	우수 마을공동체 벤치마킹 및 문화탐방	우리 마을 장점 찾기	6/4
7	원미 2동	위원22	2013년 상반기 동 주민 자치위원 워크숍	센터 6대 기능 활성화하기	6/13
8	원미구	위원3, 공무원1	2013년 원미구 주민자치위원 합동워크숍	함께 잘살기	6/25 ~6/26

5) 홍보 : 주민자치센터 및 위원회와 활동 등에 대한 홍보 방법, 내용 등

  ○ 2013년 각종 시책 주민홍보계획

    〔관련문서 : 원미2동-241(2013.01.07.)〕에 의거 지속추진

  ○ 보도자료

  : 시민의 입과 귀가 되는 자치신문 발간(1/10), '사랑의 빨래방' 운영(1/17),

    동네 주민이 만든 '에세이집 출판기념회' 가져(1/18), 알기 쉬운 시창작 등

    프로그램 수강생 모집(2/26) 등

6) 전담 실무자 배치 : 전담자 배치 여부, 역할 분담, 현장 참여 정도

실무자 명칭	역 할	현장 참여도(내용)	비고
주민자치위 간사	주민자치위 재정 및 운영 실무	• 정례회의 안건 정리 • 각종 행사 사전조율 • 물품구입 등	
주무(행정6급)	행정지원	• 프로그램 운영 등 홍보	

7) 재정 : 재정 운영의 투명성, 수익 지역 환원 내용 등

  ○ 재정운영의 투명성

    – 주민자치센터 수입·지출현황 공고 : 연 2회

    – 주민자치센터 현금출납부 및 총계정원장 : 일일결산 확행

  ○ 수익 지역환원 내용

    – 사랑의 야쿠르트 지원 : 매월 20명

    – 독거노인 생신상 차리기 : 반기별 10명

    – 각종 문화행사 등 지원 : 자부담

II. 주민자치위원회

1. 위원 선정 및 위촉

  – 실질적인 위촉 방식 및 절차와 평균위촉기간

    ○ 실질적인 위촉방식 및 절차 : 공개모집과 추천병행 및 정례회의 심의안

      건 상정으로 결정

    ○ 평균 위촉기간 : 5년

2. 구성현황

- 총인원 : 24명(남 : 15명/여 : 9명)   • 소위원회 및 분과 : 4개

연번	성별	나이	직업	소속단체	센터 내 직책/역할	위촉 년도	선정 방법	비고
1	남	58	부동산업	주민자치위	위원장	2006	추천	
2	女	64	부동산업	주민자치위	부위원장	2012	〃	
3	남	63	증권업	주민자치위	고문	2005	〃	
4	남	64	상업	주민자치위	고문	2011	〃	
5	남	63	부동산업	주민자치위	감사	2008	〃	
6	女	65	무	주민자치위	감사	2000	〃	
7	남	55	인쇄업	주민자치위	간사	2008	〃	
8	남	55	음식업	통장협의회	위원	2010	〃	
9	남	54	열쇠업	새마을협의회	〃	2000	〃	
10	女	49	무	자연보호협의회	〃	2012	〃	
11	남	61	세탁업	자율방범대	〃	2000	〃	
12	남	59	성직자	주민자치위	〃	2004	〃	
13	남	64	건강원	주민자치위	〃	2005	〃	
14	女	66	무	주민자치위	〃	2007	〃	
15	남	51	금융업	주민자치위	〃	2008	〃	
16	남	53	건설기계업	새마을협의회	〃	2011	〃	
17	女	48	무	주민자치위	〃	2011	〃	
18	남	55	기계업	주민자치위	〃	2012	〃	
19	女	48	무	주민자치위	〃	2012	〃	
20	女	59	지물업	주민자치위	〃	2000	〃	
21	남	49	인테리어	주민자치위	〃	2012	〃	
22	女	55	무	주민자치위	〃	2012	〃	
23	女	49	무	주민자치위	〃	2013	〃	
24	남	61	무	주민자치위	〃	2013	〃	

3. 주민자치위원회 운영

– 주민자치위원회의 월례회의 및 위원회 운영에 대하여 서술

○ 참석율 : 90% 이상 (불참시 5만원 벌금제)

○ 회의록 작성 : 매월 작성 및 결과보고 확행

○ 안건 발의 및 토론 내용 등

• 임원회의(소위원회) 결정의견을 대체로 존중하나

• 찬반양론이 있는 경우 월례회의에서 양측의 토론 후 수용 또는 표결로 결정함

– 분과운영위원회 또는 소위원회 운영 방식 및 활동 내용 서술

○ 분과위원회 : 필요 시 소집, 임원회의 안건상정

○ 임원회의(소위원회) : 매월 둘째주 화요일 11:00 개최, 정례회의 안건 사전협의

– 주민자치센터 운영과 관련한 위원회의 권한 및 역할에 대하여 구체적으로 서술

① 예산 관리 및 집행 권한 : 재정보고 및 안건심의로 예산관리, 수강료 익일한 납부

② 프로그램 개설 결정에 대한 권한 : 프로그램 개설 전 설문조사 참여 및 사전심의 후 확정

③ 주관사업 기획 및 운영, 사업 결정에 대한 권한 : 임원회의 검토, 정례회의 시 채택 여부 결정

※ 회의록 증빙자료로 제출(2012년 12월~2013년 4월)

※ 주민자치센터 운영세칙 제출

1. 프로그램 운영

- 기획과정, 독창성, 주민 참여 정도 등 서술
  - ㅇ 시민이 원하는 프로그램 선정 : 설문조사
  - ㅇ 동네 구석구석 발로 뛰는 홍보, 동네 밖 야금야금 이메일 홍보
    : 홍보계획
  - ㅇ 프로그램 적응을 위한 관계자 간담회 개최
  - ㅇ 작은 공간 넓게 쓰기 : 1 강의실 4개 강좌 사용하기
  - ㅇ 또 다른 내일을 위하여 : 우수 자치센터 자료수립 등
- 프로그램 평가 반영
  - ① 프로그램 참여주민을 대상으로 프로그램 만족도 조사 및 반영 등 서술
    - 가. 설문조사 : 2012. 12. 26 ~ 2013. 1. 11, 2013년 3월 개강 반영
    - 나. 간담회 개최 : 2013. 2. 20(수) 11:30 ~ 13:30
  - ② 프로그램 강사, 담당자, 자원봉사자, 주민자치위원 등이 일상적으로 평가를 실시하는 지 와 이에 대한 반영 정도에 대해 서술 : 2013년 하반기 실시예정

2. 지역특성 및 주민욕구 반영

- 프로그램을 기획·실행함에 있어 지역의 인구, 사회, 경제, 문화적 특성 반영내용 서술
  - 가. 연령대 반영 : 총 15개 강좌(2012년 6개 강좌)
    - 성인 프로그램 : 12개 강좌(스포츠댄스 등)

- 중·고등학생 프로그램 : 1개 강좌(연극교실)

- 초등학생 프로그램   : 2개 강좌(미술교실, 만화교실)

나. 경제적 특성 반영

- POP예쁜글씨교실 : 소기업 및 소규모 자영업자 강의수료 후 현업연

계로 매출증대 도모

다. 문화적 특성 반영

- 서예, 한지공예, 사군자, DIY목공, 민요, 스포츠댄스, 글쓰기교실

- 주민욕구 및 지역특성을 반영하기 위한 설문조사, 설명회, 공청회,

간담회 등의 내용 서술(진행방식 및 과정, 활용프로그램기획에 반

영 정도 등을 서술).

가. 설문조사 : 2012. 12. 26 ～ 2013. 1. 11, 2013년 3월 개강 반영

나. 간담회 개최 : 2013. 2. 20(수) 11:30 ～ 13:30

3. 동아리 운영현황

- 동아리 수, 동아리 구성 및 운영방식, 정기성 정도 등에 대해 서술

○ 동아리 수 : 2개

○ 운영내용

구 분	글쓰기교실	연극교실	비고
인 원	10명(성인)	11명(중·고등학생)	
운영방식	회원 중 회장과 총무가 주도하여 과반이상으로 의사결정	회원 중 반장과 부반장이 주도하여 과반이상으로 의사결정	
정 기 성	• 주 1회 정기학습모임 (수요일 10:00~12:00) • 수시모임 : 야외수업 및 각종 대회 참여 시	• 주 1회 정기학습모임 (일요일 11:00~13:00) • 수시모임 : 각종 대회 준비	

- 동아리 성격, 활동내용(축제 등의 지역사업에 참여 등), 동아리 구성방식, 센터의 지원 정도, 센터와의 관계 등에 대해 서술

구 분	글쓰기교실	연극교실	비고
성 격	주민센터 프로그램의 회원모임	주민센터 청소년 프로그램의 하나인 '연극교실' 회원모임	
활동내용	• 주민자치신문 「원미마루」 발간참여 • 글쓰기교실 회원 중 원미마루 기자가 주축이 되어서 카페운영 (http://cafe.daum.net/wm2news/) • 연 1회 수강생 에세이집 발간	• 노래, 춤 등 연극공연에 필요한 스킬연마 • 각종 경연대회 출전	
구성방식	주민센터 '글쓰기교실' 회원	주민센터 '연극교실' 회원	
센터지원	•「원미마루」 발간비 일부지원 : 매회(분기당) 50만원 • 에세이집 발간비 일부지원 : 연 1회 30만원(2011년부터)	• 각종 경연대회 사전안내 • 강사수당 일부 인상예정	
센터관계	주민센터 프로그램의 일부이나 지시가 아닌 협의하는 수평관계	주민센터 프로그램의 일부임	

IV. 대표 사례

1. 사업명

열정(熱情)이라는 단어 만들기

2. 추진기간

2012. 7. 1 ~ 2013. 6. 30(1년간)

3. 추진주체

원미2동 주민자치위원회

4. 추진과정 및 내용

- 주민욕구조사 및 의견수렴 과정, 기획에서부터 실행-평가, 지역 사회의 물적·인적 자원 연계, 역할 분담에 대하여 구체적으로 서술
- 주민자치센터 본래 기능에 맞춰 충실한 운영을 기하고 시대의 흐름을 선도하는 주민자치센터를 만들고자 마을의제 선정을 위한 간담회 개최에서 지역자원 연계 및 역할분담으로 추진한 과정과 그 결과물임

  1) 있는 자원 발굴하기 : 주민자치기능

  2) 예산이 없다면 공모사업으로 해결하자 : 문화여가기능

  3) 돈이 안 드는 것도 있더라 : 주민편익기능, 지역사회 진흥기능

  4) 열정을 품으니 되더라 : 지역복지기능, 시민교육기능

5. 성과 및 지역사회 기여

해당 사례의 파급 효과 서술, 지역사회 변화, 자치위원회 강화 등의 내용 기술

○ '있는 자원 발굴하기' 분야로

- '마을의제' 선정을 위한 간담회 개최로 내 고장 내 힘으로 가꾸는 분위기 확산
- 우리 동 주민자치신문인 『원미마루』의 중단 없는 발간으로 주민 간 소통의 공간을 마련

- 행정안전부 및 새마을운동중앙회 주관사업 참여한 '원미2동 그린마을 가꾸기' 추진으로 마을환경개선
- 참여예산 적극추진으로 마을공동체 지속추진

○ '예산이 없다면 공모사업으로 해결하자' 추진한 결과
- 행복한 마을가꾸기 사업 등 선정에 따른 창작시 공모전 개최 및 창작시 등 활용하여 정이 넘치고 오래도록 살고 싶은 마을 분위기 확산

○ '돈이 안 드는 것도 있더라'를 추진한 결과
- 청사개방, 작품전시회 및 판매전 개최, 나무 이름표 달기 등으로 주민편익 제고
- 『동전의 경제교실』, 사랑의 농장 운영, 희망 사다리 놓기 등으로 지역사회 진흥

○ '열정을 품으니 되더라' 분야로
- 자전거 사랑회 활성화, 청사 내 만화문고 설치 복지기능 제고
- 프로그램 활성화에 따른 평생교육과 청소년교실 운영으로 '작은 평생학습원'을 구축하여 양질의 대시민 서비스를 제공하고 있음

6. 기타 : 증빙서류(별첨)

※ Ⅲ은 센터운영의 전반적인 현황을, Ⅳ는 센터운영 중 대표적인 사례를 기술하십시오.

제13회 전국주민자치박람회 우수사례 공모신청서

─평생학습 분야─

센터명	경기도 부천시 원미구 원미2동 주민자치센터		담 당	이○○
소 재 지	(우: 420-112) 경기도 부천시 원미구 조종로 36번길 26(원미동 126-4)			
연 락 처	전 화	(032) 625-5681	팩 스	(032) 625-5689
	E-mail	dhenrl@korea.kr	홈페이지	wonmi2.bucheon.go.kr
사 례 명	『작은 평생학습원』 만들기			
내용 요약	• 틀에 박힌 주민자치센터 운영에서 벗어나 『작은 평생학습원』으로 거듭나고자 지역 내 인적·물적 자원을 적극 발굴하여 보편적이면서도 다양한 복지를 실현함은 물론이고 • 지구촌 어려운 이웃까지 보듬는 시스템 구축으로 모든 세대와 교감으로 소통하고 공감대를 형성하는 민·관·학(民官學)의 협력 네트워크를 구성하여 남녀노소를 불문한 평생학습에 이르는 주민들의 꿈이 이루어질 수 있도록 장학사업, 지역발전을 도모하는 각종 공동체 사업 등을 공무원에 더 이상 의지하지 않고 그 책임을 공무원에게 전가하지도 않는 기획과 실행으로 • 잃어버린 주민자치기능을 회복하여 주민자치센터 운영과 각종 주민자치위원회 사업을 세치 혀의 말로만 하는 것이 아닌 실천으로 참 봉사자의 낮은 자세에서 최선을 다하여 중단 없는 노력을 경주하여 주민 모두가 주민자치센터를 신뢰하고 소통할 수 있는 꿈이 이루어지는 평생학습의 장(場)을 펼치고 있다.			
증빙자료 목록	〈관련 증빙〉 증빙1 : 일반운영 증빙2 : 주민자치위원회 증빙3 : 프로그램 운영 증빙4 : 대표사례			

제13회 전국주민자치박람회 우수사례 공모에 신청합니다.

2014년 8월 12일

신청인 조 ○○ (인)

제13회 전국주민자치박람회 사무국 귀중

1. 기본 현황

1) 소재지 : 경기도 부천시 원미구 원미동 126-4(조종로 36번길 26)

2) • 주민자치센터 개소일 : 2000. 7. 28

   • 주민자치위원회 구성일 : 2000. 9. 13

3) 인구, 주거형태, 문화적 특성, 공공시설 현황

   ○ 인구 : 15,035명(남 : 7,676명 / 여 : 7,359명) ※ 6월말 현재

   ○ 주거형태

   • 원미산 아래 위치한 지역으로 0.51㎢에 인구 15,035명이 살고 있는 전형적인 구도심 지역으로 「원미동 사람들」로 널리 알려진 마을로 대부분이 빌라 및 단독주택지역임

   • 중·상동 신도시 개발 이전에는 부천의 중심지였으나 현재는 원미2동 전체가 뉴타운 개발지역(3개소)에 포함되었던 지역으로 인심 좋은 동네에서 서로 믿지 못하는 반목현상도 있어 소통하는 자세가 절실히 요구되고 있음

   ○ 문화특성

   : 관내에는 '심초 먹그림 화실', '(사)예사랑 문화원 :한지공예 강습소', '전통공예 체험관', '진영 종합공예', 'FM실용음악학원'이 있으나 전부 개인 사업체이며, 서울과 인천 및 경기도 타시군으로의 전출이 가능한 교통 요충지임

   ○ 공공시설 : 새마을금고, 수협이 있으며, 소공원 3개가 전부임

   ※ 관내 각급학교는 고사하고 초등학교도 없는 지역임

2. 일반 현황

1) 프로그램 운영

※ 문화여가 프로그램

연번	프로그램명	대상	인원	운영시간		구분		동아리 활동		비고
						문화여가	기타	유	무	
계			192			9	6			
1	스포츠댄스	성인	23	수/금	12:00~14:00	○			○	
2	DIY목공	〃	14	화	10:00~12:00	○			○	
3	요가(기초)	〃	12	월/수/금	09:30~10:30	○			○	
4	민요	〃	10	월	15:00~17:00	○			○	
5	POP예쁜글씨	〃	15	목	19:00~21:00		○		○	
6	생활영어	〃	12	화/목	13:00~14:30		○		○	
7	기타	〃	12	금	15:00~17:00	○			○	
8	서예	〃	15	화	10:00~12:00	○			○	
9	사군자	〃	12	금	10:00~12:00	○			○	
10	한지공예	〃	12	수	14:00~16:00		○		○	
11	글쓰기	〃	10	수	10:00~12:00		○	○		
12	옷만들기	〃	14	화/목	13:00~15:00		○	○		교육부
13	연극교실	중·고생	11	일	11:00~13:00	○			○	교육부
14	학생기자교실	초등학생	10	일	13:00~15:00		○		○	교육부
15	미술교실	초등학생	10	일	10:00~12:00	○			○	

※ 주민자치사업이나 지역복지사업

연번	사 업 명	대상	참여수 (주민, 봉사자)	기간	사업 특성	사업 내용	비고
1	사랑의 야쿠르트 배달	소외 계층	22	2012 ~지속	소외계층 보듬기	어르신 20명에게 매일 배달	
2	독거노인 생신상 차리기	소외 계층	20	2012 ~지속	소외계층 보듬기	연2회, 회당 10명씩 생신상 및 선물전달	
3	사랑방문고 운영	주민	22	2013 ~지속	책 읽는 마을 만들기	책 기증 및 대여	
4	동전의 경제교실 운영	주민	22	2012 ~지속	안쓰는동전 모으기	동전으로 만든 장학금 국고낭비 예방	
5	작품전시회 및 일일찻집	주민	500	매년	프로그램 참여	수강생 인정감 부여 및 소통공간 마련	
6	주민자치신문 발간	주민	7,000	2011 ~지속	주민 소통공간 마련	글쓰기교실 수강생 기자참여	
7	행복학습센터 운영	주민	50	2014 ~2018	교육부 공모사업 선정 및 운영(3년)	3개교실(옷/연극/ 학생기자)	

2) 자원 연계

① 타 센터 상호교환방문

일 시	방 문 내 용	비 고
2014.01.16(목)	원미2동, 남양주시 호평동 주민자치센터 방문	
2014.03.26(수)	호평동 주민자치센터, 원미2동 방문	

② 기관·시민단체 등과의 연계

일 시	연 계 내 용	비 고
2014.04.23	박창수 작가와 업무협약체결로 신간도서 제공 및 『원미마루』 신간소개	
2014.04.29	『올림출판사』와 업무협약체결로 신간도서 제공 및 『원미마루』 신간소개	
2014.06.12	국제피스스포츠연맹과 업무협약 체결로 아프리카 어려운 이웃돕기 추진	
2014.06.18	문화나눔 업무협약 체결하여 신간도서 상호배분 및 공동체 행사참여	
2014.06.26	장학생 추천의뢰 북초등학교, 소명여자 중·고등학교	

③ 자원 연계 프로그램

기 간	연 계 내 용	비 고
2013.04.23 2013.12.23	경기예술고등학교와 업무협약 체결로 무료 만화·미술교실 운영(대상 :초등학생)	
2013. 8월 ~9월	소외계층 신나는 무료 문화체험교실 운영 : 부천로보파크, 만화박물관 참여	
2014.04.06 2014.11.30	경기예술고등학교와 업무협약 체결로 무료 만화·미술교실 운영(대상 :초등학생)	

④ 주민자치 활동사례 발표

일 시	발 표 내 용	비 고
2013.08.10	재능나눔장터 운영, 서예, 사군자, 한지공예 등 작품전시 (시 특화전략사업선정)	
2013.08.29	원미구 주민자치센터 프로그램 경연대회 참가 : 원미2동 연극교실, 장려상	
2013.11.29	하반기 작품전시회	
2014.06.20	2014년 작품전시회 및 일일찻집	

3) 자원봉사 활동현황

명 칭	참여자수	활동회수	활 동 내 용
사랑의 주말농장 무심기	4	1	땅고르기 및 무 파종
인플루엔자 접종 문진서작성 등	18	1	문진서 작성 등
사랑의 주말농장 무뽑기	13	1	무뽑고 씻기
저소득층 김장나누기	14	1	김장 담그기 등
자연보호동산 편백나무 심기 및 월동준비	8	1	나무심기 등
원미마루 통별 배부	19	분기별 1회	매회 7,000부 발행
프로그램 수강생 안내문 배부	7	분기별 2회	원미구 20개 동(洞)
진달래 심기	8	1	진달래동산 식재
새봄맞이 환경정비	13	1	관내 가드레일 등 세척
자연보호동산 풀베기	6	1	동 담당구역
사랑의 주말농장 고구마 파종	10	1	땅 고르기 등
무궁화나무 식재	4	1	삼원연립 일대
방역활동	20	주 2회	관내 전지역
자율방범 순찰활동	23	주 5회	취약지 중점순찰

4) 관계자 교육

일 시	교 육 내 용	비 고
2014.01.15	원미구 주민자치센터운영 회계실무교육 : 위원장 조창현 등 4명 참가	
2014.02.26	원미구 주민자치위원 역량강화교육 : 간사 서주아 등 7명 참가	
2014.04.02	우수 주민자치센터 벤치마킹(안산시 원곡동, 경기도미술관) : 간사 서주아, 주무 박경덕	

5) 홍보사항

구 분	홍 보 내 용	비 고
주민자치센터	주민자치센터 카페(원미마루카페) 및 주민자치신문 『원미마루』에 자치위원회 활동사항 게재 : 다음카페 〉 원미마루카페	
지역언론매체	주민자치센터의 각종 행사 및 사업에 대한 보도자료 제출로 기사화함	
홍 보 물	• 기별 수강생 모집 안내문을 주민자치위원이 원미구 전 동(洞)에 직접 배부함 • 주민자치신문 『원미마루』를 3개월마다 7,000부 발간하여 통장 및 자치위원이 배포함	

6) 전담 실무자 배치

– 주민자치위원회의 간사와 주민자치센터 내 유급간사를 사무역할 분담으로 업무를 수행하며 공무원에게 의지하지 아니하고 그 책임을 공무원에게 전가하지 않는 자치기능으로 운영함

7) 재정사항

구 분	재 정 내 용	비 고
재정운영	각 분과별, 위원회 연간사업, 사업계획서를 근거로 분과회의를 거쳐 본회에 상정 및 의결 후 지출처리	
공 고	반기별 회계결산 공고	
수익환원	• 무료 프로그램 운영 : 미술교실, 만화교실(2013년) • 수강료 50% 면제 : 장애인, 국가유공자, 기초생활수급자 • 각종 공모사업 자부담 : 총사업비의 10 ~ 20% • 독거노인 무료 야쿠르트 배달, 독거노인 생신상 차리기 • 작품전시회 재료비 지원 • 글쓰기교실 에세이집 발간 및 원미마루 창간 기념식 비용부담	

1. 위원 선정 및 위촉

  – 위촉방식

    위원은 주민 각계각층의 의사가 발 반영될 수 있도록 자치센터 운영에 전문지식이 있거나 덕망 있는 사람을 공개모집 원칙으로 8명의 선정위원회(소위원회 활용)를 구성하여 의견을 모아 동장이 위촉하며 가능한 단체장은 배제하며 통별 안분을 원칙으로 함

  – 평균 위촉기간 : 위원의 임기는 2년이며, 평균 위촉기간은 5년임

2. 구성현황

• 총인원 : 22명(남 : 14명/ 여 : 8명)

• 소위원회 및 분과 : 소위원회 1, 분과 3개

연번	성별	나이	직업	소속단체	직책	위촉년도	선정방법	비고
1	남	58	부동산업	주민자치위	위원장	2006	추천	
2	女	64	부동산업	주민자치위	부위원장	2012	〃	
3	남	63	증권업	주민자치위	고문	2005	〃	
4	남	64	상업	주민자치위	고문	2011	〃	
5	남	63	부동산업	주민자치위	감사	2008	〃	
6	女	65	무	주민자치위	감사	2000	〃	
7	남	55	인쇄업	주민자치위	간사	2008	〃	
8	남	55	음식업	통장협의회	위원	2010	〃	
9	남	54	열쇠업	새마을협의회	〃	2000	〃	
10	女	49	무	자연보호협의회	〃	2012	〃	
11	남	61	세탁업	자율방범대	〃	2000	〃	
12	남	59	성직자	주민자치위	〃	2004	〃	
13	남	64	건강원	주민자치위	〃	2005	〃	

14	女	66	무	주민자치위	〃	2007	〃
15	남	51	금융업	주민자치위	〃	2008	〃
16	남	53	건설기계업	새마을협의회	〃	2011	〃
17	女	48	무	주민자치위	〃	2011	〃
18	남	55	기계업	주민자치위	〃	2012	〃
19	女	48	무	주민자치위	〃	2012	〃
20	女	59	지물업	주민자치위	〃	2000	〃
21	남	49	인테리어	주민자치위	〃	2012	〃
22	女	55	무	주민자치위	〃	2012	공개

3. 주민자치위원회 운영

- 주민자치위원회의 월례회의

매월 첫째 주에 3개 분과위별 회의를 거친 후 소위원회에 임원과 각 분과장들이 의무참석하여 월례회의 안건을 심의 및 확정하고 전월에 공지한 안건내용을 참고하여 회의시작 10분 전까지 회의장에 입실하여 배부된 회의서류 내용에 대한 사전숙지토록하며, 회의운영은 간사가 사회를 진행하며 각 분과장들이 안건발표와 자유발언 순으로 월례회의를 진행하고 있으며, 위원장 체제의 위원회가 아닌 위원 전체가 주인의식을 갖고 운영되는 살아 있는 위원회 운영되고 있으며, 출석률 90% 이상이며, 불참 시 벌금제를 적용하고 있을 뿐만 아니라 자치위원 개인별 마일리지제를 채택하여 점수가 적은 자치위원에 대해서는 연말에 경고의 의미와 함께 자진 퇴출시키고 있음

※ 회의진행 3단계 : 분과위 회의 〉소위원회(임원+분과장) 회의 〉

정례회의

- 분과위원회 운영 방식 및 활동 내용

분과위원회는 매월 둘째 주 목요일에 개최하는 정례회의 전인 첫째 주에 3개 분과위가 요일별로 개최되며, 정례회의와는 달리 불참 시 벌금제는 없으나 분과장 또는 분과총무(분과장 불참 시)가 회의 주재하여 분과별 자유토론을 거쳐 소위원회에 상정할 안건선정과 자체해결 과제를 결정함

- 소위원회 운영 방식 및 활동 내용

소위원회는 정례회의 전인 매월 둘째 주 화요일에 개최하며, 분과위에서 올라온 각종 안건의 적정성을 검토하여 반려 또는 채택안 선정과 향후 추진과제 등을 집중 토의하고 있으며, 신규 자치위원 입회 시 선정위원회로 대체하여 사전 심의 후 동장에게 위촉을 건의하고 있는 주민자치위원회의 산실(産室)임

- 주민자치센터 운영과 관련한 위원회의 권한 및 역할에 대하여 구체적으로 서술

① 예산 관리 및 집행 권한 : 수강료 징수 및 관리, 사업보조금 관리 및 집행 등

가. 투명하고 효율적인 예산관리를 위하여 수강료 징수에 관한 회계책임자(유급간사)를 지정하여 운영하며 공무원의 힘을 빌리지 않고 100% 위원회 자치능력으로 집행함

나. 자치센터 운영에 따른 상·하반기 운영결과 보고서를 동장에게 통보하며, 주민공개함

다. 정기 및 수시 회계감사를 실시하여 위원회에 보고함

② 프로그램 개설 결정에 대한 권한 : 기획, 운영

　　가. 연 2회 이상 위원장과 문화교육분과에서 프로그램별 수강생 대표
　　　　와 강사가 함께하는 간담회를 실시 후 의견수렴하여 운영함

　　나. 매년 가을에 설문조사를 통하여 주민이용 만족도조사와 신규개설
　　　　희망 프로그램에 대한 운영과 기획을 하고 소위원회를 거쳐 본회에
　　　　상정, 최종 결정안을 의결하여 운영함

③ 주관사업 기획 및 운영, 사업 결정에 대한 권한

　　가. 각 분과별 사업에 대하여 분과에서 기획 및 운영함

　　나. 추진되는 사업의 권한은 분과사업은 분과장이, 위원회 전체사업은
　　　　위원장이 주관함

※ 회의록 증빙자료로 제출(2013년 7월~2014년 6월)

※ 주민자치센터 운영 세칙 제출

III. 프로그램 운영

1. 프로그램 운영

○ 기획 및 추진과정, 독창성, 주민 참여

① 센터의 획일적인 운영방식에서 벗어나 평생학습의 장(場)으로 자리매김
　　하고자 다양한 주민의견을 반영한 기획과 아울러 지역 내 인적·물적자
　　원을 활용한 차별화를 도모하는 주민자치센터 독창성을 추구하며 수
　　익자 부담의 원칙을 준수하는 맞춤형 운영을 하고 있음

○ 프로그램 및 강사 평가반영

① 연 1회 설문조사와 프로그램 대표자 간담회를 통하여 주민자치센터 운
　　영 및 평가와 주민센터 건의사항까지를 아우르는 기회를 가져 기획에

활용하고 프로그램 선정에 반영하여 운영함

② 연 1회 강사평가를 실시하여 강사에게는 긴장감과 양질의 학습기회 제
공을 요구하고 있으며, 이용하는 주민에게는 양질의 학습내용을 제공
함과 아울러 신뢰받는 평생학습의 장(場)을 제공하고 있음

2. 지역특성, 주민욕구 반영

○ 원미2동은 부천시에서도 구도심을 대표하는 지역으로 주민들의 문
화욕구는 많으나 2층의 센터 건물구조와 강의실 사용가능 공간 3
개소로는 전부 수용이 어려운 형편임에도 불구하고 주중에 아침
반, 오후반, 저녁반(POP예쁜글씨교실 : 목요일 19:00∼21:00)을 운
영하고 있으며, 주말에는 초·중·고등학교 학생들을 위하여 미술
교실, 학생기자교실, 연극교실을 운영하여 학생들의 문화갈증에
부응하고 있음

○ 아울러 2014년 6월에 중앙부처인 교육부가 주관하는 지역평생교
육 활성화 공모사업에 선정돼 『행복학습센터』로 지정되어 특화 프
로그램인 ▶옷 만들기교실(세상에 하나뿐인 우리 아이 옷 만들
기), ▶학생기자교실(학생기자 그 매력적인 이름을 갖다), ▶연극
교실(꿈 꾸는 연극)을 국비지원으로 3년간 운영할 수 있게 되었음

※ 주민욕구조사지 / 설문지샘플과 분석내용만 제출

3. 동아리 운영현황

○ 동아리 구성 및 운영

– 서예, 사군자, 한지공예, POP예쁜글씨, DIY목공, 옷 만들기, 민요교실

로 구성된 성인 동아리는 지역축제 및 각종행사에 참여하고 있음

- 연극교실, 미술교실은 프로그램 경연대회 또는 작은 전시회에 참여하여
  주민들에게 즐거움을 주고 있음

O 활동내용 : 작품전시회 및 프로그램 경연대회 등 참여

O 센터의 지원관계

　동아리 자체적으로 운영하되 각종 대회나 지역축제 참여 시 간식비, 사기진작비 등을 지원하고 있으며, 참신한 아이디어 수렴으로 자체 만족도를 높이며 지역봉사에 적극적인 동참을 유도하고 있음

IV. 대표 사례

1. 사 례 명

『작은 평생학습원』 만들기

2. 추진주체

원미2동 주민자치위원회

3. 추진기간

2013. 7월 ~ 지속

4. 지역특성

: 중·상동 신도시 개발 이전에는 부천의 중심지였으나 현재는 원미2동 전체가 뉴타운 개발 지역(3개소)에 포함되었던 지역으로 인심 좋은 동네에서 서로 믿지 못하는 반목현상도 있어 주민 모두가 상생을

위하여 주민의 욕구를 충족하는 센터로 거듭나고자 지역 내 인적·물적 자원을 적극 활용하고자 참여하는 지역임

5. 추진배경 및 목적

○ 주민의견 및 지역민원을 통합하여 주민 간담회 등을 통한 주민의 꿈을 담아가는 평생학습센터에서 행복학습센터로 거듭나고자 지역 내 인적·물적 자원을 활용하여 주민 삶의 질 향상에 기여하는 독창적인 특화 프로그램을 개발하여 추진함

○ 지역주민 모두가 행복한 학습센터로 거듭나고자 타 센터에서 추진하지 않는 주민자치센터 신문발간, 잃어버린 꿈을 찾는 편지쓰기 공모전 개최, 쳐다보지 않는 동전으로 만든 장학금 지급을 발판으로 한 장학사업 추진, 원조 받던 나라에서 도움주는 국가로의 국격 드높이기 등으로 주민과 함께하는 나눔과 행복이 가득한 센터로의 발전을 목적으로 함

6. 추진과정 및 내용

○ 주민욕구조사와 의견수렴 과정

- 시 평생학습과 네트워크를 구축하고 연 2회 이내의 센터 간담회 및 설문조사를 근거로 주민자치위원회 카페(원미마루 카페)에서 의견도 모아 지역 내 민관학의 협력시스템을 구축하여 주민욕구 및 의견을 수렴하는 과정을 거침

○ 기획에서부터 실행·평가

- 주민자치센터의 차별화 운영을 위한 사업계획안을 각 분과에서 담당함

- 기획된 사업계획을 위원회에 보고하며, 지역 내 인적·물적 자원을 최대한 활용하여 사업비 확보를 위한 사업공모 등을 추진함
- 운영평가는 위원회의 보고평가와 주민평가를 병행하여 부족한 부분을 보완하여 운영함

O 지역사회의 인적·물적 자원 연계내용

① 소통의 전령사 주민자치신문 『원미마루』 발간

2002년 중·상동 신도시 개발 전에는 부천의 중심지였으나 현재는 재개발지역 3개소가 선정되어 인심 좋은 동네에서 서로 반목하는 현상도 자주 발생되었으며 각종 문화기반 시설이 신도심으로 집중되어 원미2동은 문화소외지역으로 둔갑한 현실에서 이를 타개하기 위한 발판으로 주민이 중심이 되어 동네신문을 공모를 통하여 『원미마루』라는 신문의 이름을 지음과 동시에 2011년 10월 13일 창간호를 발간한 이후 현재까지 지속되고 있음

- 발행주기 : 분기별 발간
- 발행부수 : 7,000부
- 발행지면 : 16면
- 소요예산 : 분기별 3백만원(2014년 예산 분기별 1백만원 지원, 나머지 자부담)
- 기사내용 : 동네사람들 살아가는 이야기와 주민자치위원회 활동내용 및 계절별 이슈 게재
- **기자혜택 : 무보수와 자부심**
- 역할분담 : 주민자치센터(기자)는 기사작성에서부터 신문발간 및 관내 배포와 광고수주, 행정지원은 시청, 시의회, 구청 및 각 동(洞) 주

민센터 배포를 지원

② **특화 프로그램 글쓰기교실**

2011년에 신설된 프로그램으로 글을 좋아하는 수강생들이 글쓰기의 기초인 수필을 배우면서 2012년부터 **매년 1회 공동 에세이집을 발간함은** 물론이고 다소 글을 안정적으로 쓰고 재능이 있는 수강생을 주민자치위원회에서 기자로 위촉하여 **동네 신문인 『원미마루』도 발간**해오고 있음

- 운영일시 : 매주 수요일 10:00 ~ 12:00

- 참여인원 : 12명

- 운영장소 : 동 주민센터 내 2층 강의실

- 내   용 : 연 1회 공동 에세이집 출간, 『원미마루』 기자위촉 및 기자
　　　　　활동 참여

- 역할분담 : 주민자치센터는 편집위원회 구성으로 지면계획 참여 및
　　　　　수강생 모집 홍보, 행정지원은 각종 글쓰기대회 안내

③ **편지쓰기대회 공모전 개최**

주민에게 활력을 불어넣기 위하여 꿈과 희망 그리고 사랑이야기라는 주제로 잃어버린 편지쓰기에서 다시 찾는 편지쓰기를 통하여 삶의 질 향상을 도모하고자 부천시에 사는 사람을 대상으로 공모전 개최함

▶ 2013년 : 시 창작 공모전 ▶ 2014년 : 편지쓰기대회 공모전

▶ 2015년 : 엽서보내기 공모전(예정)

- 대   상 : 부천시민 또는 부천시에 사업장을 둔 사람

- 접수기간 : 2014. 6. 5 ~ 6. 13(9일간)

- 발   표 : 2014. 6. 20. 원미마루 카페 및 개별통보

- 시   상 : 구청장 표창 및 부상금

- 결　과 : 접수자 40명, 1등 중학교 2학년 학생 '포기하지 마세요,
  NEW MOM" 등 6명
- 역할분담 : 센터는 문서접수에서부터 심사와 표창 및 시상금 지급,
  행정지원은 행사개최 홍보와 구청장 표창 의뢰

④ 작품전시회·재능나눔장터 운영

주민자치센터에서 매년 자체사업으로 실시하는 작품전시회 개최로 프
로그램 수강생들에게 인정감을 부여하고 주민에게는 다양한 프로그램
학습기회를 제공하고 있으며, 시 주민 자치센터 36개 동에서 4개동만 채
택되어 선정된 전략특화프로그램 공모사업인 2013년 재능나눔장터 운영
에 센터 내 참여 가능한 프로그램을 전원 참여시켜 전시와 작품판매 그
리고 공연까지 주민과 함께하는 즐거운 프로그램을 제공함

- 참여강좌 : 서예, 사군자, 한지공예, POP예쁜글씨, DIY목공, 옷 만
  들기, 민요, 글쓰기교실
- 참　여 : 5백여 명
- 내　용 : 전시, 작품판매, 공연, 백일장 및 이벤트
- 역할분담 : 센터는 작품재료비 일부지원, 행사홍보 및 출연진 섭외,
  행정지원은 시설 사용(학교운동장 등) 지원

⑤ 동전의 경제교실 운영

한국은행에서 10월 동전 1개의 제조비용이 40원이나 들며 그나마 회수
가 안 되어 매년 1개당 30원씩 적자를 보아 부득이하게 국고를 손실하고
있어 서랍 속에 안 쓰는 동전을 잠에서 깨움과 아울러 회수된 동전으로
장학금 전달하여 동전의 위력을 보여주는 것을 토대로 **장학회도 없는 상**
태에서 장학사업을 추진함

- 대　　상 : 안 쓰는 동전 10원/ 50원/ 100원

- 참　　여 : 부천시민

- 수 혜 자 : 학생 14명(초·중·고) 360만원(2013년 7명, 140만원/ 2014
  년 7명 220만원)

- 내　　용

: 장학회도 없이 안 쓰는 동전만을 모아 2013년에 중·고등학생 7명에게
  140만원을 장학금으로 전달한 것을 계기로 만들어 2014년에는 장학
  회 전 단계인 희망둥이 키우는 사람들 모임을 만들어 동전으로 조성
  된 금액과 함께 회원들이 낸 연회비를 모아 장학금을 전달함

- 역할분담

: 센터는 주민자치위원을 중심으로 안 쓰는 동전 모으기 홍보와 희망
  둥이 키우는 사람들을 확보하여 학교에 주민자치위원회 명의로 공
  문발송하여 장학생 추천, 행정지원은 '희망둥이 키우는 사람들' 모
  임장소 제공

⑥ 문화나눔 업무협약 체결(원미마루를 통한)

　동네신문 『원미마루』를 매개로 하여 출판사, 작가 등의 신간서적을 출
간할 때마다 5권씩 기증받으며, 이에 대한 반대급부로 『원미마루』에 신간
소개함과 아울러 제공받은 책은 관내 우리세상지역아동센터, 원미부흥
시장 상인회 사무실에 있는 홀씨도서관, 시민단체에서 운영하는 생글생
글도서관, 주민자치센터 프로그램인 글쓰기교실과 주민센터 민원실 내
사랑방문고에 각 1권씩 재배부하여 신간공급을 지속적으로 유지하여 주
민에게 품격높은 서비스 제공함

- 대　　상 : 출판사, 개인작가, 문인협회 등

- 수 혜 자 : 15,000여 명의 동네주민
- 내　용 : 원미마루를 매개로 한 상생의 원칙 준수(책 제공 및 신간 소개)
- 역할분담 : 주민자치센터가 주관하여 발행하는 동네신문 원미마루 에 실릴 신간서적 제공자 확보 및 제공받은 책 재배부, 행정지원은 협 약체결 시 장소제공

⑦ 교육부 공모사업『행복학습센터』지정·운영

교육부 주관 지역평생교육 활성화 지원사업 선정으로 2014년 6월 20일 『행복학습센터』지정으로 평생학습의 요람으로 자리매김함

※ 부천시 3개 주민자치센터만 선정됨

- 사업기간 : 지정 후 최소 3년간 운영
- 교육대상 : 부천시민
- 운영강좌 : 3개 프로그램(연극교실, 학생기자교실, 옷 만들기교실)
- 사업예산 : 매년 12백만원(국비와 지방비 50% 매칭비율)

7. 성과 및 지역사회 기여

○ 주민에게 신뢰받는 주민자치센터가 되고자 주민의견을 적극 수렴 하여 삶의 질을 향상시키는 구심체 역할을 수행
○ 세대 간 소통공간을 마련하는 프로그램 운영 및 주민자치신문 발간
○ 주민의 건강한 문화여가 향유를 위한 야간 및 주말 프로그램 적 극 운영, 평생학습의 장(場)을 구축
○ 지역자원 활용과 수익환원을 통하여 주민자치센터가 지역주민과 함께 살아가는 장(場)을 실현함과 아울러 위원회의 위상 정립에

도 크나큰 기여를 하고 있음

8. 기타

○ 교육부『행복학습센터』지정에 따라 작은 평생학습원으로서의 위
   상에 맞게 자격증 취득반 등 다자양한 프로그램 추구

제14회 전국주민자치박람회 우수사례 공모신청서

—평생학습 분야—

센터명	부천시 원미구 상2동 주민자치센터		담 당	박○○
소 재 지	(우: 14589) 경기도 부천시 원미구 조마루로 95(상동 557-7)			
연 락 처	전 화	(032) 625-5961	팩 스	(032) 625-5969
	E-mail	deokdeok@korea.kr	홈페이지	
사 례 명	배워서 남 주자!			
내용 요약	주민자치센터 본래 기능에 맞춰 충실한 운영을 기하고 시대의 흐름을 선도하는 센터를 만들고자 총 10,349세대 32,573명의 주민 중 78%(8,131세대)를 차지하는 아파트 주민들과 22%(2,218세대)를 차지하는 단독주택 사람들이 주민자치위원회를 중심으로 아래와 같은 과정을 거쳤으며 1. 주민과 함께하는 「생태하천 학습문화 한마당」 2. 우리 동네 문화공동체 만들기 : 공방 참여 3. 「재능나눔 공연단」운영 : 프로그램 참여 4. 교육의 참 맛과 멋 5. 원조 받던 나라에서 주는 나라로의 마중물 6. 주민과의 소통공간 마련 등을 공무원에게 의지하지 않고 그 책임을 공무원에게 전가하지 않는 기획과 실행의 자세로 각종 위원회 사업을 참 봉사자의 낮은 자세에서 최선을 다함과 아울러 주민 모두가 협력하면 꿈을 이룰 수 있다는 평생학습의 장(場)을 펼치고 있다.			
증빙자료 목록 (증빙자료는 돌려받으실 수 없습니다)	〈관련 증빙〉 — 일반운영　　　 : 증빙1 — 주민자치위원회 : 증빙2 — 프로그램 운영　: 증빙3 — 대표사례　　　 : 증빙4			

제14회 전국주민자치박람회 우수사례 공모에 신청합니다.

2015년　8월　일

신청인　방 ○○　(인)

제14회 전국주민자치박람회 사무국 귀중

1. 기본 현황

1) 소재지 : 경기도 부천시 원미구 상2동 주민자치센터

2) • 주민자치센터 개소일 : 2003. 6. 9.

   • 주민자치위원회 구성일 : 2004. 8. 27.

3) 인구, 주거형태, 문화적 특성, 공공시설 현황

   ○ 인구 및 세대

   • 인 구 수 : 32,573명(남 : 16,044명, 여 : 16,529명)

   • 세 대 수 : 10,349세대[아파트 : 8,131세대(78%), 단독주택 : 2,218세대
   (22%)]

   ○ 주거형태 및 문화적 특성

   • 2002년 상동 신도시로 개발되어 도심 속 자연 친화적이고 편리한 교
   통시설을 갖추고 있으며, 관내 전 지역이 대부분 아파트 단지이며 상
   권이 발달되어 있음

   • 관내 상동 호수공원이 있으며, 전국 최초로 재이용수로 만든 인공하
   천인 '시민의 강'(3.5km)이 있음

   • 관내 8개 학교(초교3, 중학교2, 고교3)가 있으며 상동도서관, 주민자율
   문고, 공방사람들 모임인 '상상지기 공동체' 등이 있어 지역적 특성을
   살린 공동체 독서 문화마을 만들기가 진행되고 있으며

   • 아파트 밀집과 대규모 상가지역으로 만남과 소통의 과정을 거쳐 정
   주의식의 인식으로 콘크리트 문화를 사람중심의 문화로 바뀌어 나
   가는 전환기이며, 공방사람들 모임인 '상상지기 공동체'와 '복사골 말

그미' 등이 주민자치센터와 협력하여 우리 동네만의 마을만들기를 추
진하고 있음

O 공공시설 현황

- 도 서 관 : 상동도서관(공공) • 교육기관 : 8개교(초3, 중2, 고3)
- 공   원 : 상동 호수공원 등 6개소
- 기타시설 : 상동 호수공원, 시민의 강, 테마시설 웅진플레이도시, 소풍
  터미널, 삼성홈플러스 등 유통센터

2. 일반 현황

1) 프로그램 운영 ※ 문화여가 프로그램

연번	프로그램명	대상	참여수	운영시간	구 분		동아리 활동		비고
					문화여가	기타	유	무	
계			429		17	4	6	15	
1	기타(중급)	성인	23	월/목 10:00~12:00	1		1		
2	기타(초급)	〃	22	월/목 12:30~14:30	1		1		
3	요가A	〃	35	월/수 15:20~16:30		1		1	
4	요가B	〃	29	월/수 16:40~17:50		1		1	
5	풍물난타(초급)	〃	25	금 15:00~17:00	1		1		
6	풍물난타(중급)	〃	30	수/금 13:00~15:00	1		1		
7	민요	〃	19	수 10:00~12:00	1		1		
8	스포츠댄스(초급)	〃	37	화/목 15:00~16:30	1			1	
9	스포츠댄스(중급)	〃	18	화/목 16:30~18:00	1			1	
10	연극	중고생	5	토 09:30~11:00	1			1	
11	초등발리	초등생	14	토 11:00~12:30	1			1	
12	서예	성인	27	목 10:00~12:00	1			1	
13	노래	〃	40	금 10:00~12:00	1			1	
14	중국어(중급)	〃	20	월/수 09:00~11:00		1		1	

15	중국어(초급)	〃	32	월/수 11:00~13:00		1		1
16	캘리그라피	〃	13	수 13:30~15:30	1			1
17	사진	〃	6	월 13:00~15:00	1			1
18	사군자	〃	6	화 14:00~16:00	1			1
19	글쓰기	〃	7	목 15:00~17:00	1		1	
20	만화	초등생	11	토 10:00~12:00	1			1
21	생글기자교실	초등생	10	수 16:00~18:00	1			1

※ 주민자치사업이나 지역복지사업

연번	사업명	대상	참여수	기간	사업 특성	사업 내용	비고
계			15,606				
1	사랑나눔 장학금 전달	고교생 6명	40	2015.02.05	자치위원회 회비적립	• 180만원 전달 (30만원, 6명)	
2	생태하천 학습문화 한마당	주민	2,000	2014.09.20 2015.04.11	생태문화마을 만들기 축제	• 생태문화마을 만들기를 위한 주민 소통공간	
3	문화공동체 만들기	주민	500	2012.07.27 ~지속	공방 참여	• 지역의 자랑거리 공방작품을 통한 지역명소 만들기	
4	도·농간 교류사업	성주면	1,000	2015.04.11	도농 협력사업	• 농특산품 주민에게 염가제공(품질보증)	
5	재능나눔공연단 운영	문화 소외 장소	1,144	2013.05.02 ~지속	주민 재능기부 (4개 분야)	• 찾아가는 무료공연 • 기타, 차설이, 민요, 작은나눔 앙상블	
6	주민자율문고 운영	주민	508	2008년 ~지속	민원실 책 1,242권 비치, 자율반납	• 독후감공모전 개최 및 책 읽는 마을 분위기 조성	
7	나라사랑 태극기 달기운동	주민	66	2015년 ~2019년	나라사랑 실천하기	• 태극기 배부 • 인증샷 제출 : 자원봉사활동 인정	
8	느린 우체통 운영 (1년 후 받아보는 편지)	주민	8	2014. 10월 ~지속	정(情) 나누기	• 자녀교육 실천 • 정서함양 기회제공	
9	동전의 경제교실	소외 계층	179	2014. 10월 ~지속	국고손실 억제 및 장학금 조성	• 안 쓰는 동전 모으기	
10	아프리카·아시아 희망책 보내기	빈민국 어린이	80	2014.12월 ~2015.4월	도서기증 및 동화책 영어 번역	• 참여 : 80명/2,066권 • 기증금액 : 1,103,500원	
11	자치위원회 카페 개설	주민	81	2015.06.08 ~지속	작은 소통공간	• 주민과 자생단체와의 실시간 가교 역할	
12	마을신문 '상상마을' 발간	주민	10,000	(2014.10월) 2015.07.22 ~지속	큰 소통공간	• 주민과 자생단체와의 분기별 가교 역할 • 분기별 10,000부 발간	

2) 자원 연계 : 타 센터-기관-시민단체와의 연계, 프로그램 협력 및 조정, 정보 교류 및 협력내용

① 타 센터 상호교환방문

연번	일시	내용	비고
1	2014.11.28	충남 보령시 성주면, 상2동 주민자치센터 방문	
2	2015.02.11	충남 보령시 성주면, 상2동 주민자치센터 방문 : 농특산품 판매전 협의	
3	2015.04.11	충남 보령시 성주면, 상2동 주민자치센터 방문 : 생태하천 학습문화 한마당 참여	
4	2015.05.16	경기도 남양주시 호평동 방문 : 안규영 분과장 특강	
5	2015.05.20	상2동 주민자치센터, 충남 보령시 성주면 주민자치위 개설 4주년 기념식 참여	

② 주민자치활동 사례발표

연번	일시	내용	비고
1	2014.07.05	문화예술공연 및 야외 영화상영 : 상동 호수공원	
2	2014.09.30	경기도 우수동아리 경연대회 참가 : 최우수(풍물교실)	
3	2014.12.19	풍물교실 작품발표회	
4	2014.12.26	서예교실 작품전시회 개최	
5	2015.05.12	프로그램 합동 작품전시회 개최 : 서예, 사군자, 글쓰기, 캘리그라피, 사진교실	

③ 기관·시민단체와 연계

연번	일시	내용	비고
1	2014.08.14	「아름다운 가게」와 업무협약 체결, 2014년 제1회 생태하천 학습문화 한마당 참여 : 안 쓰는 생활용품 기증 및 판매전	
2	2014.08.29	경기예술고등학교와 업무협약 체결, 2014년 제1회 생태하천 학습문화 한마당 참여 및 2015년 상2동 만화교실 학생강사 파견	
3	2014.12.16	ADRF(아프리카·아시아 난민교육 후원회)와 업무협약 체결, 아프리카와 아시아 어린이에게「희망 책(영어로 번역된 동화책)」보내기 추진	
4	2015.06.19	「올림출판사」와 업무협약 체결, 마을신문 '상상마을'에 광고게재 및 신간마다 각 4권씩 상2동 주민자치위원회 제공으로 주민욕구 충족	

④ 자원 연계 프로그램

연번	일 시	내 용	비고
1	2015.04.02. ~06.18(10강)	부천시 평생학습사업 선정으로 작품 속에서 나를 찾는 인문학 교실운영(총 10회, 강사수당은 공모사업비로 지급)	공모 사업
2	2015.6월 ~2018.5월(3년)	교육부 지역평생교육 지원사업 선정으로 행복학습센터 지정 및 운영 (3개 프로그램 : 캘리그라피, 사군자, 글쓰기교실)	〃
3	2015.4월 ~6월	부천시 아파트 아트밸리 시범사업 선정지원 : 관내 하얀마을 및 백송마을 부녀회(2개 아파트부녀회) − 하얀마을 : 달콤한 바느질 '퀼트교실' 　　　　　　10회 강의진행 − 백송마을 : 손으로 그린문자 '캘리그라피교실' 　　　　　　10회 강의진행	강사비 지원
4	2015.04.18. ~2015.12월	만화교실 운영 : 경기예고 학생강사, 　　　　　　　관내 초등학생 대상 강의	업무 협약
5	2015.05.12 ~07.14	살아 있는 「한국사 이야기 교실」 운영 : 부천시민학습원 무료배달학습제, '학습 똑' 선정	

3) 자원봉사 활동현황

명 칭	참여자 수	활동 회수	활 동 내 용
재능나눔 공연단 운영	30	22	• 관내 요양원 어르신 방문공연 • 참여 : 4개 파트(기타, 민요, 차설이, 　　　　　작은나눔 앙상블)
아프리카·아시아 희망책 보내기 영어 동화번역	35	2	• 자원봉사 학생(번역) 및 교사(감수)
경로위안잔치	500	1	• 차설이 공연단 등 참여

4) 관계자 교육

연번	일시	내용	비고
1	2014.09.02	주민자치 리더 육성과정 : 1명	
2	2014.10.02	하반기 자체 워크숍 및 이혜경 강사 특강	
3	2014.10.30 ~2014.10.31	2014. 주민자치위원 합동워크숍 및 박람회 견학 : 5명	
4	2014.11.17 ~2014.11.18	2014년 제3기 주민자치위원 역량 UP과정 : 1명	
5	2015.01.22	원미구 주민자치센터 자율운영 워크숍 : 2명	
6	2015.02.26	원미구 주민자치위원 역량강화 및 주민자치센터 회계실무 교육 : 5명	
7	2015.03.10 ~2015.05.19	평생학습 코디네이터 양성과정 위탁교육 : 2명	
8	2015.03.25	원미구 우수 주민자치센터 벤치마킹 : 남양주시 호평동 / 2명	
9	2015.05.16	2015년 상반기 워크숍 및 우수 주민자치센터 견학 : 호평동, 10명	
10	2015.05.27 ~2015.05.28	원미구 주민자치위원 합동 워크숍 : 4명	
11	2015.06.02 ~2015.07.22	제1기 부천 마을리더 아카데미 교육과정 위탁교육 : 2명	

5) 주민홍보

구분	내용	비고
주민자치신문 '상상마을'	2015.07.22 창간, 분기별 10,000부 발행, 고정 주민자치 활동자료 제공	
주민자치카페 '상2동 상상마을'	2015.06.08 개설, 수시 주민자치 활동자료 제공	
지역 언론매체	센터의 각종 행사, 사업에 대한 보도자료 제출로 기사화	
각종 홍보물	분기별 수강생 모집 안내문 제작하여 전 세대 대상 배부	

6) 전담 실무자 배치 : 전담자 배치 여부, 역할 분담, 현장 참여 정도

　○ 전담 실무자 : 주민자치위원회 운영, 주민자치센터 프로그램 기
　　획 및 지원

　○ 자원 봉사자 : 수강료 징수 및 회계처리 보조, 주민자치 운영사
　　항 수시 점검

　○ 행복학습매니저 : 2015년『교육부』지역평생교육 활성화 지원사업
　　인 '행복학습센터'로 지정되어 지역 인적자원 개발 및 역량강화와
　　주민자치능력 강화를 위한 학습문화 조성

7) 재정 : 재정 운영의 투명성, 수익 지역 환원 내용 등

구분	내　용	비고
재정 운영	위원회 연간사업, 연간 계획서를 근거로 본회의에 상정, 의결 후 지출처리	
공고	반기별 회계 결산공고 : 센터 게시판, 홈페이지 활용	
수익 환원	• 무료 프로그램 운영 : 각종 공모사업 선정으로 특강진행 　- 부천시 평생학습센터 시민제안 프로그램 　　: 작품 속에서 나를 찾는 인문학(10회) 　- 경기도 따복공동체 　　: 상2동 주민대학(캘리그라피, 사진, 요가 : 8월~9월) 　- 부천시 평생학습센터 무료배달학습제 '학습똑' 　　: 살아 있는 한국사 이야기(10회) • 센터 내 정수기 설치 및 대금납부 : 연간 126만원 • 수강료 50% 면제 : 장애인, 국가유공자, 기초생활수급자, 　　　　　　　　65세 이상자 • 각종 공모사업 자부담 : (구)행복한 마을 만들기 공모사업 　(시)행복한 마을 만들기, (교육부) 행복학습센터 선정 및 운영 • 기타 자체사업 지원 : 생태하천 학습문화 한마당 등	

1. 위원 선정 및 위촉

– 실질적인 위촉 방식 및 절차와 평균위촉기간에 대하여 서술

  ○ 위촉방식

  위원은 주민 각계각층의 의사가 잘 반영될 수 있도록 자치센터 운영에 전문지식이 있거나 덕망이 있는 자를 공개모집을 원칙으로 하여 8명 이내의 선정위원회를 구성, 의견을 거쳐 동장이 위촉하며, 가능한 통별 안분을 원칙으로 함

  ○ 평균 위촉기간 : 위원의 임기는 2년이며 평균위촉기간은 2년임

2. 구성현황

• 총인원 : 23명(남 : 13명 / 여 : 10명)

• 소위원회 및 분과 : 분과 3개, 소위원회 1개

연번	성별	나이	직업	소속단체	센터 내 직책	위촉년도	선정방법	비고
1	남	57	자동차정비업	주민자치위원회	고문	2006	추천	9년
2	여	50	주부	〃	위원장	2011	〃	4년
3	남	57	무직	〃	부위원장	2012	〃	3년
4	남	50	자동차정비업	〃	감사	2011	〃	4년
5	남	49	광고업	〃	간사	2014	〃	1년
6	여	47	주부	새마을부녀회	회계	2015	〃	(6월)
7	남	54	화물업	주민자치위원회	위원	2011	〃	4년
8	여	57	주부	민주평통자문위원	문화교육분과장	2011	〃	4년
9	남	58	부동산중개업	주민자치위원회	위원	2008	〃	7년
10	여	52	주부	〃	〃	2011	〃	4년
11	남	42	영어학원장	〃	〃	2012	〃	3년

12	여	52	주선업(이사)	"	"	2014	공개모집	1년
13	남	42	KBS한국방송공사	"	"	2014	공개모집	1년
14	남	49	편의점(마트)	"	자치운영분과장	2015	공개모집	(6월)
15	남	44	자동차정비업	바르게살기위원회	위원	2015	추천	(6월)
16	남	51	KBS한국방송공사	자율방범순찰대	환경복지분과장	2015	"	(6월)
17	남	65	상업	주민자치위원회	위원	2015	"	(5월)
18	여	50	문화관광해설사	"	위원 겸 마을신문 기자	2015	공개모집	(5월)
19	여	49	주부	"	위원 겸 마을신문 기자	2015	공개모집	(5월)
20	남	45	수입차 판매업	"	위원	2015	공개모집	(3월)
21	여	51	주부	하얀마을 부녀회	"	2015	공개모집	(1월)
22	여	56	서각협회 이사	주민자치위원회	"	2015	공개모집	(1월)
23	여	48	퀼트공방 운영	상상지기 공동체	"	2015	공개모집	(1월)

3. 주민자치위원회 운영

- 주민자치위원회의 월례회의 및 위원회 운영

회의진행 3단계 철저히 이행(분과위 〉 소위원회 〉 월례회의)하고 있으며, 매월 넷째주에 3개 분과위 회의를 거친 후 임원 5명과 3명의 분과장이 모이는 소위원회에서 분과위 안건을 심의 확정하고 월례회의는 시작 10분 전까지 회의장에 도착하여 회의서류 내용을 사전숙지하고 있음. 회의운영은 간사가 사회를 진행하며 각 분과장들의 안건발표와 자유발언 순으로 월례회의를 진행함. 위원장 체제의 위원회가 아닌 위원 전체가 주인의식을 갖고 운영하는 살아 있는 위원회 운영으로 출석률 90% 이상이며, 불참 시 벌금제를 적용하고 있을 뿐만 아니라 자치위원 개인별 마일리지제를 2014년 10월부터 채택하여 점수가 적은 자치위원에 대해서는 연말에 경고의 의미

와 함께 자진 퇴출시키고 있음

- 분과위원회 운영방식 및 활동내용

  분과위원회는 **매월 넷째 주**에 자치운영분과(화 : 11시), 문화교육분과(수 : 10시), 환경복지분과(금 : 17시) 순으로 개최하며 월례회의와는 달리 불참 시 벌금제는 없으나 분과장 또는 분과총무(분과장 유고시)가 회의를 주재하여 자유로운 토론을 거쳐 자체해결 과제나 상정할 안건을 결정함

- 소위원회 운영방식 및 활동내용

  소위원회는 **임원 5명과 3명의 분과장**이 **매월 첫주** 화요일에 참석하여 분과위에서 올라온 각종 안건의 적정성을 검토하여 반려 또는 채택안 선정과 향후 추진과제 등을 집중 토의하고 있으며, 신규 자치위원 입회시 선정위원회 역할도 수행하여 심의 후 적격자에 대하여는 동장에게 위촉을 건의하는 **주민자치위원회의 산실(産室)**임

- 주민자치센터 운영과 관련한 위원회의 권한 및 역할

 ① 예산 관리 및 집행 권한 : 수강료 징수 및 관리, 사업보조금 관리 및 집행 등

   가. 투명하고 효율적인 예산관리를 위하여 수강료 징수에 관한 회계책임자인 자원봉사자(유급간사)를 지정하여 공무원의 힘을 빌리지 않고 100% 위원회 자치능력으로 집행함

   나. 자치센터 운영에 따른 상·하반기 운영결과를 위원회에 보고하며 주민에게 공개함

   다. 정기 및 수시 회계감사를 실시하여 위원회에 보고함

 ② 프로그램 개설 결정에 대한 권한 : 기획, 운영

가. 연 2회 이상 위원장과 문화교육분과에서 프로그램별 수강생 대표와 강사가 함께하는 간담회를 가져서 의견수렴하여 운영함

나. 매년 설문조사를 통하여 주민이용 만족도조사와 더불어 신규개설 희망 프로그램에 대한 운영과 기획을 하고 소위원회를 거쳐서 본회의에 상정, 최종 결정안을 의결하여 운영함

③ 주관사업 기획 및 운영, 사업 결정에 대한 권한

가. 각 분과별 사업에 대하여 분과에서 기획 및 운영함

나. 추진되는 사업의 권한은 분과사업은 분과장이, 위원회 전체사업은 위원장이 주관함

※ 회의록 증빙자료로 제출(2014년 7월~2015년 6월)

※ 주민자치센터 운영 세칙 제출

Ⅲ. 프로그램 운영

1. 프로그램 운영

– 기획 및 추진과정, 독창성, 주민 참여, 지역 욕구 반영

○ 대도시 특성과 센터 공간을 반영하여 전문교육기관이 아니며 민간부문과 겹치는 것을 지양하는 특화된 센터운영기획과 물적·인적 자원을 활용한 차별화된 프로그램을 주민에게 제공하되 센터운영 손익분기점을 맞추는 운영자세 유지

– 프로그램 평가반영

○ 양질의 프로그램 제공을 위하여 강사 1년간 채용을 원칙으로 하며, 강사와 수강생 대표와의 간담회를 실시하여 의견수렴하며

○ 프로그램 만족도 조사 등을 실시하여 강사에게는 긴장감을, 주

민에게는 만족감을 제공하고 있음(교실별 방문 토론회는 수시
실시)

2. 지역특성, 주민욕구, 평가 반영

1) 지역특성 반영
 - 프로그램을 기획·실행함에 있어 지역의 인구, 사회, 경제, 문화
   적 특성 반영
   지역 내 시민의 강과 둘레길이라는 지역특성을 반영하여 생태하
   천 학습문화 한마당을 작년부터 실시하고 있으며, 관내 공방사람
   들의 자발적 모임인 「상상지기 공동체」와 생태문화단체인 「복사
   골 말그미」의 참여로 문화체험과 생태체험교육을 실시하고 있음
 - 주민욕구 및 지역특성을 반영하기 위한 설문조사, 설명회, 공청
   회, 간담회 내용
   주민자치센터 신규 개설 희망 프로그램 및 운영 등 주민만족도를
   연 1회 이상 실시하고 있으며, 지역발전을 위한 주민참여예산 주
   민회의를 연 5회 이상 실시함
 ※ 주민욕구조사지 증빙자료로 제출
2) 프로그램 평가 반영
 - 프로그램 참여주민을 대상으로 프로그램 만족도 조사내용
   평가는 만족, 보통, 미흡으로 구분하며, 미흡판정인 경우에는 다
   음 해에 강의에 배제하고 있으며, 자격증 취득반이나 수강생은 비
   록 적지만 문화여가기능으로서 유익하며 희소성이 있는 프로그램
   은 가급적 채택하여 주민 서비스 제공함(예 : 사군자교실, 글쓰기

교실 등)

※ 주민욕구조사지 증빙자료로 제출

설문지샘플과 분석내용만 제출

3. 동아리 운영현황

- 동아리 구성·운영 및 활동내용

기타, 풍물(진도북), 민요, 작은 나눔 앙상블(초중고생 14명의 악기 연주)로 구성된 센터의 동아리 정기모임이 있으며, 자체회의를 통한 각종 대회 및 지역축제 참가는 물론이고 소외계층이 많이 있는 요양원에 정기적인 방문으로 재능기부까지 함

- 센터의 지원 및 관계

동아리 자체적으로 운영(필요시 자문역할)하되 각종 대회나 지역 축제 참여 시 간식비, 사기 진작비 등 지원 및 간담회 참여로 참신한 아이디어 수렴으로 자체 만족도를 높이며, 지역 봉사에 적극 동참 유도

IV. 대표 사례

1. 사 례 명

배워서 남 주자!

2. 추진주체

상2동 주민자치위원회

3. 추진기간

2014. 7월 ~ 2015. 6월

4. 지역특성

- 우리 상2동은 2002년 상동 신도시로 개발되어 인구 32,000명의 주
  민 욕구를 충족하는 센터로 거듭나고자 인적·물적자원을 적극 활
  용하고 있는 지역임

5. 추진배경 및 목적

- 주민의견을 통합하여 각종 간담회를 통한 주민의 관심과 참여를
  바탕으로 하는 평생학습센터로 거듭나고자 지역 내 인적·물적자
  원을 바탕으로 주민의 삶의 질 향상에 기여하는 독창적인 특성화
  프로그램을 개발하여 추진하고 있음

6. 추진과정 및 내용

〈주민욕구조사 및 의견수렴 과정〉

- 시 평생학습센터와 네트워크를 구축하고 연 2회 이상 강사와 수
  강생 대표와의 간담회 및 설문조사 등을 근거로 센터 카페(다음
  카페 '상2동 상상마을카페'), 상2동 마을신문 『상상마을』에 소통
  공간을 마련하여 주민의견을 수렴하여 민·관·학의 협력시스템
  을 완비함으로써 주민욕구 및 의견을 반영하는 과정을 거침

〈기획에서부터 실행·평가〉

- 센터의 차별화된 운영을 위하여 사업계획(안)을 해당 분과위에

서 전담함

- 기획된 사업계획(안)을 위원회에 보고하고 지역 내 인적·물적자원을 최대한 활용하며 사업비 확보를 위한 각종 사업공모 등을 추진함

- 운영평가는 위원회의 보고평가와 주민여론을 병행하여 부족한 부분을 보완하여 운영함

〈지역사회의 인적·물적자원 연계내용〉

가. 주민과 함께하는 『생태하천 학습문화 한마당』

동네 자랑인 전국 최초로 재이용수로 만든 인공하천인 「시민의 강(3.5 km)」과 공방사람들(상상지기공동체)의 손으로 만든 작품을 연계하여 생태하천 학습문화 한마당 개최로 자부심 고취

- 개최시기 : 연 1 ~ 2회

- 장   소 : 백송마을 앞 골목길 등

- 참   여 : 상상지기공동체, 복사골말그미, 경기예술고등학교, NGO, 주민자치위원회 등

- 내   용 : 환경문화 체험행사(나무 목걸이·천연비누 만들기, 천연염색 등), 프리마켓 등

- 역할분담 : 센터는 기획에서 참여자 섭외·홍보 및 진행, 행정지원은 렌탈업체 계약

나. 우리 동네 문화공동체 만들기 『스트리트 파티, 상상(想像)』(상상지기공동체)

공방사람들(상상지기공동체)의 손으로 만든 작품을 매개로 하여 체험과 학습의 장(場) 제공으로 주민에게 문화의 자부심과 프리마켓 참여로

문화공동체 기반조성

- 참여공방 : 9개소(셀봉종이접기, 파티쉐메구미, 늘솜공방, 휴상가구
  공방, 펀퀼트, 카페안, 마마데코, 대안공간 아트포럼리, 호재)

- 주　　최 : 상2동 주민자치위원회

- 주　　관 : 상상지기공동체

- 후　　원 : 상2동 주민센터, 부천시

- 내　　용 : 공방작품 판매 및 체험, 동네사람들과 같이 밥 먹으면서
  정 나누기, 버스킹, 정자영화제 등

- 역할분담 : 센터는 기획에서 참여자 섭외·홍보 및 진행, 행정지원은
  공원사용 신청

다.『재능나눔 공연단』운영

　우리 동 프로그램 수강생인 재능인을 중심으로 2013년 5월 2일 "상2동
재능나눔 공연단 발대식"을 가졌으며, 이후 요양원, 복지센터 등의 문화
소외계층을 대상으로 재능나눔에 앞장서고 있음

- 기　　간 : 2013. 5. 2 ～ 지속

- 장　　소 : 요양원 등 문화소외계층 시설

- 내　　용 : 2013년 5월부터 매월 4회 내외 찾아가는 재능나눔 공연
  을 운영하여 지역사회 환원뿐만 아니라 더불어 함께 살아가는 문화
  공동체의 기초를 세웠으며, 실종(失踪)된 효(孝)의 정신을 실천(實踐)
  하여 골목골목 번지게 하고 있음

- 참　　여 : 4개 파트(민요교실, 기타교실, 차설이공연단, 직은 나눔
  앙상블)

- 역할분담 : 주민자치센터는 홍보와 참여자 모집, 행정지원은 격려간

담회 실시 및 자원봉사자 봉사활동 인정 등록

라. 교육의 참 맛과 멋

교육은 배우기 위함이 아니라 배워서 남에게 주어서 함께 공유하는 것
이 목표이므로 생활에서 간과하기 쉬운 나라사랑 태극기 달기, 1년 후 받
아보는 편지(느린 우체통 운영), 주민자율문고 운영, 사랑나눔 장학금을
실천(實踐)하여 더불어 사는 사회기풍 조성에 앞장서고 있음

- 나라사랑 태극기 달기 5개년 추진계획

  • 2015년부터 주민자치위원회에서 시행하고 있으며, 소외계층 전입가
    구에게 태극기 1매를 무상제공하며, 일반전입가구에게는 월/금요
    일 처음 전입신고 시 태극기 1매를 무상제공함

  • 주민센터에서는 태극기 계양하는 날에 태극기 달고 인증샷을 제출
    하면 자원봉사활동시간 1시간을 인정함

  • 2015년 상반기 참여자 : 66명(인증샷 50명, 태극기 수령자 16명)

- 느린 우체통 운영 : 2014년 10월부터 운영, 편지발송 8통

- 주민자율문고 운영 및 독후감 공모전 개최

  우리 동의 독서문화 저변확대와 책 읽는 도시 조성을 위하여 2008년
  부터 운영하고 있는 주민자율문고를 활용하여 독후감 공모전 개최로
  주민 정서함양과 정주의식을 드높임

  • 대   상 : 상2동 주민자율문고 도서를 읽는 아동, 청소년

  • 공모기간 : 2014. 11. 5 ~ 11. 24

  • 내   용 : 책 읽는 부모와 자녀가 있는 독서가족을 발굴하고자 동
    (洞) 주민자율문고 내 도서를 대여 후 독후감 제출자에 대한 심사
    를 거쳐 시상하며, 책 읽는 마을 조성으로 문화마을 공동체 구성

에 기여함

- 시   상 : 11명, 690천원
- 역할분담 : 센터는 홍보와 독후감 접수, 행정지원은 심사위원 추천

- 『사랑나눔 장학사업』

- 2013년 2월부터 매년 관내 고등학생 6명에게 장학금 전달로 학비 걱정을 덜어주고 있음
- 수 혜 자 : 18명 600만원(2013년 : 6명/180만원, 2014년 : 6명/240만원, 2015년 : 6명/180만원)
- 역할분담 : 센터에서 기획, 홍보 및 선정과 장학금 마련(회비 적립)

마. 원조 받던 나라에서 주는 나라로의 마중물

가난한 나라에서 국민소득 3만불의 나라로 변모하게 된 것은 여러 나라의 원조가 가장 큰 역할을 하였기에 이제는 어려운 나라에 보답해야 하므로 그 선두에 우리 동 주민자치위원회가 작지만 의미 있는 일을 추진하고 있음

- 『동전의 경제교실』 운영

- 대   상 : 안 쓰는 동전(10원/50원/외국동전)
- 운영방안 : 우리 동전은 장학금 지급용으로 활용하며, 외국동전은 연말에 NGO인 유니세프에 전달하여 빈민국 어린이 돕기용으로 사용
- 실   적 : 외화동전 7kg, 외화화폐 USD 18, 기타 외화지폐 30장 (2014년 12월)

- 아프리카·아시아 『희망 책 보내기』

- 대   상 : 안 보는 책, 영어 동화책(번역) 보내기

- 수 혜 자 : 안 보는 책은 주민이 기증한 양호한 책을 선별하여 현지 도서관이나 학교에 기증, 자원봉사자 참여로 만든 영어 번역 동화책은 NGO인 ADRF(아프리카 아시아 난민교육후원회)를 통해 현지 어린이에게 제공
- 실   적 : 도서기증 500권, 후원금 1,093,500원, 영어 동화책 번역 종   권(자원봉사자 35명 참여)
- 역할분담 : 센터에서 기획, 홍보 및 영어번역 자원봉사자 모집

바. 주민과의 소통공간 마련

상2동은 상동 신도시 개발로 발전된 마을로 아파트 밀집지역으로 주민과의 소통이 적은 지역이나 담장을 허물어 주민과의 양방향 소통공간을 마련하고자 주민자치위원회 카페와 마을신문을 매개로 소통의 장(場)을 마련하였음

- 『상2동 상상마을』 카페 개설
- 마을신문 『상상마을』 창간호 발간
  - 창간일자 : 2015. 7. 22.
  - 발간주기 : 분기별 발간
  - 발간매수 : 10,000부
  - 소요예산 : 매호당 300만원
  - 신문 발간비용 조달방안
    : 2015년은 원미구 행복한 마을 만들기 공모사업 선정, 2016년부터 매호당 기본비용인 250만원은 본예산 편성, 부족분 50만원은 광고 수주로 자체해결
  - 역할분담 : 센터에서 기획, 홍보 및 기자양성을 위한 글쓰기교실 개

강(2014년 10월), 기자 5명 위촉(2015년 4월)

7. 성과 및 지역사회 기여

- 센터가 주민에게 신뢰받을 수 있도록 지역자원을 활용한 지역공동체 역할에 충실하여 주민 모두가 행복한 삶의 질 향상에 만족하도록 주민신뢰 구축
- 모든 세대를 아우르며 특히, 65세 이상의 고령자나 소외계층도 공감할 수 있는 특성화 프로그램을 편성하여 보편적 복지를 추구함
- 방과 후『학교 밖 수업』의 질을 높여 사교육비 절감과 가계경제에 보탬이 되는 교실을 운영하여 평생학습 도시의 이미지를 제고
- 지역자원 활용을 통하여 기업의 사회환원의 장(場)을 마련하여 지역주민과 함께하는 더불어 사는 사회를 구현함과 아울러 위원회의 위상 정립에도 기여함

8. 기타

- 예산 없다는 핑계를 대지 않고 각종 공모사업 응모로 예산 해결함은 물론이고 주민복지에 기여하였으며, 특히 교육부의 지역평생교육 활성화 지원사업인 '행복학습센터'로 2015년 6월에 지정되어 지역 인적자원 개발 및 역량강화와 주민자치능력 강화를 위한 학습문화 조성의 발판이 됨

3. 경기도 남양주시 호평동 주민자치위원회 소개

　호평동 주민자치위원회를 칭찬하는 것은 언제나 즐겁다. 2012년 3월 우연한 기회에 호평동과 인연을 맺어 지금까지 이어오고 있다. 내가 근무지를 옮길 때마다 공무원이 말하는 것보다 주민인 자치위원의 말이 더 효과가 크다는 것을 알고부터는 계속 이용(?)하고 있다.

　처음에 호평동을 방문했을 때 문서등록대장과 외부로의 문서발송부터 신기했다. '뭐 이런 데가 다 있나!'라는 말 그 자체였다. 호평동을 두고 하는 말이구나 싶었다. 전국주민자치박람회 참가를 위한 문서도 자기네가 직접 작성하고 있다는 말에 더욱 호감이 갔다. 부천에서는 꿈도 꾸지 못할 일을 그들은 하고 있었기 때문이다. 주민자치에 대한 역대 시장들의 이해와 배려가 높아 16개 읍면동의 청사 대부분이 주민자치센터와 이웃하거나 2개 층 정도를 주민자치센터로 할애해주고 있었다. 자연히 주민자치에 대한 주민들의 관심도 높아지게 되었다. 또한 70개 내외의 프로그램을 직접 운영하면서 유명강사를 초청하는 등 강의의 품질을 높여 주민의 삶의 질 향상을 꾀하고 있다. 각종 행사 역시 공무원 참여 없이 직접 진행하며 안건 마련을 위한 분과위도 매월 한 차례씩만 하는 것이 아니라 결론이 안 나면 수차례에 걸쳐 끝장 토론을 추진한다. 매년 주민자치센터 운영계획서와 예산안도 자체적으로 수립한다. 어디 그뿐인가. 민원이 발생하면 시청에 공청회나 설명회를 열자고 요청한다. 참석할 주민은 자기들이 모을 테니 장소만 결정해달라고 한다. 시청에도 좋고 호평동 자치센터에도 좋다고 하면서. 이러니 주민들의 지지와 참여가 대단하다. 주민들이 모이는 곳에는 시장이나 담당과장이 나온다. 그만큼 위세(?)가 대단하다. 그렇게 해서 받는 혜택은 오롯이 주민들에게 돌아간다. 주민들의 의견을 무시하는 공사는 꿈도 꾸지 못하는 곳이 호평동이다. 정말 꿈에 그리던 주민자치위원회가 아닌가.

물론 호평동도 초기에는 다른 곳과 마찬가지로 갈지자 행보를 보였다. 2000년에 주민자치센터를 시작했지만 몇 년간 허송세월을 했다. 그러던 중 동네 토박이 중 한 사람이 2006년 누군가를 만났다. 지금은 남양주시 의회사무국에 재직하고 있는 이상구 팀장(당시 7급 주사보)이 안규영 위원장을 찾아가 주민자치의 최상위법인 조례를 근거로 위원회 운영체계, 행정적 문서작성과 지원체계 등에 대해 하나하나 친절하게 설명하며 도움을 주었다. 위원회의 변화를 위해 노고를 아끼지 않는 모습에 큰 감동을 받은 안 위원장은 그의 노력에 화답하며 공부하고 실천하는 모습을 보여주었고 그 결과, 남양주시 주민자치센터 종합운영평가에서 2008년부터 2015년까지 9년 연속 최우수상을 수상했을 뿐만 아니라 전국주민자치박람회 주민자치 분야 1회, 지역활성화 분야 1회, 센터활성화와 평생학습 분야 각 2회 본선 진출이라는 성과를 거두면서 전국구 위원회로 탄생하게 되었다. 전국에서 읍면동이 참가할 수 있는 4개 분야에 본선 진출한 것은 호평동이 유일한 것으로 알고 있다.

이후 호평동은 전국에서 벤치마킹이 쇄도하면서 보통 1년에 100여개

위원회를 맞이하는 명소(?)가 되었다. 관치에서 주민자치로의 과정을 밟고 있는 위원회를 방문하고 싶다면 부천시 상2동(2015년 전국주민자치박람회 평생학습 분야 장려상 획득)이나 원미2동을 권하고 싶지만, 순도 100% 주민자치를 실천하는 위원회를 방문하려 한다면 단연 호평동을 추천한다.

다음은 호평동에서 받은 호평동 위원회의 소개자료이다.

호평동 주민자치위원회는 주민들로부터 신뢰를 받을 수 있는 투명한 행정과 지역민원 창구를 일원화하여 적극 해결하며, 주민과 소통하여 지역 내 민·관·학 공동체 협력시스템 구성으로 지역발전의 비전 제시와 주민자치센터 설치 및 운영 조례의 기능과 원칙에 준하는 주민자치, 지역활성화, 센터활성화, 평생학습 분야의 모든 사항을 분과별 역할 분담함과 아울러 특히 센터 운영에 매월 손익분기점을 통한 이익금을 지역 내 인적·물적자원을 지원받아 무료골프 아카데미교실, 남양주 출산준비교실, 행복한 임신 아름다운출산 등의 독창적인 특화교실을 운영하며, 주민자치위원장의 1인 체제가 아닌 위원 전체의 위원회로 민주적인 위원회를 운영하고 있으며, 주민 근린자치를 위하여 공무원에게 의지하지 않고 기획, 회계, 결산까지를 자치로 처리할 수 있는 능력을 배양하고 있습니다. 위원 모두가 지역발전에 일익을 담당하는 참봉사자로의 역량 강화에 힘쓰고 있으며, 그 결과로 남양주시 주민자치센터 종합운영평가에서 2008년부터 2015년까지 9년 연속 최우수상을 수상했으며, 전국주민자치박람회에 참가하여 주민자치 분야 1회, 지역활성화 분야 1회, 센터활성화와 평생학습 분야는 각 2회씩 본선에 진출한 위원회입니다.

지역민원 해결은 크게 두 종류로 나눌 수 있다. 하나는 예산이 많이 수반되는 민원이고, 또 하나는 예산이 조금만 들어도 빠른 해결이 가능한 민원이다. 위원회에서 지역의 민·관·학 공동체회의에서 발의되는 사항과 위원회 지역, 교육발전분과 지역민원접수창구, 주민자치센터 수강생 및 강사발전토론회에서 접수되는 모든 민원사항을 예산범위에 맞춰 해결방안을 협의하여 처리한다.

〈많은 예산이 소요되는 민원〉

호평파출소 개소(60억 원), 호만천산책로 조성(320억 원), 어르신복지회관 건립(80억 원), 늘을중앙공원 조성(200억 원), 공영주차장 확보(80억 원) 등을 남양주시 중장기계획(안)에 포함시키기 위해 매년 지역주민들의 건의서를 받아 담당부서에 접수하고, 남양주시의회를 방문하는 등 이슈화를 위한 노력도 기울였다. 이를 통해 남양주시 중장기계획(안)에 포함시킴으로써 시간이 걸리더라도 적극 해결하도록 했다. 앞으로는 지역발전을 위한 종합대학과 종합병원 유치에 힘을 모을 계획이다.

〈적은 예산으로 해결되는 민원〉

가로등 보수, 도로훼손 복구, 관내 신호체계 변경, 횡단보도 신설, 쓰레기 청소 등 적은 예산으로 해결할 수 있는 지역민원은 호평·평내동 행정복지센터와 남양주시 담당부서 등과 협력하여 신속하게 해결해나간다.

호평동은 이 외에도 행자부에서 2017년부터 실시하기로 한 주민자치회에 따른 '주민자치회 표준조례안'이 풀뿌리 주민자치에 거스른다는 문제

제기와 관련하여 행자부에 지속적 건의를 하는 등 여느 동네 위원회와
는 차원이 다른 모습을 보여주고 있다.

4. 주민자치 어디까지 왔나

– 주민자치회 제도와 관련한 마을의 준비를 중심으로
마을n사람 이혜경

I. 들어가며

현재 운영되고 있는 주민자치센터는 1999년 시범 이래 14년째 읍면동
별로 진행되어오고 있다. 주민자치센터는 〈주민자치센터 설치 및 운영조
례〉에 근거하여 주민자치기능, 문화여가기능, 지역복지기능, 주민편익기
능, 시민교육기능, 지역사회진흥기능을 수행하고 있으며, 지역공동체 형
성을 목적으로 하고 있다. 전국에는 2,700여 개의 주민자치센터가 읍면
동에 설치·운영되고 있으며, 지역별로 운영내용과 자치역량에 차이가 있
다. 조례에 나타나 있는 여섯 가지 기능을 자세히 살펴보면, 자치센터라
는 공간에만 한정된 기능이라기보다 동네를 운영하는 데 필요한 문화,
복지, 교육, 지역활성화 등 전반적인 내용이 담겨 있다. 이는 주민자치역
량이 없다면 그 지속성에 있어 한계가 있는 활동이다. 게다가 조례에는
주민자치위원의 권한은 없고, 자치센터의 운영, 자치위원의 임면과 관련
한 권한을 모두 동장이 가지고 있는 한계가 있다.

14년의 주민자치 역사 동안 우수센터의 면면을 살펴보면 몇 가지 공통
점을 가지고 있다. 대등한 민관파트너십, 지속가능한 자치활동을 위한

리더의 꾸준한 학습, 지역사회의 인적·물적 자원의 협력과 네트워크 등 주민자치역량을 갖춘 것이 그것이다. 그러나 우수센터의 경우도 한순간에 이러한 자치역량이 쌓였을 리는 만무하다. 주민참여는 고사하고 리더들도 참여가 어려워서 고심했을 테고, 주민참여의 방법과 과정에 대한 고민이 많았을 것이다. 자치위원회와 직능단체 간의 화합에도 문제가 있었을 것이다. 그리고 행정과의 갈등도 존재했을 텐데 그때마다 결국엔 모든 권한이 동장에게만 있고 주민자치위원회에는 없는 한계를 느꼈을 것이다. 그럼에도 불구하고 자치활동에 참여하는 주민들은 지역사회의 공공의 이익을 위해 모이고 실천하는 경험을 하면서 실제로 참여민주주의의 장을 펼쳐나가고 있다고 볼 수 있다.

실제로 자치센터를 기반으로 지속성 있는 지역사회활동을 꾸준히 하는 곳이 얼마나 되는지는 미지수이지만, 외형적으로는 주민자치센터가 해를 거듭할수록 지역사회에 안착하고 있는 것으로 보인다. 이러한 의미에서 주민자치회는 현재 운영되고 있는 주민자치센터의 활동을 이어나가는 것이 좋다고 보는데, 주민자치센터의 한계나 문제점을 보완하고 개선방안에 초점을 맞추어 주민자치회에 대한 준비를 해야 할 것으로 보인다.

또한 빈민운동에서 시작한 전국의 주민운동의 역사는 동네 속의 다양한 자치역량으로 깊게 뿌리를 내리고 있다. 이렇듯 여러 영역에서 시간을 두고 쌓아가고 있는 자치역량이 제대로 분석되어야 새로이 달라지는 주민자치회를 잘 정착시킬 수 있다. 그렇지 않고는 동정자문위원회에서 주민자치센터로 획일적으로 바뀌었듯이, 지금의 주민자치센터가 주민자치회라는 옷만 갈아입게 될 우려가 있다. 주민자치회 제도를 지역사회에 잘 안착하기 위해서는 한국사회의 주민자치역량을 제대로 분석하는 것이 우선이 될 것이다. 이 자리에서는 그동안의 주민자치회 제도화의 과정을 공유하고, 주민자치센터와 주민자치회의 차이점, 그리고 주민자치회제도의 가능성 등을 들여다보는 시간이 될 것이다.

II. 주민자치회의 설치과정

1. 특별법 제정

주민자치회는 주민 중심의 근린자치를 강화하여 지역공동체 활성화 및 지역발전을 도모하고자 읍면동 단위로 구성하는 새로운 형태의 주민자치조직을 말한다. 새롭게 설치되는 주민자치회는 자치의 주체인 주민에게 권한과 책임을 부여하여 주민 스스로 지역의 공적 이익을 만들어내고 지역공동체 형성의 구심체 역할을 하기 위함이다. 2010년 18대 국회에서 '지방행정체제개편에 관한 특별법'이 제정·시행되었고 특별법에는 시군구의 통합에 따른 주민자치기능을 보강하기 위한 목적으로 주민자치회 설치 및 운영 등에 관한 규정을 두었다.

지방행정체제개편에 관한 특별법상의 규정

○ 제20조(주민자치회의 설치) 풀뿌리자치의 활성화와 민주적 참여의식 고양을 위하여 읍면동에 해당 행정구역의 주민으로 구성되는 주민자치회를 둘 수 있다.

○ 제21조(주민자치회의 기능)

① 제20조에 따라 주민자치회가 설치되는 경우 읍면동의 행정기능을 지방자치단체가 직접 수행하되, 관계 법령, 조례 또는 규칙으로 정하는 바에 따라 지방자치단체 사무의 일부를 주민자치회에 위임 또는 위탁할 수 있다.

② 주민자치회는 다음 각 호의 업무를 수행한다.

  1. 주민자치회 구역 내의 주민화합 및 발전을 위한 사항

  2. 지방자치단체가 위임 또는 위탁하는 사무의 처리에 관한 사항

  3. 그 밖에 관계 법령, 조례 또는 규칙으로 위임 또는 위탁한 사항

○ 제22조(주민자치회의 구성 등)

① 주민자치회의 위원은 조례로 정하는 바에 따라 지방자치단체의 장이 위촉한다.

② 주민자치회의 설치 시기, 구성, 재정 등 주민자치회의 설치 및 운영에 관하여 필요한 사항은 따로 법률로 정한다.

○ 부칙 제4조(읍면동 주민자치회의 시범실시) 행정안전부장관은 주민자치회의 설치 및 운영에 참고하기 위하여 주민자치회를 시범적으로 설치·운영할 수 있으며, 이를 위한 행정적·재정적 지원을 할 수 있다.

2. 주민자치회 모델

특별법에 따라 주민자치회의 추진방향은 읍면동 단위로 주민자치회를 운영하는 데 초점이 맞추어져 있다. 주민자치회의 권한을 법적으로 보장할 수 있도록 관련법령 제정을 동시에 추진하도록 되어 있다. 2012년 5월 지방행정체제개편위원회 근린자치분과에서는 주민자치회의 3가지 모델을 제시했다. 현재 운영되고 있는 주민자치센터와 주민자치위원회의 한계를 보완한 협력형, 주민대표로 구성되는 의결기구(주민자치위원회)와 소속하에 공무원으로 구성된 사무기구(기존 읍면동사무소)를 통합한 형태의 통합형, 읍면동 행정계층을 폐지하고 주민대표가 주민자치회 사무를 결정, 집행하는 형태인 주민조직형이 그것이다.

1) 협력형

협력형은 외형적으로는 현재 운영되고 있는 주민자치센터와 주민자치위원회의 모습을 그대로 갖추고 있다. 그러나 내용적으로는 기존의 주민자치센터설치운영의 조례상 한계를 보완 발전한 모델로 주민자치위원회와 행정조직이 동등한 위치에서 지역사회의 변화 발전을 위한 다양한 문제에 대해서 협의와 심의를 할 수 있다. 그림과 같이 읍면동사무소의 장은 기초단체장이 임명하고, 주민자치회의 주민자치위원회는 기초자치단체장이 위촉한다. 이 모델은 주민자치센터를 기반으로 한 자치현장의 발전속도로 보았을 때 현실적인 모델일 수 있다. 그러나 주민자치위원회 선출방식을 강화하여 주민의 대표성과 전문성을 확보해나갈 수 있다고는 하지만 지역사회가 주민자치회제도 정착에 대해 진지한 고민과 준비를 하지 않는 이상, 현재 운영되고 있는 주민자치위원회의 성격과 별다른 차이를 보이지 못할 수도 있다. 특히 20~30명으로 구성되는 주민자치회의 구성원을 어떻게 구성, 확보하느냐에 따라 현재의 운영상태를 벗어나지 못할 수도 있다. 실제로 잘 운영되고 있지 못한 주민자치센터는 대부분 자치센터의 전신인 동정자문위원회의 의식을 벗어나지 못하는 경우가 있기 때문이다.

2) 통합형

통합형은 주민자치위원회를 의결기구와 사무기구로 구성하고, 기존 행정조직을 주민자치회 산하 사무기구로 전환하는 모형이다. 설치단위나 주민자치위원회 구성방식은 협력형과 같지만, 읍면동 행정기능, 주민자치기능, 위임위탁사무 처리기능 등을 주민자치회 중심으로 수행토록 강화하고 있다. 통합형의 특징은 행정과 수평적인 관계가 아니라 행정조직이 민간조직의 지휘감독을 받는 형태인데, 실효성의 문제가 있는 것으로 보인다. 잘못하면 읍면동의 행정기능과 위임위탁사무의 기능 등을 수행하면서 주민자치조직으로서의 위상보다는 행정기구의 하부구조로 전락할 수 있는 위험성도 가지고 있다. 대등한 민관파트너십을 토대로 주민들의 행정에의 참여 경험도 없고, 행정적 전문성도 없는 상태에서 현실적으로 누가 자원봉사로 주민자치위원회의 역할을 할 수 있을지 가늠하기가 어렵다고 볼 수 있다.

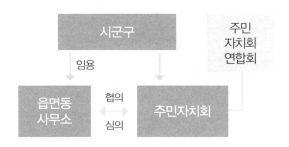

3) 주민조직형

주민조직형은 주민자치의 측면에서 가장 이상적인 모델이다. 주민을 주민자치의 중심에 서게 할 수 있는 모델로, 주민대표가 주민자치회 사무를 결정 집행하는 형태이다. 읍면동 사무소를 폐지하고 행정기능은 지방자치단체에서 직접 수행하도록 하는 것이다. 주민자치회에 사무기구(유급직원 또는 봉사자)를 둘 수 있고, 주민자치회 스스로 사무에 대한 의결 및 집행 기구의 역할을 하도록 만드는 것이다. 이때 주민자치회는 기초자치단체로부터 행·재정지원을 받는 대신, 의견을 제시하거나 위임·위탁받는 업무나 기타 업무에 대해 협조하는 역할을 수행한다. 이 때문에 주민조직형은 잘못하면 사무의 위임 등을 이유로 행정의 하부구조인 주민센터적 성격만을 가질 수도 있다.

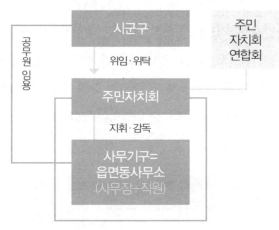

자료 : 지방행정체제개편추진위원회(2012a: 38)

o 주민자치회는 읍면동 단위로 1개 설치를 원칙으로 하되 특별한 경우에는 분회를 둘 수 있음

o 주민자치위원 : 지역거주자, 관내 사업장 소재, 단체근무자 등으로 20~30명 내에서 무보수 봉사자로 명예직임

o 임기 : 2년 (연임 가능)

o 구성 : 지역대표와 일반주민, 직능대표 등 분야별로 달리 할 수 있음. 성, 연령, 소득 수준을 고려하여 계층별로 균형 있게 구성

o 선출방식

 ‒ 지역대표 선출 : 주민총회나 통리장중 호선 또는 순번제

 ‒ 일반주민 : 공개모집/공모 후 추첨 또는 위원선정위원회에서 선정

 ‒ 직능대표 : 공개모집/전문가, 직능단체 대표 등을 공모 후 위원선정위원회에서 선출

o 위원선정위원회 : 선출방식, 구성 비율의 결정, 선거관리, 위원선출 관리를 위해 읍면동 단위 9명 내외로 구성

안전행정부는 지자체의 추진의지, 수행능력과 인구, 면적, 도시화 등을 고려하여 민관합동선정위원회의 심사를 통해 31개 읍면동을 선정하여 아래와 같이 발표했다. 주민자치회는 조례제정 등 사전준비기간 등을 고려하여 2013년 7월부터 2014년 하반기까지 시범운영을 할 계획이다. 이후 시범운영 평가를 통해 최적모델개발 및 법률제정을 하고 2015년 이후에 주민자치회를 확대 실시할 예정이다.

주민자치회 시범선정지역(안전행정부 2013. 6. 4)

구분		대상지역	구분		대상지역
1	서울(2)	성동구 마장동	17	강원(2)	고성군 간성읍
2		은평구 역촌동	18		인제군 인제읍
3	부산(2)	연제구 연산1동	19	충북(1)	진천군 진천읍
4		동래구 안락2동	20		천안시 원성1동
5	대구(1)	수성구 고산2동	21	충남(4)	논산시 벌곡면
6	인천(1)	연수구 연수2동	22		아산시 탕정면
7	광주(3)	광산구 운남동	23		예산군 대흥면
8		북구 임동	24	전북(2)	완주군 고산면
9		남구 봉선1동	25		군산시 옥산면
10	대전(1)	동구 가양2동	26	전남(2)	순천시 중앙동
11	울산(1)	북구 농소3동	27		목포시 신흥동
12	경기(5)	수원시 행궁동	28	경북(1)	안동시 강남동
13		수원시 송죽동	29	경남(2)	창원시 용지동
14		오산시 세마동	30		거창군 북산면
15		부천시 송내1동	31	세종(1)	부강면
16		김포시 양촌읍			

3. 기존 주민자치위원회와 주민자치회의 차이점

주민자치회의 역할은 주민자치, 위탁업무, 협의업무 등이 있다.

1) 주민자치업무 : 마을축제, 체육행사 개최, 마을신문, 소식지 발간, 생활협동조합 운영 등

2) 위탁업무 : 주민자치센터 운영, 공공시설물 관리, 자원봉사활동 지원 등

3) 협의업무 : 읍면동 지역개발, 주민 간 이해조정, 시군구 추진사항에 대한 의견 제출 등

주민자치 사업모형은 기본과 선택으로 나뉘어 예시하고 있다. 기본은 안전마을형·지역복지형으로, 선택은 마을기업형·도심창조형·평생교

육형·지역자원형·다문화어울림형의 모형이 있다.

1) 지역복지형 : 지역 내 산재된 복지재원 배분의 구심역할 수행으로 지역복지 공동체 활성화

2) 안전마을형 : 자발적인 생활안전 강화 및 지역특성을 고려한 안전관리 네트워크의 역할

3) 마을기업형 : 주민자치회의 수익사업 추진으로 지역의 문제해결 능력 및 자생력 강화

4) 도심창조형 : 주민자치회를 중심으로 소규모 동네 재생사업을 통해 살기 좋은 동네 만들기

5) 평생교육형 : 지역주민의 수요, 계층별 특성에 맞는 평생교육프로그램을 주도적으로 운영

6) 지역자원형 : 지역명소 등의 지역자원을 활용한 지역축제를 통해 지역브랜드 창출

7) 다문화어울림형 : 다문화인의 지역사회 정착 및 공동체 형성을 위해 지역사회 네트워크

기존의 주민자치위원회와 주민자치회 차이점(자료 : 안전행정부)

구분	기존 주민자치위원회	주민자치회
주요 기능	– 주민자치센터 운영 – 읍면동 행정업무 자문	– 주민생활과 관련있는 읍면동 업무 사전협의 – 위탁업무 및 주민자치업무
위원구성(선출)	– 각급 기관,단체 추천 및 공개모집 신청자중 읍면동장이 지명	– 지역대표, 일반주민 및 직능대표 공개모집 – 위원선정위원회에서 공정한 선출
위원의 위촉	– 읍면동장	– 시장, 군수, 구청장
운영재원	– 읍면동 지원금·및 수강료	– 자체재원(사업수입,사용료,회비) – 보조금, 기부금 등

III. 주민자치회 시범실시의 성과 및 문제점 [1]

1. 주민자치회 시범실시의 주요성과

1) 주민자치회에 대한 인식 제고

구　　분	응답자 신분		
	주민 (N=151)	공무원 (N=87)	주민자치회위원 (N=70)
주민자치회 시범실시 인지도	3.43	3.91	4.31
주민자치회와 주민자치위원회 활동의 차이 및 변화 인지도	3.55	3.62	4.07
주민자치회 시범실시 이후 마을 발전 찬성도	3.39	3.37	3.69
주민 관심 제고와 참여 정도	3.32	3.30	3.57

2) 주민자치회의 조직과 운영에 대한 인식 정도

- 주민자치모델로 '협력형'이 적합하며 인식 정도는 주민<공무원<주민자치회 위원 순임
- '현재주민자치회 위원들이 마을의 지도자로 적합한가'에 대한 질문에는 긍정적으로 인식은 하고 있으나 찬성의 정도는 높지 않음
- 주민자치회의 효율적 운영을 위해 사무조직(사무국)과 유급상근직 필요성 인식 정도 높음

구　　분	응답자 신분		
	주민 (N=151)	공무원 (N=87)	주민자치회위원 (N=70)
주민자치회 실시모델로서 협력형의 적합성	3.49	3.70	3.86
주민자치회 위원들의 지도자로서의 적합성	3.31	3.41	3.50
주민자치회 사업의 마을발전 기여 정도	3.47	3.57	3.81
효율적 운영 위한 사무조직(사무국)의 필요성	3.61	4.00	4.39
상근직 유급사무원의 필요성	3.42	4.05	4.53

---

1) 출처 : '주민자치회 시범실시 모니터링 및 성과분석'(2014, 지방행정연구원)

3) 주민자치회 시범실시 이후 개선사항

   – 주민들 간의 대화와 소통(주민, 공무원, 주민자치회)

   – 프로그램 운영과 복지사업 (주민)

   – 행정과의 소통, 마을기업, 마을만들기 사업(공무원)

   – 행정과의 소통, 마을의 안전(주민자치위원회)

구　　　분	응답자 신분		
	주민(N=151)	공무원(N=87)	주민자치회위원(N=70)
주민들 간의 대화와 소통	57(15.5)	45(22.4)	38(16.2)
마을의 안전	42(11.4)	20(10.0)	32(13.8)
쓰레기 무단투기 감소	27(7.4)	3(1.5)	13(5.2)
불우이웃 돕기 등 복지사업	46(12.5)	23(11.4)	28(12.4)
행정과의 소통	25(6.8)	31(15.4)	33(13.8)
마을기업 등 마을만들기 사업	35(9.5)	25(12.4)	19(8.1)
환경개선	41(11.2)	14(7.0)	18(6.7)
마을축제	36(9.8)	17(8.5)	24(10.5)
프로그램(강좌)	54(14.7)	20(10.0)	26(11.9)
기타	4(1.1)	3(1.5)	3(1.4)
합　계	367(2.43)(100.0)	201(2.31)(100.0)	234(3.34)(100.0)

4) 제도적 차원의 성과

   ○ 주민자치회 위원 위상 제고와 주민자치회 법적 근거 마련 : 특별법

   ○ 민관협력의 체계화

   ○ 주민자치회의 기능 명확화(주민자치기능, 협의기능, 위탁기능)

   ○ 주민의 권한 수준 결정권 부여 준거 제시 : 자치권한의 확대준거 제시

5) 운영적 차원의 주요 성과

　o 주민자치회의 법적 지위 등의 명확화에 대한 필요성 공감 및 확산

　o 주민자치회 재정의 성격과 자율성 확대에 대한 논의 확산

　o 주민자치회 재정독립에 대한 주민의 욕구 증대

2. 주민자치회 구성과 운영방법의 문제점(한계)

　1) 주민자치위원의 구성의 문제

　　o 위원 자격의 한계

　　o 위원 선출방법의 문제

　　o 위원의 위촉과 해촉의 문제

　2) 운영의 한계

　　o 주민자치와 주민자치회에 대한 인식 미흡 및 역량 부족

　　o 회의 미참석 등 참여율 저조

　　o 실직적 주민자치 운영과 관련한 교육 부재

　　o 무보수 명예직으로 운영의 태생적 한계

　　o 주민자치위원회의 행정력의 한계

　　o 주민자치회 위원의 권한과 책임의 한계

　　o 사무국 설치 미흡

　　　– 조례상 사무국설치 규정 없음

　　　– 주민자치회의 행정능력이 미비하므로 예산 및 회계 등의 행정업무를
　　　　수행할 상근 인력으로 구성하되 사무국 운영이 절실함

　　o 주민자치역량 부재로 행정에 대한 의존도 높음

1. 기존의 주민자치센터, 주민자치위원회를 제대로 알아보자.

 1) 변화 발전하려는 기존의 주민자치위원회

　　주민자치박람회 출품작을 근거로 한다면 조례상의 한계에도 불구하고 주민자치센터의 변화는 해를 거듭할수록 지역사회 변화의 구심점을 담당하는 축으로 자리매김하고 있다. 해마다 우수사례를 중심으로 주민자치센터나 위원회의 활동을 본다면 몇 가지 공통점을 발견할 수 있다. 지역주민(리더)의 자발적 참여, 민관파트너십이 가능한 지역주민의 자치력(+기획, 행정력, 주민조직력)이 그것이다. 즉, 지역사회를 변화시킬 주민이 조직되어 있고(혹은 사업과정을 통해 만들어지고), 동 행정에서 제안과 관여를 하지 않아도 될 만큼 지역사회 스스로 움직일 수 있는 '체계'를 가지고 운영하고 있는 곳이 늘어나고 있다.

　　우수센터만 보자면 주민자치센터는 정치권력의 통치를 위한 말단 행정기관이 아니라 지역공동체활성화를 위해 지역주민들이 지역사회를 변화시키기 위해 자발적으로 움직이고, 행정에 적극적으로 참여하는 동네거버넌스를 구현하고 있다고 볼 수 있다. 주민참여예산제도가 시행된 후 아직은 좌충우돌이지만 주민자치를 토대로 하여 행정에 참여하고, 풀뿌리민주주의를 경험하는 장이 확대되고 있는 것만은 분명하다.

　　반면에 그렇지 아니한 주민자치센터의 경우, 행정의 주도로 운영되고, 문화센터의 역할에 그치는 곳도 많이 있다. 이것이 자치위원회의 구성의 문제일 수도 있겠고, 의식수준이나 민관파트너십의 불균형적인 측면 등 여러 가지 이유가 있다고 볼 수 있다. 그동안 주민자치의 제도적 기반 없이 지역과 주민이 주체가 되는 '주민자치'를 내용적으로 뿌리내리지 못한 것이 주된 이유라 할 수 있다. 그동안 주민자치센터는 자치역량을 향상시키기 위해 마을의 리더인 주민자치위원의 교육을 지속해왔다. 〈주민자치센터활성화를 위한 주민자치위원의 역량 강화〉〈마을만들기와 마을의제 실천〉〈마을과 커뮤니티비즈니스〉 등 이웃과 더불어 살기 위한 동네를 변화·발전시키는 등의 내용으로 주민자치역량을 강화시켜왔다. 지역사회를 변화시키는 활동은 기본적으로 주민자치를 토대로 하며 민주주의의 과정을 일상의 삶터에서 만들어나가기 위함이다. 그동안 읍면동 주민자치센터는 자치위원의 권한의 부재에도 불구하고 주민자치 실현을 위해 그리고 지역사회의 변화를 꾀하기 위해 내용적으로 충분히 자치력을 발휘해왔다. 그러나 내용적으로 자치역량이 성숙해가더라도 자치위원회의 권한과 대표성의 문제 등 조례상의 한계는 주민이 주체가 될 수 있도록 제도적으로 보장을 못한 측면이 분명히 있다. 즉, 조례상의 문제점을 보완해서 주민이 스스로 주민자치센터와 동네를 운영할 수 있는 훈련을 그동안 했어야 한다고 본다.

아직은 행정의 주도에 의해 마을 일을 하는 것 같지만 자치위원회는 자치역량 강화 교육, 리더십교육, 실무교육, 마을공동체교육 등을 통해 자치역량을 향상시켜왔고, 자치의식이 있는 행정력과 만나서 제대로 된 동네거버넌스 역할을 해왔다. 10년 이상의 과정으로 본다면 지금의 체계에 주민자치위원회에는 권한과 책임, 꾸준한 학습, 마을코디 등 지원시스템이 필요하고, 행정력에게는 자치와 공동체형성에 대한 인식의 내재화와 주민을 더 이상 통제 대상이 아닌 행정협력의 파트너로 생각하는 인식이 필요하겠다.

주민자치회 제도에 대해 어떠한 모델을 선택하는 것이 우선이냐 이전에 그동안 한국의 주민자치역사는 어디까지 와 있는가를 분석하고, 제도적으로 보완해야 할 사항이 무엇인가로부터 출발해야 한다. 그다음, 어떠한 사람들이 어떻게 어울려서 제대로 잘 맞는 옷(제도)을 입을 것인가이다. 선택한 옷이 잘 안 맞아도 그 안에 '사람'이 있다면 옷은 시간을 가지면서 고쳐 입으며 가면 된다.

2) 주민자치센터, 위원회의 한계

① 구성의 한계

2000년부터 전국의 읍·면·동으로 확대실시를 한 주민자치센터 설치에 있어 가장 큰 문제는 주민자치위원회의 구성이었다. 주민자치위원회의 구성이 남성, 지역유지, 직능단체의 대표와 지역 경제계 중심으로 편중되어 있어 각계 계층의 주민참여에 한계를 드러낼 수밖에 없었다.[2]

그러다 보니 '주민자치'는 형식적인 겉옷에 불과하고 알맹이는 동정자문위원과 별다를 바 없는 수동적인 형태의 주민자치위원회가 되는 경우가 많았다. 수동적인 주민자치위원회는 행정과 수평

---

[2] 초기 주민자치위원회의 구성이 한계를 가졌다고는 하나 기본적으로 동네나 마을에 대한 애정을 토대로 한 지역공동체 의식이 작용을 해왔기 때문에 교육과정을 통해 마을 대표로서의 '주민자치위원회'의 위상과 역할을 인식해가고 있다. 또한 시간을 많이 필요로 하지만 초기 구성과는 다르게 주민자치위원회를 개방하여 전문성을 겸비한 주민이 활동에 참여하여 주민자치센터가 올바른 역할을 할 수 있도록 촉매제의 역할도 하고 있는 것으로 보인다.

적인 파트너십에 기초하는 것이 아니라 행정의 하부구조로 생각하며 자발적인 활동에는 일정 한계를 보이고 있었다. 조례상 공개모집은 형식적이 되었고, 지역실정 및 인구비례 미반영, 전문가의 참여 부족, 젊은층의 참여 부족, 여성의 낮은 참여비율, 직능단체장 및 지역유지 위주의 제한된 주민참여 등의 문제로 주민자치위원회의 구성이 어려운 측면이 있었다.

② 권한의 부재

주민자치센터운영 조례에 보면 주민자치위원회의 권한은 없다. 단지 주민자치위원회의 기능은 '심의'하는 것으로 제한되어 있어 실제적으로 주민자치위원회가 권한을 가지고 사업을 결정하는 일은 드물다. 결정권이 없는 '심의'는 실질적으로는 '자문'과 별 차이가 없다. 이는 주민자치위원회의 역할을 소극적으로 제한하는 내용으로 볼 수 있으며, 주민의 자발적인 참여를 제한한다는 점에서 심각한 문제이다. 이러한 조례상의 한계로 인해 주민자치위원회가 실질적인 대표성을 가진다는 것이 여러모로 한계가 있음은 분명하다. 주민자치위원회에 실질적인 역할과 권한을 부여해야 한다. 물론 권한과 책임이 자치위원들에게 있다 하더라도 그 역할을 수행하기 힘든 곳도 있을 것이다. 그러나 현재는 조금 미흡하더라도 책임과 권한을 부여하고 동장의 권한을 주민자치위원회로 대폭 이양하여 자치회관 운영을 주도할 수 있도록 행정적 뒷받침이 되어야 한다. 주민자치회 제도는 자치위원회의 권한을 강화하는 제도를 보완해 나가는 것이 대표적인 제도적 밑받침이라 볼 수 있다.

③ 자치역량의 부족과 동등한 민관파트너십 부재

주민자치센터의 설치의 목적은 진정한 지방자치와 주민자치가 이루어질 수 있도록 하는 것이지만, 실제로 지역에서는 인식의 차이와 주민의 수동성, 의식의 부재 등 여러 가지 복합적인 문제들이 얽혀 있어 변화가 쉽지 않다. 정부의 하향식 정책은 지자체의 마인드에 맡겨졌고 지자체가 아무리 주민자치력 향상을 위한 지원을 한다고 하더라도 동 행정으로 내려오면 또 달라진다. 우선, 지자체나 동장의 주민자치센터에 대한 인식의 개방 정도에 따라 민관파트너십의 여부가 결정이 된다. 간혹 모범 주민자치센터라 하더라도 동장과 미묘한 갈등이 존재하는 경우가 있다. 이는 대부분 권한다툼의 모습으로 비추어지는데, 이는 주민자치에 관한 철학의 부재에서 나온다고 본다. 민관파트너십이 균형 있게 이루어지려면 자치위원회는 우선 역량[3]을 갖추어야 한다. 조례가 기준이 되기는 하지만 그보다는 더 큰 범위에서 주민자치에 대한 철학이 양쪽에 모두 토대가 되어야 한다. 민과 관은 서로 입보다는 귀를 열어두어야 한다. 즉, 올바른 파트너십이 이루어지려면 민과 관이 함께 마을을 바라보는 철학을 가져야 하고 풀뿌리민주주의와 주민자치에 관한 학습을 지속적으로 해야 한다.

2. 주민자치회를 민주주의의 마당으로 만들자.

지방행정체제개편추진위원회는 주민자치회의 모델을 협력형으로

---

3) 서울시는 2010년 주민자치위원의 역량에 대한 설문조사 결과, 자치센터 운영에서 가장 걸림돌이 되는 것에 대해 자치위원들은 전문지식 부족 44%, 봉사정신 부족 38%순으로 나왔고, 공무원들은 79%가 주민자치위원의 역량이 부족하다고 응답했다. 주민자치위원회의 전문성과 전문가 확보가 23%로 많았다. 〈2010 서울형 자치회관운영 모델연구〉

결정하고 시범지역 31곳도 선정했다. 앞으로 1년 동안 시범사업이 시행되고 2015년부터는 전국적으로 확대실시가 될 계획이다. 주민자치센터의 현재 실태를 파악해 볼 때 3가지 모델 중에서 행정조직과 동등한 지위를 갖는 협력형 모델이 현재의 모자란 부분을 보완해나가는 데 적합한 모델 같지만 이도 지역별로 편차가 있을 것이다. 더군다나 주민자치회와 관련해서 추진위원회에서는 전국적인 공감대를 형성해왔다고는 하지만, 실제로 지역에서는 주민자치회가 논의되고 있는 상황을 제대로 접하지 못해온 것이 사실이다. 교육현장에서 만나는 주민자치위원들에게 주민자치회의 논의과정과 3가지 모델을 제시했을 때, 주민조직형이나 통합형에 대한 관심을 나타내는 곳도 더러 있었다. 기존의 주민자치센터와 자치위원회의 한계와 문제점을 보완해나가는 측면에서는 〈협력형〉이 바람직하겠지만, 이 또한 현장에서는 자치위원을 기초자치단체장이 위촉하는 형태 말고는 내용적으로는 당장 어떠한 변화가 있을지는 감이 오질 않는다. 시간이 필요할 것이다. 현재 행정에 참여하는 형태로 주민참여예산제도가 시행되고 있고 아직 소수의 지역이긴 하지만 이 과정에서 주민들은 공익을 만들고 실천하는 참여민주주의 훈련을 경험하고 있다. 주민자치회제도도 일상의 삶속에서 주민과 행정이 서로 협력해서 지역의제를 발굴해 지속적으로 지역사회를 변화시켜나가고, 이웃과 함께 더불어 사는 지역을 만들어야 한다. 주민자치회가 민주시민으로 성장할 수 있는 훌륭한 민주주의의 마당이 되기를 바란다.

1) 지역과 사람을 담는 제도 - 무엇보다 '사람'

　주민자치회 설치는 현재의 주민자치센터 운영실태와 문제점 분석이 전제되어야 한다. 주민자치센터가 해를 거듭할수록 지역에 안착되어가고 있다고 볼 때 주민자치위원회의 운영실태, 가능성, 문제점을 분석하여 기존의 주민자치센터를 보완하고 이어가야 할 것이다. 더불어 다양한 계층의 주민이 참여할 수 있는 체계와 장치를 어떻게 마련할 것인지에 대한 고민이 필요하다. 제도가 아무리 좋은들 지역에 이를 실행할 사람이 준비되어 있지 않으면 제도로 끝날 뿐이다. 제도가 지역을, 사람을 어떻게 담을 수 있을지 고민해야 할 것이다. 전국적으로 마을만들기 운동이 벌어지고 있는 것처럼 지역 공동체활동을 하는 시민단체나 주민조직들이 두드러지고 있다. 이러한 운동역량이 행정의 영역으로 확대되고 협력관계를 가지게 된다면 그 효과와 영향력이 지역사회의 변화에 커다란 역할을 할 수 있다. 그러기 위해서는 지역사회의 공동체활동을 하는 다양한 그룹과 기존의 자치센터를 중심으로 한 지역사회 리더그룹 사이의 '관계'가 형성되어야 한다고 본다. 지역에는 다양한 생각이 존재하고, 정치적 성향 또한 다른 사람들이 섞여 살고 있다. 주민들이 무엇을 생각하고 있고 무엇을 하려고 하는지 먼저 이해하고 어떻게 함께 갈 것인지에 대한 고민이 중요하다. 그러므로 제도가 내용을 실질적으로 담아 지속성과 생동감을 유지하려면 그 안에서 활동할 사람들의 역량과 현재의 실태를 먼저 살펴볼 필요가 있다.

2) 권한과 책임을 주민들에게

그동안 실질적으로 마을리더의 역할을 해왔던 주민자치위원회가 주민자치센터운영조례에 근거하여 행정의 보조역할을 하는 한계를 지녔다면 주민자치회는 법적 성격 자체가 단체라는 점에서

시설적 성격의 주민자치센터와는 다르다. 그럼에도 불구하고 2000
년 이후로 주민자치센터와 위원회는 동네를 변화시켜 지역공동체
를 형성하고 살기 좋은 마을을 만드는 데 실질적인 역할을 해왔다
고 볼 수 있다. 동네를 실제로 운영하고 가꾸는 자치위원회의 입장
에서는 대부분 주민자치위원의 권한과 책임에 대한 문제인식이 있
어왔다. 주민자치회는 '주민자치기본법'에 근거할 것이다. 지금까지
마을에 살고 마을을 움직여왔던 다양한 활동들에 대해 법적 근거
가 마련되고, 따라서 미약하나마 주민대표성과 함께 권한과 책임
을 가지게 된다. 즉, 지역의 대표성, 자발성 및 전문성 등이 확보되
도록 구성방식에 중점을 두며, 주민대표, 지역공동체 형성, 행정지
원기능, 기타 수익사업 등의 다양한 활동이 가능하도록 활동영역
을 포괄적으로 규정한다. 또한 주민자치의 취지에 맞게 구체적 사
항은 지역의 특성을 감안하여 자율적으로 실시하도록 기본방향 수
준으로 마련한다는 것이다. 이는 시범실시를 통해 보완대책을 강
구하게 될 것이다.

3) 민관 공동의 주민자치학습

　주민자치회(위원회)와 행정은 보다 많은 학습을 하여야 한다. 주
민자치, 마을공동체, 민주주의를 일상적으로 학습할 수 있는 체계
를 마련해야 한다. 지자체마다 생기고 있는 마을만들기지원센터에
서 학습체계를 마련할 수도 있고, 지역의 대학 또는 시민단체가 교
육체계를 마련, 진행해야 한다고 본다. 마을 전체가 주민자치와 민
주주의학교가 되어야 한다. 또한 주민자치회(위원회)가 행정과 대등
한 관계로 자치력을 발휘하기 위해 이를 보강, 보완해줄 수 있는 코

디네이션이 필요하다. 그러기 위해서는 행정에 주민자치전담부서가 마련되어야 하며, 마을만들기 지원센터 등의 역할이 전적으로 필요하다. 주민자치회제도가 제대로 정착되기 위해서는 주민자치조직 뿐만 아니라 행정조직의 주민자치에 대한 인식이 많이 달라져야 한다. 그러므로 자치학습은 민관이 항상 함께 지속적으로 해야 한다.

4) 다양한 주민모임 협력으로 주민자치회 구성 재생산

주민자치회는 30명 내의 인원으로 다양하게 구성될 수 있다. 특별한 경우를 제외하고는 읍면동에 1개의 주민자치회가 설치된다. 기존의 주민자치위원회의 활동이 승계될 가능성이 높은데, 첫 구성원부터 지역사회에 준비된 사람으로 구성해야 함은 물론, 향후 주민자치회 지속을 위해서 리더가 순환될 수 있는 단위를 만들어야 한다. 현재 마을공동체활동을 하고 있는 소모임 등의 활동단위로 마을포럼이 만들어지기를 기대한다. 학습소모임, 아파트모임, 부녀자모임 등이 지역사회활동에 관심을 가지고 참여하면서 이들의 대표들이 주민자치회에 참여하는 방식으로 순환이 되어야 한다. 구동존이(求同存異)의 마음으로 지역사회활동을 하면서 다양한 생각들 가운데 이견은 일단 미루어두고 의견을 같이하는 분야부터 협력하여 지역사회의 변화를 이끌어내야 한다.

IV. 나가며— 모든 활동의 뿌리, 주민자치

주민자치회는 주민자치센터의 한계를 개선하고 보완하는 방식으로 가야 한다고 본다. 또한 제도를 받을 사람을 마련하는 시간이 먼저 준비되어야 한다. 충분하게 주민자치의 현장과 토론하는 과정을 가져야 한다. 특히 풀뿌리 주민자치를 위한 제도라면 그 과정에서 풀뿌리 민주주의의 주체인 주민이 주도적으로 참여해야 함을 놓치지 말아야 한다. 그리고 지금 우리가 가지고 있는 자치역량과 발전가능성을 가늠해보는 시간을 가져보고, 그 현실 위에서 가능한 부분만을 유연성 있게 제도화할 필요성이 있다. 주민자치센터, 자발적 주민·시민모임, 아파트자치회, 통반장체계, 부녀회·청년회 모임 등 각 주민·직능단체의 자치의식과 역량 정도를 파악하는 것이 우선이다. 자치역량 성숙도를 가늠하지 않거나 주체가 형성되어 있지 못한 제도화는 다른 혼란을 가져올 뿐이며, 내용적으로 운영되지 않는 껍데기에 지나지 않을 것이다. 제도화를 논하기 전에 이렇게 많은 자치역량에 대한 운영실태를 파악하고, 제도화를 했을 경우에 어떻게 상호 호혜적 관계가 될 수 있을지에 대한 타진이 전제되어야 한다고 본다. 실제로 움직이는 주민자치역량은 제도 밖이 더 활발하다는 지점을 간과하지 말아야 할 것이다.

제도화된 틀 안에서의 주민자치센터를 기반으로 한 자치활동도 있지만, 노원의 마을주민회, 성미산마을, 반송마을 등 주민이 자발적으로 모이고 다양한 형태로 지역사회를 만들어가는 경우도 있다. 주민자치활동, 주민운동, 마을만들기 등 다양한 이름으로 지역사회에서 움직이고 있는데, 이 모든 활동의 뿌리는 주민자치이다. 주민참여예산제도가 만들어지고, 5월에는 마을공동체만들기 지원조례도 만들어졌다. 주민자치회는 다양한 주민의 목소리를 생생하게 담는 그릇의 역할을 해야 할 것이다. 빠른 시간 안에 주민자치회가 지역에 자리 잡히리라고는 기대하지 않는다. 지역의 주민들이 공감하고 동의하는 만큼만 앞으로 가야 한다고 생각한다. 서두르지 말고 시간이 걸리더라도 다양한 생각이 존재하는 주민들 사이에서 의견 조율과 합의 등을 거칠 때 주민들은 지역사회 공동의 이익에 참여하게 되며, 나아가 주민자치의 궁극 목표인 민주주의를 경험하게 될 것이다.

　행정팀장은 늘 외롭다. 주민자치에 대한 이해와 실력이 부족하면 홀로 공부해야 한다. 늦은 시간까지 사무실에 남아 불을 밝히기도 하고 여의치 않으면 주말에도 출근한다. 수많은 자료와 씨름하느라 간혹 아는 주민과 단체원을 만나도 "요즘 일이 많네요!"라는 인사말부터 건네곤 한다. 게다가 한여름이나 추운 겨울은 내공을 키우기에 어려움이 많다. 관공서인지라 혼자서 에어컨과 난방을 맘대로 쓰기가 곤란하다. 20년 내외의 경력을 가지고 있어도 동장과 주민자치위원회의 틈바구니에서 지내는 시간이 대부분이다. 하루라도 빨리 관치에서 주민자치로 전환시켜주고 싶은 마음은 간절하지만, 내공이 적어 어떻게 주민자치를 활성화할지 고민하게도 된다. 때로는 조바심에 안달하기도 한다. 어느 때는 상급자인 동장이 열 받게 만들기도 한다. 주민자치도 모르면서 한 직급 높다고 갑짜를 부리는 모습에 스트레스가 이만저만이 아니다. 더욱 열이 받는 것은 계속 "관치가 좋아요!"라고 말하는 이들을 만날 때이다. 이래저래 고민의 연속이다.

　2012년 3월 15일 경기도 인재개발원에서 주민자치위원 역량UP과정에 참여했을 때 남양주시 호평동의 민영주 사무국장을 만났다. PT로 사례발표를 하는데 자신만만하고 힘이 있어 보였다. 내용을 들어보니 기초도 튼튼하고 공무원에게 의지하지 않는 진짜 주민자치라는 생각이 들었다. 그때 맺은 인연이 지금까지 지속되고 있는데, 호평동은 내가 근무지를 옮길 때마다 자치위원들을 데리고 견학을 가는 고정 코스가 되었다. 그 과정에서 남양주시 주민자치 대부인 안규영 고문을 만나 이런저런 이야기를 나누고 수시로 많은 도움을 받게 되었다. 이제 호평동은 내게 친구 같은 존재이다.

이혜경 강사와는 어떻게 만났는지 기억이 가물가물하다. 갖고 있는 자료로 보아 원미2동에서 근무할 때 누군가의 소개로 처음 만난 것 같다. 그는 동네 아줌마 같은 수수한 인상에 말을 쉽게 잘한다. 듣는 사람이 부담 없이 경청하다가도 슬쩍 미안해지게 만든다. "공직은 나그네인데, 주인인 자치위원이 주인값도 못하고 나그네처럼 산다"는 식으로 이야기한다. 전국을 상대로 분주히 활동하는 중에도 필요한 자료를 보내달라고 요청하면 기꺼이 보내준다. 내용은 알차고 요긴하다.

나는 주민자치업계(?)에 발을 들여놓기 전에 새마을 업무, 건전생활 업무 등을 주로 담당했다. 그래서인지 주민자치가 그리 낯설게 느껴지지 않았다. 그렇지만 실상은 달랐다. 관치에서 주민자치로 가는 길은 멀고도 험난했다. 만약 호평동의 민영주 사무국장과 안규영 고문 그리고 이혜경 강사 이 세 분이 아니었다면 그 길을 걸어오지 못했을 것이다. 그분들의 도움으로 이 업계에서 무사히 밥을 먹고 있다. 참으로 고마운 분들이다.

2011년 10월 17일부터 정식으로 주민자치 업무를 수행해오고 있다. 이 듬해인 2012년부터 전국주민자치박람회에 참가하여 4년 연속 1차 심사 통과와 2차 심사 3회 탈락, 2차 심사 1회 통과라는 성적을 거두고 2015 년 평생학습 분야에서 장려상을 수상하기도 했다. 운이 좋았다고 할 수 도 있으나, 나름의 모진(?) 노력도 있었다.

나는 혈액형이 A라서 소심한 편이다. 어릴 적부터 남들 앞에서 발표하 는 것을 죽어라 싫어했다. 그래도 일은 죽어라 좋아하여 남들이 쉴 때 일 에 매달렸다. 거의 일중독자로 봐도 무방하다. 요즘에도 그렇다. 주변에 서 수요일과 금요일은 가정의 날이니 초과근무하지 말라고 성화이지만, 나와는 상관없는 이야기이다. 내가 좋아서 일하겠다는데 왜 퇴근 운운 하느냐는 거다. 일한 만큼 초과근무수당을 받지 못한 경우가 부지기수 다. 하여간 나는 일이 마냥 좋다. 젊은 남자가 좋아하는 여자를 만나러 가듯 일터로 간다. 주중 근무시간은 주로 찾아오는 민원인과 단체원을 만나거나 각종 결재서류 검토에 할애한다. 방문객이 줄어드는 4시 이후부터 본격적으로 업무계획서를 작성하거나 행사 준비와 검토에 들어가 밤 9시 전후에 퇴근한다. 주말에는 10장 내외의 찐한 계획서 작성에 몰두하거나 주민자치와 관련한 여러 추진사항을 점검한다. 동료가 주말에도 나와야 할 정도로 일이 많으냐고 물으면 "일이 없으면 만들면 된다"고 대꾸하고, 동네 주민이나 단체원에게는 "누가 내 책상을 뺄지 몰라 나왔다"고 대답한다. 내가 쉬는 날은 구정과 추석 당일이다. 전날과 뒷날에도 거의 사무실에 나간다. 온갖 자료와 컴퓨터가 놓여 있는 책상은 나만의 세계이고, 커피를 마시며 다양한 아이디어를 떠올릴 수 있는 사무실은 나만의 일터이자 놀이터이다. 그러니 나는 행복한 사람이다.

가족과 함께하는 시간이 부족해서 미안할 때가 많다. 간혹 외식이나 영화로 미안함을 갚으려 하면 아내에게 "돈으로 때우려 하지 마라"는 훈계장을 받기도 하는데, 그래도 음식물쓰레기와 재활용품 버리기, 양말 정리하기, 일주일에 한 번 정도 방 청소하기, 퇴근길에 두부와 딸아이의 우유 사오기를 실천하고 있고, 기분이 좋으면 딸아이와 당신 다리도 주물러주지 않느냐며 속으로 항변 아닌 항변을 한다. 그렇다고 미안한 마음이 가시는 것은 아니다. 사실 이번에 책을 낼 수 있었던 것도 아내의 공 덕분이다. 아내가 23년간 몸담았던 공직에서 명퇴하면서 물심양면으로 도와주지 않았다면 출판은 훨씬 더 뒤로 미루어졌을 것이다. 아내에게 미안하고 고마울 따름이다.

　이 책을 쓰게 된 동기는 단순하다. 주민자치 업무를 수행해오면서 그간의 자료와 경험을 통해 나름대로 쌓아온 노하우와 안목을 정리하고 싶었다. 그리고 그 결과를 사람들과 공유하고 싶어졌다. 주민자치를 위해 필요한 내공을 키우려고 노력하면서 적지 않은 자료를 섭렵하고 간간이 원고를 써두었다. 주민자치 분야의 전문가가 되겠다며 모범적인 주민자치위원회와 고수를 찾아 배우고 현장에서 실천하는 과정에서 어느 정도 안목을 갖게 되었고, 박람회를 준비하면서 진정한 주민자치 실현을 더욱 갈망하게 되었다. 공직과 위원 간의 이른바 '갑질' 논란이 심심찮게 벌어지는 모습을 보면서 참다운 주민자치위원회를 만들고 싶었으나, 계획대로 되지 않았다. 공교롭게도 80% 정도 이루어졌다 싶으면 다른 곳으로 인사발령을 받게 되어 3개 동에 근무하면서도 완전한 주민자치위원회를 한 곳도 만들지 못했다. 이래서는 안 되겠다 싶어 책을 내기로 작정했다. 마침 시기도 좋았다. 계속 한 곳에 근무하게 되어 노력의 결실을 보기도 하고, 조금은 여유가 생기기도 했다.

'독불장군은 없다'는 말처럼 이 책 또한 나 혼자만의 힘으로 완성한 것이 아니다. 누군가의 도움을 받으며 성장하고 생활해왔던 것처럼, 알게 모르게 응원과 지원을 아끼지 않은 분들 덕분에 이 책이 빛을 볼 수 있었다. 무엇보다 민영주 사무국장, 안규영 고문, 이혜경 강사와의 인연이 큰 힘이 되었다. 그분들이 이끌어주고 도와주어 주민자치에 미칠 수 있었고, 기대 이상의 성과를 거둘 수 있었다. 거듭 감사의 말씀을 드린다. 여기서 일일이 이름을 밝힐 수 없지만, 주민자치의 완성을 위해 애써주고 지혜를 모아준 공직자들과 주민자치위원회 관계자들, 그리고 주민들께도 감사의 인사를 드린다. 그들과 함께할 수 있어서 행복했고 큰 영광이었다. 개인적으로는 8년 전 하늘로 가신 아버님께 평생 처음으로 내 이름 석 자가 새겨진 책을 출간하는 기쁨을 전해드리고 싶다. 진정한 프로는 아닐지언정 한 분야에 종사하면서 사회에 보탬이 되는 공직자로서 일말의 도리를 한 것 같아 다행으로 생각한다.

부디 이 책이 우리 대한민국 주민자치의 성장과 성숙에 조금이라도 기여할 수 있기를 바라는 마음이다. 한 사람에게라도 더 알려져 관치를 부끄러워하고 주민자치를 이루기 위해 노력하는 사람이 많아지기를 희망

한다. 또 누군가가 이 책을 읽고 더 좋은 책을 만들 수 있게 된다면 더욱 좋겠다.

관치를 넘어 주민자치의 그날이 오기를. 겨울을 밀어내고 우리 곁에 다가오는 봄처럼.

○ 김기홍, 2014, 《마을의 재발견》, 올림

○ 장종환, 2013, 《도시에서 마을을 꿈꾸다》, 상상박물관

○ 한국생활자치연구원, 2013, 《생활자치 합시다》, 대영문화사

○ 이지훈, 2010, 《혼창통》, 쌤앤파커스

○ 왕중추, 2005, 《작지만 강력한 디테일의 힘》, 올림

○ 노무현대통령비서실 보고서 품질향상 연구팀, 2014, 《대통령 보고서》, 위즈덤하우스

○ 강원국, 2014, 《대통령의 글쓰기》, 메디치미디어

○ 임정섭, 2015, 《Simple(심플): 세상에 단 하나뿐인 글쓰기 공식》, 다산초당

○ 이경희, 2007, 《기사되는 보도자료 만들기》, 루비박스

○ 서울문화재단, 2005, 《컬텨 시대의 문화마케팅》, 미래의창

○ 토니야 레이맨, 2011, 《몸짓의 심리학》, 21세기북스

○ 데이비드 즈와이그, 2015, 《인비저블》, 민음인